# 旅游规划原理

(第二版)

黄羊山 编著

东南大学出版社
SOUTHEAST UNIVERSITY PRESS
·南京·

## 内 容 提 要

本书为旅游规划的理论性著作,同时也加强了旅游规划的实际指导作用。此次再版对原书体系进行了调整,增加了旅游规划的基本空间和全域旅游规划两章,对其他章节也增加了一些内容,并去掉了案例部分(在网络上已能找到许多案例)。其中,第一~四章为旅游规划基本理论部分,第五~七章为旅游规划技术和方法部分,第八~十一章为旅游规划实际操作部分。

本书理论深入、观点明确,且系统性、指导性强,可作为旅游规划、城市规划、园林规划和区域规划等专业或相关专业本科生和研究生的教材,也可供这些专业从业人员参考。

**图书在版编目(CIP)数据**

旅游规划原理/黄羊山编著. — 2 版. — 南京:东南大学出版社,2020.12
ISBN 978-7-5641-9226-6

Ⅰ.①旅… Ⅱ.①黄… Ⅲ.①旅游业-经济规划 Ⅳ.①F590.1

中国版本图书馆 CIP 数据核字(2020)第 226020 号

**旅游规划原理 Lüyou Guihua Yuanli**

| | |
|---|---|
| 编 著 | 黄羊山 |
| 出版发行 | 东南大学出版社 |
| 社 址 | 南京市四牌楼 2 号(邮编:210096) |
| 出 版 人 | 江建中 |
| 责任编辑 | 吉雄飞(联系电话:025-83793169) |
| 经 销 | 全国各地新华书店 |
| 印 刷 | 广东虎彩云印刷有限公司 |
| 开 本 | 700 mm×1000 mm 1/16 |
| 印 张 | 16 |
| 字 数 | 314 千字 |
| 版 次 | 2020 年 12 月第 2 版 |
| 印 次 | 2020 年 12 月第 1 次印刷 |
| 书 号 | ISBN 978-7-5641-9226-6 |
| 定 价 | 41.80 元 |

本社图书若有印装质量问题,请直接与营销部联系,电话:025-83791830。

# 前　言

改革开放四十多年来,我国经济得到了飞速发展,取得了不朽的成就,旅游也伴随经济的发展快速地腾飞,成为世界上最大的客源国。人们日益增大的旅游需求和对美好生活的向往,需要越来越多的旅游供给予以满足,需要更多的旅游活动场所,需要多样化的旅游产品,而在旅游开发建设之前,这一切都需要旅游规划和设计来指导。

我国的旅游规划经历了学习国际经验到自己摸索,再到逐步成熟的过程。

旅游规划最早起源于20世纪30年代中期的英国、法国和爱尔兰等国。最初旅游规划只是为一些旅游项目或设施做一些起码的市场评估和场地设计,例如为饭店或旅馆选址等。从严格意义上讲,这还称不上是旅游规划。进入20世纪60年代,法国、英国相继出现了正式的旅游规划。1963年,在罗马召开的联合国国际旅游大会中强调了旅游规划的重大意义。随后,马来西亚、斐济、印度尼西亚、加拿大、澳大利亚、美国、加勒比海地区等均编制了旅游规划,如法国朗济道海岸、印度尼西亚巴厘岛、澳大利亚中部地区的旅游规划等是其中的代表之作。

在世界旅游规划发展过程中,世界旅游组织(UNWTO)发挥了重要的作用。1977年,世界旅游组织对有关旅游开发规划的调查表明,其成员国中有三十几个编制了国家级的旅游总体规划。随后,世界旅游组织发布了两个旅游开发文件,即《综合规划》和《旅游开发规划明细录》。20世纪80年代和90年代,世界旅游组织出版了旅游规划方面的多种出版物,如《国家和区域旅游总体规划的建立与实施方法》《可持续旅游开发:地方规划师指南》《旅游度假区的综合模式》等,显示出世界旅游组织对规划指导性和操作性的重视。1995年,联合国教科文组织、环境计划署和世界旅游组织在西班牙加那利群岛兰萨罗特岛共同召开了"可持续旅游发展世界会议",会议通过了《可持续旅游发展宪章》和《可持续旅游发展行动计划》,确立了可持续发展的思想方法在旅游资源保护、开发和规划中的地位,并明确规定了旅游规划中要执行的行动。这一期间,世界旅游组织对我国给予了大量的帮助,并主持了我国几个省份的旅游规划工作。

在旅游规划研究方面,大量的成果在20世纪70年代末开始出现。Gunn于1979年出版了他早期旅游规划思想体系的总结著作《旅游规划》(1988年出版了第二版);Murphy于1985年出版了《旅游:社区方法》;Getz于1986年发表了《理论与实践相结合的旅游规划模型》一文;Douglas Pearce于1989年出版了《旅游开发》。这些学者在他们的论著里深入地揭示了旅游规划的内涵,并在学术界基本上达成共识,即认为旅游规划是一门综合性极强的交叉学科,任何其他学科的规划,包括城市规划和建筑规划都不能替代它。20世纪90年代初,美国著名旅游规划学家Edward Inskeep为旅游规划的标准程序框架建立做出了巨大贡献,其两本代表作《旅游规划:一种集成的和可持续的方法》和《国家和地区旅游规划》,是面向旅游规划师的理论操作和技术指导著作。1994年,Gunn出版了第三版《旅游规划》,使他的旅游规划思想更加系统,更加成熟。

我国的旅游规划摸索阶段是从20世纪80年代开始的。大致是建筑界在风景区层次上、地理界在区域规划层次上表现出各自的优势,呈现出两驾马车并进的局面,对旅游规划进行了大量探索研究,并在这一时期培养了我国早期的旅游规划方面人才。20世纪90年代,我国旅游规划进入探索和总结阶段,大量的旅游系科和院校出现,旅游规划教育蓬勃发展,大量相关学科和人员进入旅游规划行列,呈现出百家争鸣、百花齐放的景象。这时期有大量刊物发表了有关旅游规划的研究与实践论文,一些国际旅游规划研究成果也开始引入我国。到了90年代末,吴承照的《现代旅游规划设计原理与方法》、马勇等的《区域旅游规划》、黄羊山等的《旅游规划》和吴人韦的《旅游规划原理》相继出版,标示着我国对旅游规划研究开始进行总结。此后随着旅游规划实践的日益增多,对旅游规划的认识越来越深入,关于旅游规划的著作、论文和案例如雨后春笋般出现,并且认识越来越深刻,内容越来越丰富,思想越来越多样。

进入21世纪,我国旅游规划逐渐成熟,表现为一系列关于规划的规范性、指导性文件和管理文件出台,其中比较有代表性的规范性、指导性文件有《风景名胜区规划规范》《旅游发展规划管理办法》《旅游规划通则》《国家全域旅游示范区验收标准(试行)》等,还有针对专门旅游场所的,如《国家湿地公园总体规划导则》《水利风景区规划编制规范》等等。在管理方面主要是旅游规划设计单位资质等级划分标准的出台和认定,并在全国范围内认定了数百家具有甲级和乙级资质的旅游规划设计单位,其中一些单位主业是旅游规划设计,另有一些单位旅游规划设计是其拓展业务。同期我国也培养了大量的旅游规划设计方面的人才,他们中的很多人就职于规划设计公司、旅游经营单位和政府管理部门等,为我国旅游规划事业的发展做出了很大贡献。

本书传承了既往的旅游规划理论框架,并追求理论与实践相结合。此次再版对原书体系进行了调整,增加了旅游规划的基本空间和全域旅游规划两章,对其他章节也增加了一些内容,并去掉了案例部分(在网络上已能找到许多案例)。其中,第一~四章为旅游规划基本理论部分,第五~七章为旅游规划技术和方法部分,第八~十一章为旅游规划实际操作部分。本书理论深入、观点明确,且系统性、指导性强,可作为旅游规划、城市规划、园林规划和区域规划等专业或相关专业本科生和研究生的教材,也可供这些专业从业人员参考。

因作者水平有限,书中不足、错误和疏漏难免,恳请读者指正。

编 者
2020年9月

# 目　录

**第一章　旅游规划的基本概念** ... 001

　第一节　一些相关的概念 ... 001

　第二节　旅游规划的目的 ... 005

　第三节　旅游规划的特点和要求 ... 008

　第四节　规划参与者 ... 011

**第二章　旅游规划的基本空间** ... 015

　第一节　小尺度空间 ... 015

　第二节　中尺度空间 ... 019

　第三节　大尺度空间 ... 031

**第三章　旅游规划的层次和类型** ... 041

　第一节　旅游规划的层次 ... 041

　第二节　旅游规划的类型 ... 044

　第三节　旅游规划的基本层次 ... 049

**第四章　旅游规划的基本理论依据** ... 056

　第一节　地域分异规律和劳动地域分工 ... 056

　第二节　发展理论 ... 062

　第三节　区位论原理 ... 071

　第四节　生态学原理与环境保护 ... 076

　第五节　系统理论 ... 081

## 第五章　旅游资源调查与评价　　086

第一节　旅游资源 …………………………………………………… 086

第二节　旅游资源调查 ……………………………………………… 091

第三节　旅游资源评价 ……………………………………………… 098

第四节　旅游的适宜性评价 ………………………………………… 117

## 第六章　旅游市场调查和预测　　119

第一节　市场原则 …………………………………………………… 119

第二节　旅游市场调查 ……………………………………………… 121

第三节　旅游市场预测 ……………………………………………… 129

第四节　旅游市场细分和目标市场选择 …………………………… 133

第五节　短期旅游预测 ……………………………………………… 137

## 第七章　旅游容量及供求平衡　　140

第一节　旅游容量 …………………………………………………… 140

第二节　旅游设施容量 ……………………………………………… 145

第三节　旅游供求平衡 ……………………………………………… 150

## 第八章　区域旅游规划总论　　159

第一节　区域旅游规划的程序 ……………………………………… 159

第二节　区域旅游规划的内容 ……………………………………… 165

第三节　区域旅游规划基础分析 …………………………………… 170

第四节　区域旅游发展总体规划的战略 …………………………… 175

第五节　旅游区划 …………………………………………………… 181

第六节　旅游布局与开发 …………………………………………… 185

第七节　旅游产品及其规划 ………………………………………… 190

第八节　旅游产业与设施规划 ……………………………………… 195

第九节　基础设施规划 ……………………………………………… 197

## 第九章　全域旅游规划　　201

- 第一节　全域旅游规划背景 …………………………………… 201
- 第二节　旅游品质的高度化 …………………………………… 204
- 第三节　旅游供给的多元化 …………………………………… 207
- 第四节　旅游公共服务全域化 ………………………………… 210

## 第十章　旅游地总体规划　　216

- 第一节　旅游地及规划程序 …………………………………… 216
- 第二节　旅游地规划的内容 …………………………………… 222
- 第三节　旅游地规划的基础分析 ……………………………… 226
- 第四节　旅游地规划的总体布局 ……………………………… 228
- 第五节　旅游服务设施规划 …………………………………… 232
- 第六节　旅游基础设施规划 …………………………………… 235
- 第七节　环境保护和绿化规划 ………………………………… 238

## 第十一章　旅游规划管理　　240

- 第一节　旅游规划前管理 ……………………………………… 240
- 第二节　旅游规划中管理 ……………………………………… 243
- 第三节　旅游规划后管理 ……………………………………… 245

# 第一章　旅游规划的基本概念

## 第一节　一些相关的概念

### 一、旅游和旅游者

#### 1. 旅游、游憩和休闲

旅游(tourism)首先表现为个人行为。简单地讲，旅游就是人们短暂外出旅行和游玩的总称，即"旅＋游"。旅即是旅行，是其主体在空间上发生位移的过程，即离开他们的久居地或工作地到其他地方，然后又返回这一过程。游即是游览和玩乐，现代旅游中的游还包括度假、商务、会议、疗养、探亲访友、宗教、体育、购物、学习、考察、探险等等，范围很广。从旅和游的关系来看，游是目的，是整个活动的出发点；旅是实现游的条件和手段。所以，一般来说，旅游要求快旅慢游，这样才能满足人们的实际需要。尽管对人们为什么要进行旅游还无法提供一个完美的解释，但可以肯定的是，人们希望通过在异地进行游览和玩乐来获得物质上和精神上的享受，获得心理上的愉悦感。

以上是从狭义上理解旅游，仅是指进行旅游的主体(旅游者)的活动，不包括其他的活动。在现代旅游活动过程中，当越来越多的人进行旅游活动，旅游的经济行为和社会行为便表现出来了。人们在旅游过程中不是孤立的，他们不可避免地与外界发生关系，如与游玩的对象、与环境、与当地人、与各种经营者、与政府，等等。如果外出旅游的人越来越多，这种关系便越来越密切，发生的频率越来越高，外界就产生了巨大的根本性的变化。如有专门供人们游玩的场所、有被精心整治的环境、有专门为旅游者提供服务的行业、有旅游政策、有各种观念的转变等等，这些都是因为有人外出旅游而产生的。因此，仅从狭义上来理解旅游是不够的，还需要从广义上来理解。作为社会行为的旅游，即广义上的旅游，包括个人行为的旅游以及由此而产生的各种现象和关系的总和。广义的旅游是指"非定居者的旅行和暂时居留而引起的一切现象和关系的总和"，即包括了狭义的旅游和由此所引起的一切社会、经济和文化的现象及其关系,其中,旅游经济、旅游文化、旅游社会、旅游管理等等是广义旅游的重要组成部分。旅游既是一种活动,也是一种现象,而且随着社会的发展,越来越强烈地影响着社会、经济和环境的变化。

游憩(recreation)的含义与旅游有些关系。游憩是指人们恢复体力和精力所进行的各种活动,它包含的范围比较广,除了旅游外还包括那些没有离开居住地的游览活动,如南京市民到紫金山、夫子庙、玄武湖等地的游览活动。实际上,游憩包含了有"旅"的游和无"旅"的游,只有有"旅"的游才是旅游。在旅游规划中常常需要考虑是从旅游的角度来规划,还是从游憩的角度来规划,前者基本上不考虑当地人的需要,后者则考虑当地人的需要。

当前,全域旅游是一种新的发展思路,其一个重要理念是主客共享,把游客和当地人的需求统筹考虑,实际上是游憩的范畴。

休闲(leisure)活动泛指人们在闲暇时间内所进行的各种活动,它包含的范围非常广泛,诸如聊天、下棋、看电视、逛商场、睡懒觉等等活动都可以称为是休闲活动。休闲与旅游是相互交叉的,即在闲暇时间内进行的旅游活动可以认为是休闲,去外地休闲可以看成是旅游。

### 2. 旅游者

外出旅游的人都是旅游者(tourist),旅游者是旅游的主体。但是,要确切地认定旅游者还是很困难的,尤其是对统计部门来说。

作为旅游活动的主体,旅游者应该具有以下几个方面的基本特征:

(1) 其活动具有异地性,即旅游者的活动应该发生在居住地之外。如果是发生在居住地,那就该称之为游憩者或休闲者。

(2) 暂时离开久居地或工作地,一般把时间限定在一年以内、24小时以上,超过一年则不能算作是旅游者。例如移民、因工作调动者、大学里的学生等等都是不是旅游者,但不排除他们在生活、工作和学习过程中短暂出游而成为旅游者。

(3) 在目的地不从事赚钱活动,旅游者可以把在居住地、工作地或其他地方挣来的钱花在目的地,而不是在目的地挣钱或谋生。例如乞丐、流浪者、打工者以及所有在目的地谋生的人都不是旅游者。

从旅游动机的角度来考察旅游者是许多定义采取的办法。如1976年联合国统计委员会第19次会议通过的《国际旅游统计暂行准则》规定,凡是为了下述目的的离家24小时以上、一年以下旅行的人均为旅游者:游乐、度假、体育活动、经商、探亲访友、公务、会议、疗养、学习、宗教活动。这一定义将旅游者从旅行者中分离出来。

根据旅行距离的大小来判定是否为旅游者亦是一种方法。例如,1973年美国国家旅游资源考察委员会提出,国内旅游者是指除通勤工作外基于任何目的离家旅行至少80公里的人,不论旅行时间多长。而美国旅行数据中心和人口调查局将旅行距离扩大到160公里。但用旅行距离来判定是否为旅游者存在着很大的缺陷,因为美国一些州过去把居住地范围确定为整个州。

从时间长短上看,把在目的地逗留时间在24小时以内的游客称为短途旅游者(或一日游者、郊游者),把在目的地逗留时间在24小时以上、一年以下的游客称为旅游者,而游客则是短途旅游者和旅游者的总称。1963年在罗马举行的联合国旅行和旅游会议上将游客定义为"除为获得一个有报酬的职业以外,基于任何原因到一个不是常住国家去访问的人"。我国没有从时间的角来区分,统称为旅游者。

从旅游目的地所属国籍来看,有国际旅游者和国内旅游者之分。国际旅游者是从一国越过边境到另一国旅游的人,而国内旅游者则只在一个国家内进行旅游。1979年我国国家统计局对国际旅游者作出了明确规定:"国际旅游者是指来我国参观、旅行、探亲、访友、休养、考察或从事贸易、业务、体育、宗教活动、参加会议等的外国人、外籍华裔、华侨和港、澳、台胞。"并规定有八种人不能算作旅游者:①应邀来我国进行访问,由部长以上人员率领的党、政、军队、议会代表团成员;②外国驻华使领馆人员;③来我国常住的外国专家、留学生、记者等;④乘坐国际班机直接过境的旅客、机组人员和在口岸逗留不过夜的铁路员工以及船员;⑤边境地区往来的边民;⑥归国定居的华侨和港、澳、台同胞;⑦到我国定居的外国人出境后又返回我国定居的外国侨民;⑧归国的我出国人员。随着香港和澳门的回归,国家特别规定港澳同胞还属国际旅游者。需要说明的是,如果长住某国的外国人在居住国内进行旅游活动,那他还只能算是国内旅游者。

一个人只有在旅游活动过程中才能被称为旅游者,一旦结束活动就不能称其为旅游者,而只能说他曾经旅游过。因此,不能把那些有旅游需求但还没有成行的人和外出旅游后回来的人都看成是旅游者,因为他们现在待在居住地或工作地。这个概念在被应用时常常忽视这一点,需要读者注意。

## 二、旅游规划

1. 旅游规划(tourism planning)的定义

规划(planning)是对未来可能的状态所进行的一种设想或构想,找到达到不同情景所采取的不同策略。这种设想以及所要达到的目标必须通过人们的努力,并且采取必要的行动才能实现。规划是一个连续的操作过程,以达到某一个目标或平衡几个目标。旅游规划是规划的一种,人们对它的看法基本上一致,如旅游规划是"对旅游未来状态的设想,或是发展旅游事业的长远的、全面的计划"(卢云亭,1991);旅游规划是"在调查研究与评价的基础上寻求旅游业对人类福利及环境质量最优贡献的过程"(Getz,1986);旅游规划是"经过一系列选择决定适合未来行动的过程"(Gunn,1979);旅游规划是"预测和调节系统内的变化,以促进有秩序地开发,从而扩大开发过程的社会、经济与环境效益"(Murphy,1985)。由于旅游规划从编制到实施,再到全部完成需要一个比较长的时间,同时规划还要在长时间内发挥作用,那么在这段时间内所发生的事情要预想得到,并提出处理意见。因此,旅游规划是对未来旅游发展状况的构想和安排,以追求最佳的经济效益、社会效益和环境效益。旅游规划是一个连续的过程,需要不断地修订和完善。

旅游规划是旅游发展的纲领和蓝图,是关于旅游发展的一项部门规划。由于旅游是一个非常复杂的活动,它既是一项经济活动,又是一项文化活动、社会活动,因此,旅游规划既是一种部门经济规划,同时又是社会发展规划的一个有机组成部分。旅游规划由其所属的第三产业性质和区域的差异性所决定,因而具有其复杂性和动态特征,要求在规划过程中尽量全面周到,既要遵循市场经济的规律,又要反映区域自然、社会、经济、文化的特点,并根据旅游的发展和趋势及时修订和更改规划。

总的来说,旅游规划是对旅游未来发展状态的设想和谋划,是一个不断自我完善的过程。

2. 旅游规划同旅游开发、旅游计划、旅游策划的关系

旅游开发(tourism development)是利用旅游资源,建设各种便利设施,以期尽量满足人们的各种旅游需要,从而获得最佳的经济效益、社会效益、环境效益。这些便利设施和服务有直接为旅游者提供的,也有间接为旅游者提供的。旅游开发是一种粗线条的构想,对旅游开发的目标、步骤、措施和保障等还比较抽象,不够具体,需要将它们进一步具体化和规范化,这就要旅游规划来进行具体的构想和安排,才能对旅游开发的硬件和软件建设具有实际的指导作用。所以,旅游规划必须服务于旅游开发的总体目标,规划不能脱离旅游开发,旅游开发是旅游规划的主要内容,但不是全部内容。

旅游规划的进一步具体化和落实需要旅游计划(tourism plan)来进行。旅游

计划将旅游规划逐步付诸组织与实施,它相对来说是一种较短期的和详细的安排,以旅游开发和旅游规划为基础和依据。旅游计划是将旅游规划付诸实施所必须经历的过程,是保证旅游规划有计划、有步骤、有重点地实现的过程。但有时旅游规划和旅游计划难以分开,它们具有相同的内容和作用,尤其是旅游总体规划和旅游长期计划之间往往是一致的。在实际工作中,我们往往把具有空间概念的称为规划,如城市规划、土地利用规划、景观规划等等;把具有时间概念的称为计划,如经济计划、发展计划、教学计划等等。

旅游策划是对旅游发展过程中(开发、生产、销售)的某一事件或某一过程进行详细和具体的谋划、构想,是为了更好地实现旅游产品的价值和使用价值所进行的一项步骤。旅游规划中必然会涉及一些旅游策划的内容,尤其是对旅游产品的生产和开发,因为旅游规划是从总体和全局来考虑,对旅游产品的生产和开发有一个全面的安排,对旅游策划也有一个总体构想,为以后的具体旅游策划提供资料、依据和指导思想。但旅游规划并不等于旅游策划,不完全包含旅游策划的内容。

## 第二节 旅游规划的目的

### 一、旅游规划的基本目的

旅游是一个复杂的大系统,系统内又分许多子系统,子系统内又有很多更小的子系统,旅游的发展就是这些系统和子系统的运转过程。旅游规划是对这些系统进行协调,促使系统有序发展。

对旅游规划目的的认识是建立在对旅游影响的认识上。旅游活动既是一项经济活动,也是一项社会活动、文化活动。旅游活动的影响首先表现在旅游者对旅游目的国(地)的影响,也有对旅游客源国(地)的影响,但是一般主要考虑前者的影响,只有当后者的影响表现得比较突出时才去涉及。旅游活动的影响有直接方面的,也有间接方面的。直接影响是旅游活动直接带来的,或者说由是旅游者的活动所引起的;但是直接的影响并不是孤立的,这种影响还会继续下去,带来间接影响。直接影响和间接影响都是旅游规划所必须考虑的。

由直接影响和间接影响组成了对一个国家或地区的总的影响。然而,对任何事情都应该采取一分为二的态度,旅游影响有它积极的一面,也有它消极的一面,旅游规划对两方面的影响都要考虑。在发展旅游时,既要充分考虑到积极的影响,也要考虑到消极的影响。在权衡两方面的得失之后,对旅游的发展才能提出建设性的建议,采取有效措施扩大积极影响,减少负面影响,追求最大的效益。

旅游规划是旅游发展的纲领和蓝图。随着旅游资源的开发利用、旅游建设的兴起、旅游地和旅游区的形成,旅游发展的各个方面都需要有一个结构合理、彼此相互协调的旅游规划。旅游规划具有战略性的指导意义,它明确地提出了旅游发展的方向、规模、速度和目标,以及实现目标的对策和措施,因此旅游规划是旅游发展的依据。

对于旅游规划的目的,研究人员有一些大致相同的看法,如:

(1) 从旅游这一领域或系统,实现国民经济和社会发展总体规划所提出的要求,有计划、有步骤地发展旅游事业,以减少盲目性,增加自觉性;避免自流性,实现计划性。(卢云亭,1991)

(2) 旅游规划的目的是合理地利用旅游资源、提高旅游资源的吸引力、扩大经济效益和社会效益,使该区旅游业全面地、健康地向前发展。(孙文昌,陈元泰,1989)

(3) 旅游规划至少有四个目的:一是扩大旅游者的满意程度;二是提高经济和商业效益;三是保护资源财富;四是促进社区和地区的整合。(Gunn,1994)

(4) 社区内旅游地开发规划的第一目标是通过旅游业的经济效益提高当地人们的生活水平;第二目标是为旅游者及当地居民提供基础设施及娱乐设施;第三目标是确保旅游地的开发类型符合这些社区的意愿;最后,确保当地政府及居民的文化、社会及经济追求相一致的开发项目。(McIntosh;资料来源:邹统钎,《旅游开发与规划》,旅游教育出版社,1993)

总的说来,旅游规划的目的是指导旅游发展,使得旅游有计划、有步骤、协调合理地发展,追求最佳的经济、社会、环境效益;或者说体现在尽量满足旅游者、社区、企业、政府各自所追求的利益上。旅游规划有其客观存在的必要性,而非主观的要求。旅游在发展过程中,尤其是对旅游资源的开发与环境和社会文化的矛盾日益突出,一方面要进行旅游资源的开发,追求最佳经济效益,另一方面又要进行环境保护,维护社区利益,如何处理它们之间的矛盾,这就需要旅游规划来解决和协调这个问题。

## 二、我国进行旅游规划的目的

现阶段,我国进行旅游规划的目的突出体现在以下几个方面:

(1) 归纳各方面的意见。由于我国目前与旅游相关的政府部门、行业非常多，各行各业与各部门对旅游发展都有许多不同的想法和看法，甚至许多投资者、企业和普通老百姓对旅游发展也有各自的看法，进行旅游规划可以将各方面的看法、想法、意见和建议归纳汇总，不仅可以了解各方面的情况，也可以从中发现一些好的意见和建议，有助于旅游健康地发展。

(2) 协调各方面的利益。如前所述，旅游涉及的部门多、行业多、企业多、人员多，各行各业各部门都有各自的利益，规划就是要听取各方面的意见，找到各方面利益的平衡点，协调各方面的利益，使得旅游稳步健康地发展。

(3) 找到旅游发展的新思路。一个地方或风景区旅游的发展如果长时间停滞不前，而又找不出问题之所在，找不到解决问题的办法，就需要旅游规划来提供新的思路，提出解决问题的办法。旅游规划常常是委托一些专家来完成的，因此希望借助专家的智慧来解决实际问题。

(4) 指导旅游开发。我国许多地方由于没有开发旅游的经验，同时担心会出现无序和盲目地开发，所以特别需要进行开发地指导，这也是我国许多地方进行旅游规划的主要原因。

(5) 提供招商引资的项目。我国许多地方很希望通过旅游规划找到一些有吸引力的招商引资项目来解决本地区资金的不足问题，促使旅游发展。

但是在现阶段，我国还有不少地区对旅游规划的认识存在误区，主要体现在以下几个方面：

(1) 旅游规划是万能的，旅游发展过程中存在的所有问题都可以通过旅游规划来解决。甚至还有的地方认为只要作了旅游规划，旅游业就有一个飞跃的发展，将迈上一个大的台阶。

(2) 旅游规划是旅游经济规划，认为规划必须把经济问题放在第一位，要求规划提供周密的经济财务分析报告，把旅游规划看成是旅游项目论证书。

(3) 旅游规划是旅游形象策划，尤其是一些旅游业较为发达的地区，进行旅游规划只为了追求几个响亮的宣传口号和几副鲜艳的图案，实行的是形象主义，把形象看成是万能的。

(4) 旅游规划是为了完成领导的任务，把旅游规划看成是一项政绩，当作向上面要钱的依据。

(5) 旅游规划是专家的事情。许多地方把请专家进行旅游规划看成是一种商业交易，认为既然自己付了费用，那一切就是你们专家的事情，不与专家积极配合，甚至对专家进行刁难。其实旅游规划更是当地的事情,当地更应该积极地配合,积极地参与。

## 三、旅游规划的来源和服务对象

旅游规划的来源即旅游规划的产生者和委托者,现阶段在我国的来源有以下几个方面:

(1) 来源于各级政府的委托,从国家到省(市、自治区)、地区或地级市、县市,甚至乡镇和村都有委托,它们往往指定各级旅游主管部门来具体操作;

(2) 来源于各级主管部门,这些部门都是参与旅游资源管理的相关部门,如园林、规划、建设、文化(文物)、环保、水利、农业、林业等等;

(3) 来源于各旅游地的管理者,如旅游区、风景名胜区、度假区、森林公园、自然保护区、风景区等等;

(4) 来源于旅游开发投资商。

旅游规划的服务对象就是旅游中各个利益体,除了以上来源者,还包括旅游者、旅游企业、当地居民等等。在规划过程中要充分考虑他们的利益,分别站到各自的角度去看待问题和解决问题。

# 第三节　旅游规划的特点和要求

## 一、旅游规划的特点

旅游规划与许多部门规划既有相同之处,又有不同之处,这是由旅游活动的特点所决定的。具体来说,旅游规划的特点主要表现在以下几个方面:

### 1. 科学性

旅游规划同其他任何规划一样,是人们主观意识对客观存在的一种科学的反映,规划时要排除一切违反科学的主观因素干扰。旅游的发展有其客观存在的规律性,不按这些规律办事,势必会阻碍旅游业的发展。这些规律有自然方面的,也有社会和经济方面的,以及国家方针政策方面的。科学的旅游规划是在了解本国、本地区旅游资源、旅游环境、服务接待设施、社会经济条件等情况,和了解本国、本地区所及的客源市场需求与经济发展水平的基础上做成的,正确处理了旅游需求和旅游供给之间的矛盾、旅游开发和旅游环境保护的矛盾、旅游者和居民及政府之间的矛盾,使人类的主观设计系统和客观存在的实际系统相一致。

2. 地域性

旅游规划是对一定空间范围内的旅游活动进行规划。这是由于旅游资源的分布具有很强的地域性,而旅游资源又是旅游产品生产的重要物质基础,旅游设施的布局和旅游服务的提供都是围绕旅游资源而进行的,也就是说旅游资源是开发和规划的重要物质基础和依据,因此旅游规划同样具有很强的地域性。不仅旅游规划的编制是针对某一地域范围,旅游规划的实施也不可避免地落在这一地域范围内。这种地域范围的大小以保证规划对象的完整性为原则。按照实用性的原则,旅游规划的地域范围一般以行政单位的范围大小而定,但在风景区的规划中,如果风景区跨几个行政单位,也有打破行政范围的必要。

3. 系统性和层次性

旅游是一个复杂的系统,包括许多子系统,如旅游资源系统、旅游设施系统、客源系统、旅游服务系统、旅游环境系统、旅游保障系统等等,并且这些子系统下面又有很多低一级的子系统。因此,旅游规划的内容必须具有系统性,才能处理和协调好旅游这个复杂的系统。而旅游规划的方法也就是系统的方法。

系统是具有层次的,旅游规划也具有层次性。某一特定地域的旅游规划,其上有一个高层次的旅游规划,其下有若干个低层次的旅游规划。旅游规划的层次性要求低层次规划服从高层次规划,高层次规划指导低层次规划。

4. 预见性

旅游规划不仅对目前出现的问题提出解决方案,更重要的是对未来状态的设想和对可能出现的问题作出科学预测和处理,所以旅游规划中对未来的预测是非常重要的。正确的预测是规划成败的关键。

5. 可操作性

旅游规划的可操作性也就是可应用性。旅游规划的最终目的就是应用于实践,指导旅游发展建设,使旅游开发有章可循、有据可依,所以要求规划符合实际,内容充实,具有可操作性。没有可操作性的旅游规划则没有存在的必要。

可操作性体现在旅游开发项目的难易、市场规模的大小、土地供应的多寡、资金能力的高低等等几个方面,要提出一些具体的行动方案。

6. 政策性

旅游规划可以说是政府的一种决策行为,它可能是由政府机构来组织完成的,也可能是政府机构委托有关机构和单位共同完成的。规划完成后要经过鉴定,并被政府批准认可后方能进行实施。经过政府批准的旅游规划就具有法规的效力,必须认真贯彻执行,严格按规划办事,如果需要较大的改动,则必须经过上级主管部门或当初编制规划的人员相互协商和认可才行。需要指出的是,旅游规划的政策性只能在规划的对象区域内发挥作用。

## 二、旅游规划的要求

这里所提出的几点要求,与其说是针对旅游规划的,倒不如说是对规划者素质的要求。当然有了这几点要求,规划可以制订得更好,没有它们,规划也不是编制不出来,毕竟规划还存在理论基础(见第四章)。下面选择几个主要要求来阐述。

(1) 要符合国家的相关法律和规定。我国虽然还没有制订出"旅游法",但相关的法律和条例不少,如与旅游资源相关的就有《中华人民共和国环境保护法》《中华人民共和国文物保护法》《中华人民共和国森林法》《中华人民共和国草原法》《中华人民共和国土地管理法》《中华人民共和国水法》《风景名胜区管理暂行条例》等等。有的人以为这些法律、条例是旅游规划的基本依据,这是不正确的看法。这些法律、条例的制订也是有依据和各种原因的,但其针对性各不相同,并不能完全指导旅游规划。为了与国土资源管理取得一致,旅游规划不得违背这些相关的法律和条例。从这一点可以看出旅游规划对规划者的要求很高。

这些相关法律、条例等也是将来制定"旅游法"的基础。近几年来我国也制定了和正在制定一些关于旅游开发、规划方面的规定、规范和标准,今后还将进一步完善,来规范旅游规划,加强管理。

(2) 要有创造力。旅游是一项求知、求乐、求异、求新的活动,如果规划和开发做的千篇一律,就满足不了人们的不同需求,所以"创造"对于旅游规划来说是很重要的。创造在遵循规划的理论基础和原则的条件下,需充分发挥规划者的聪明才智,大胆设想,标新立异,设计出既有特色又具有吸引力的旅游产品来。创造力首先是规划者的脑子里有多个方案,提出来后经讨论确定一个最为满意的方案。许多优秀的规划成果常是创造力的产物,创造力也是旅游规划者或规划队伍素质的体现。

旅游规划的创造性也就是创新性,主要体现在三个方面:一是旅游规划理论的创新;二是旅游规划方法的创新;三是旅游规划内容的创新。

(3) 走合作规划的道路。旅游规划并非一人、一门学科、一个部门所能胜任的,毕竟他们的力量有限。旅游规划的理论基础和原则(见第四章)揭示了任一层次的旅游规划涉及许多相关学科,一个优秀的规划必须是多学科综合研究的成果。为了全面了解情况,做出一个满意的规划,合作还包括规划者们与政府机关、企事业单位、私人投资者、当地居民、游客等的合作与交流,即多部门、多学科(专业)、多人员的合作与交流。合作与交流还能获得新信息、新方法、新技术,推动规划研究的发展。

(4) 规划要有灵活性。事物是发展的,短期内可以对发展的事物进行预测,但时间稍长则很难预测和认知,再加上人的认识和学科发展的限制,制订旅游规划要有一定幅度范围的灵活性,以便将来事物发生变化时可以对规划进行修改和纠正以及重新编制。拙劣的规划则缺乏灵活性,如果实施了,当未来客观情况发生变化时人们将无法对其进行修改,若要重新编制规划以及实施规划,所付出的代价是很高的,因为有可能要否定过去不合理的一些建设而重新进行建设,浪费大量的人力、物力、财力。

在规划过程中,规划者不知道旅游开发建设的投资主体,更不知道他们的要求和想法,规划者所提出的许多设想是不是符合投资者的利益不得而知。因此,规划的灵活性还在于在规划者的设想和未知的投资者的利益之间留有充分回旋的余地,不至于让规划否定投资者或投资者否定规划。

(5) 旅游规划与相关规划相协调。对于同一土地、同一空间、同一资源和同一环境,不同的规划里可能都会涉及,都有使用它们的具体设想。如果这些设想不一致,各个规划都将难以实施,资源和环境就难以得到合理的利用。要使这些设想相一致就需要不同规划之间相互协调,使规划具有可操作性,使资源和环境得到合理的利用。

与旅游规划相关的规划比较多,如土地利用规划、城市规划、经济发展规划、历史文化名城保护规划、古城保护规划、文物保护规划、环境保护规划、交通规划、水利规划、森林规划、生态建设规划等等,旅游规划者都必须仔细地了解和掌握,有用和合理的设想要保留,不合理的要与相关的规划管理部门协商改正。

## 第四节　规划参与者

参与旅游规划的人员比较多,他们在旅游规划过程中的地位和作用不同,分工也不同。从地位和作用来说,旅游规划的参与者可以分为规划领导组、顾问组、编制组、协调组、监督组、评审组;从部门来说,有与旅游相关的各部门,如政府、计划、财政、旅游、规划、建设、园林、文化(文物)、环保、水利、林业、农业、商贸、交通、宗教等等部门;从专业来看,有与旅游相关的专业,如文史、经济、地理、建筑、园林、美学、环保、民俗、规划、文物考古、景观、社会、管理等等。

## 一、旅游规划领导组

领导组对规划起到宏观的指导和协调作用,往往由政府领导和相关各部门的领导组成,是一个临时性的松散的机构,规划结束这个机构也就解散。一些地方为了加强对规划的领导和协调作用,甚至成立一个旅游规划领导(指导)委员会的临时机构,并配备办公室和办公用公章。

领导组的构成如下:

(1) 组长:往往由政府的主要领导担任,如省长或主管副省长、市长或主管副市长、县长或主管副县长。一般来说,领导的职位越高,领导组的权威性就越强,规划的协调作用就越好。

(2) 副组长:往往由比组长职位略低的政府领导担任,可以有2~3人,在组长缺席的情况下起领导作用,或辅助组长开展工作。

(3) 成员:往往由与旅游相关的各部门领导或下级政府领导担任,人员多少根据当地实际情况而定。一般来说,规划的层次越高,相关的部门也越多,成员越多;规划的层次越低,相关的部门也就越少,成员也少。如省级规划就比县级规划的领导组成员多许多。

(4) 办公机构:一般领导组有一个临时办公室,用于起草和发放文件、通知、报告、总结等事务。办公机构往往设在旅游主管部门那里,并由旅游主管部门的领导担任办公室主任。

## 二、旅游规划顾问组

顾问组主要是对旅游规划进行理论和方法上的指导和监督,并对规划提出建议和设想,旅游规划的论证往往也由顾问组来进行。顾问组主要由不同专业的专家组成,人数的多寡视各地情况而定。顾问组可以由两方面组成:一是外地专家组,由国内外知名的旅游专家组成,他们知识渊博,阅历广泛,经验丰富,是不可多得的人才资源。但外地专家人数不宜太多,主要是考虑来往的交通成本问题和专家的时间问题(人数太多很难同时将他们召集在一起)。二是本地专家组,由本地一些学识渊博和对本地旅游资源情况比较了解的各方人士组成,人数多少不定。

外地专家可以由当地来聘请,也可以由规划编制组来聘请,或者由双方共同聘请;本地专家则由当地来聘请。专家顾问组可以长期保留,由旅游主管部门经常性与他们保持联系,定期向他们通报情况,不定期邀请他们来进行指导。

## 三、旅游规划编制组

编制组是旅游规划参与者的核心,是完成旅游规划任务的主体。旅游规划的资源考察、条件分析、报告编写、图件制作、规划修改、规划解释等等工作均由编制组来进行。

编制组往往由被委托方(大学、研究所、公司等)来组织,由一些旅游专业研究人员组成。编制组可以由被委托方一个单位组成,也可以由多个单位组成。一个单位组成的编制组可能知识结构单薄,但易于领导和管理;多个单位组成的编制组可能知识结构丰富,但不易于领导和管理,难以及时完成任务,在沟通方面也比较难。

编制组的构成如下:

(1) 组长(负责人):往往由专家担任,他是编制组的领导者,也是规划任务的责任人,还是编制组成员的召集人,需要有规划内容的组织把握能力、规划成员的领导指导能力、与委托方的沟通协调能力、规划内容的良好表达能力。规划水平的高低在很大程度上取决于组长的能力高低,或者自身知识水平比较高,或者能够召集到水平比较高的成员。组长通常是一人,可以有多位副组长,视成员的多少和实际情况而定。

(2) 技术负责人:往往由专家担任,也可以由组长兼任,能够了解整个规划中的各项事务,负责对成员进行理论和技术上的指导,并将各成员完成的内容进行归纳、合并、汇总,形成完整的规划成果。

(3) 成员:由多名旅游专业研究人员组成,基本上能够涵盖规划内容所需的专业领域。规划成员不一定要求知识全面,但在某一方面要专业,能够胜任分配给他的任务。他们还要求有丰富的经验、较强的分析研究能力、较好的文字表达能力,还要有足够的身体条件和时间条件的保证,另外还要求能够虚心接受批评和指导,能够服从领导,积极地完成任务。

## 四、旅游规划协调组

协调组主要由当地旅游主管部门的有关人员组成,对规划编制组和顾问组在当地工作中遇到的各项事务进行协调和安排。这些事务主要有协调安排规划组或顾问组在当地的考察、交通、食宿等问题；安排规划组在调查时与各级政府、各部门以及相关人员进行接洽、交流、座谈；收集规划组提出的各项资料；操办规划论证和评审的具体事务；寄送各种材料、通知、文件等等。

## 五、旅游规划监督组

我国目前还没有建立旅游规划的监督机制，更没有专门的监督机构，甚至上一级的旅游管理部门都无法行使监督职能。通常是规划委托方和被委托方相互进行监督，由于规划委托方和被委托方之间对旅游规划存在认识上的偏差，往往导致双方产生矛盾和摩擦，使旅游规划不能很好地进行下去，甚至不了了之。经常出现规划委托方拿出不少规划费用却得不到规划结果，或被委托方完成了规划任务却拿不到相应的劳动报酬。规划委托方和被委托方的职责和权利都需要得到保障，需要对双方进行监督。因此，建立旅游规划的监督机制是有必要的，监督机构应该是与规划委托方和被委托方的任何一方都没有利害关系的第三方机构或组织。

监督机构或组织应跟踪旅游规划整个过程。监督机构或组织应坚持公正、公平、公开的原则，忠实地履行自己的职责，不能偏袒任何一方，也不能被其他的机构或因素所左右，除了监督规划委托方和被委托方双方的权利和职责，还要消除双方之间存在的偏差，协调双方的矛盾和问题。

## 六、旅游规划评审组

评审组负责对规划进行最后的权威审定，从规划的理论、方法、技术、内容、规范等等方面对规划进行审查，并就规划的设想是否符合当地的实际情况提出意见，最后对规划作出客观的评价。

评审组成员是来自各地的知名旅游专家，可以是规划顾问组成员，一般由7人、9人或11人组成。评审组的成员除了知识方面的要求外，还要求能够有时间来参与评审，特别要求能够客观、公正地评价规划成果，而不要夹带个人的情绪、恩怨和偏见昧心地一味否定规划成果，也不要卖人情违心地一味肯定规划结果。

# 第二章 旅游规划的基本空间

## 第一节 小尺度空间

### 一、景点

1. **景点是旅游活动的最小空间单位**

景点即旅游者短暂逗留、休息、游览、观赏等的最小场所。游客总是从一个景点到另一个景点参观、活动,在景点处多会停留,或欣赏风景、或开展活动、或拍照留念,甚至停下来休息。而两个景点之间如果没有连续的风景或活动内容,则是一个行进的过程。在景点处可以欣赏到一个或多个具有美、特、奇、古、用等特点的旅游资源(景物),它们有最大的一致性。

2. **景点是欣赏景色的最佳地点**

由许多旅游资源及其他要素构成了风景(景色、景致),成为游客欣赏的对象。"横看成岭侧成峰,远近高低各不同",对风景的欣赏需要远近高低不同的角度和距离,才能找到最佳的欣赏地点。因此,旅游资源的分布点和观赏点是两个不同的空间,景点是景物(旅游资源)的观赏点,而非景物的分布点。只不过,有的旅游资源的分布点和观赏点是重合的,如寺庙、园林、陵园、森林等等;有的是分开的,如三峡神女峰需要在很远的地方才能看到,又如欣赏张家界武陵源风景区中各景点都需俯视或仰视,并且需要一定的距离才能看清楚,才能看到壮观的景象。

3. **景点的景色是由多种资源组合而成**

景点的景色是由数量不一的多种类型的旅游资源组合而成,由远近高低、形态不同、色彩多样的要素组合成优美的画面,不仅让人流连忘返,驻足观看,拍照留念,还可以激起人们对大好河山的热爱和民族自豪感,进而激发人们的爱国热情和自信心。就像一个盆景,盆里有假山,有树木,还有水,构成盆景的基本要素;又如庐山仙人洞景点,由洞、佛像、一滴泉、蟾蜍奇石、劲松、乱云飞渡等组成奇险景观,成为游庐山者必到和留影之地。

### 4. 景点规模与容量

景点的规模一般用平方米来表达。各景点的规模有大小之别,欣赏的景物有多少之差。大的景点可能有数千甚至数万平方米,小的景点可能不到1平方米,几乎容不下一个人。

在旅游规划中,对景点的空间大小进行调整是重点之一。景物多者,游人多聚,停留的时间也比较长,应尽量扩大空间;游客少的地方则需要缩小空间。扩大空间可以从平面上延展,修建观景平台;也可以利用立体空间,上下错落,甚至修建楼阁。

景点规模影响到游客的容纳量,即产生容量问题。用可游览面积(即景点内游客可活动的范围)除以人均占有面积可得到景点瞬时容纳的游客量。如果旅游活动组织得当,时间利用效率高,则每天可以让更多的游客参观、活动,比如游客单向流动就比双向流动效率高。

### 5. 景色的构建

对在景点的视域范围内的旅游资源重新配置,可以改造景色,使其满足人们对美的追求,从而构建出一幅优美的画面。比如远处,可以种彩叶树、修建体量大的建筑等;中远处,可以堆山、挖池塘、种花草、种花田、修建体量中等的建筑等;近处,则多种花草、修建景观建筑和景观小品等。

### 6. 观赏点成为被观赏的对象

为了让游客在景点停留休息、遮阴躲雨,通常景点处会修建供游客使用的亭台楼阁、轩榭廊舫等景观建筑。这些建筑造型别致,与环境完美融合,给环境增添了美感,逐渐成为人们的欣赏对象,成了新的旅游资源。正所谓"你在欣赏风景,而别人在欣赏你"。

例如武汉市的黄鹤楼,古时本是军事瞭望场所,后被人发现是观赏"晴川历历汉阳树,芳草萋萋鹦鹉洲"的最佳场所,文人墨客纷纷来此赏景,吟诗作画。现如今,重新修建的黄鹤楼不仅是观景场所,也是重要的旅游资源,成为来汉游客的"打卡"之地。

因此在旅游规划中,对景点本身的建设也是重点之一。

### 7. 景点的名称

在规划中,常常要对景点取名。景点的名称要能体现景点的特色,让人看到名字就能想到它的景象和意境,从而记忆深刻,不容易忘记,像西湖的断桥残雪、三潭印月等。

景点的名称首先要遵循历史沿革,如果这个景点长期存在着,并且有一个固定的名称,一般就沿用这个名称,如山西省的鹳雀楼、甘肃省的月牙泉等等,已有一千多年的历史。

如果规划中出现新的景点,则需要对景点进行命名。景点的名称一般根据其形态、类型、含义和意境等方面来取名,比如象鼻山、猴子观海等是按形态取名,秦始皇兵马俑、中山陵等是按类型加限定词来取名,风月无边、与谁同坐等则是按意境来取名。

景点的名称常见有二字、三字和四字,其中四个字的名称更能体现规划者的语言能力,如西湖边的景点基本都是四个字,像柳浪闻莺、花港观鱼、雷峰夕照、苏堤春晓等等。我国古代各地都有八景、十景、十二景甚至四十八景之说,景的名称都是四个字,如扬州八景——白塔晴云、石塔霓虹、钩台春晓、虹桥卧波、长堤拂柳、栖灵晚钟、文峰扬帆、何园水心。

## 二、景点群(景群)

景点群(景群)是由若干相关景点构成的景点群落或群体,通常我们说的移步换景、目不暇接等就是对景点群的描述。

一般景点群由若干个紧邻的景点组成,相当于一个由若干景点形成的组合。如黄山的玉屏楼就是一个景点密集的景点群,有国内外著名的迎客松、陪客松、送客松、狮石、象石、金龟望月、文殊台、立雪台以及摩崖石刻等景点。

景点群由于景点密集,游客在观赏时会比较兴奋,情绪激昂,因此会形成旅途中一个活动的高潮。虽然在旅游规划中没有对景点群的规划提出什么要求,但是构建旅游活动的高潮是需要的,通过规划若干景点群,可以让游客的情绪高潮迭起。如南京市玄武湖里有五个岛,每个岛上都有若干景点,因此每个岛就是一个景点群;又如庐山上的含鄱口、锦绣谷、植物园等都是景点群。一般来说,旅游资源分布较为密集的地方容易构建景点群,像大的建筑群(如古街巷、民居、大的寺庙等)、小型专题园(如动植物园、游乐园等)、山谷或山峰、小型河流和湖泊湿地等。

景点群的面积虽然比景点大得多,有的景点群可能超过1平方公里,但总的来说,面积处在几千到几万平方米比较常见,所以景点群的面积一般用公顷来表示。

关于景点群的名称没有要求,甚至有的景点群没有名称,而有的景点群在建时就确定了名称,如前述的动植物园等。景点群的名称一般用景点群所在空间里的大的地名来称呼,比如华山的西峰;常见的还有用景点群里知名度最高、代表性最强的景点名称(也是地名)来称呼,比如前述的月牙泉,也可以代表月牙泉景点群,包括了月牙泉、灵泉古柳、胡杨、月泉观音、鸣月阁、沙丘等景点;如果能够总结归纳景点群的特色,也可以单独给景点群取一个名称,如张家界武陵源的十里画卷、无锡鼋头渚的太湖仙岛等。

一些景点群游客会作较长时间的停留,甚至休息,因此常常规划有旅游服务设施,如厕所、食品店、饮料店、商品店、休息座椅,甚至住宿设施。个别景点群,根据需要,还设置有公交站台、卫生室和治安室等。

## 三、景观视线(景线)

景观视线是指处在观察点(景点)位置的观察者(游客)与被观察景物之间的一条连线,可显示沿着该条线从观察点(景点)的角度能够看到或不能够看到景物。一连串能够看到的景物构成了风景线,在地形图学中称为通视线。

游客在游玩时总是希望看到好的、美的景色,而不希望看到差的、丑的景色,因此可以通过景观视线的改造,把好的、美的景色展示出来,打通景观视线,让游客看得见;而把差的、丑的景色遮挡起来,让游客看不见。

要打通景观视线,可以通过现场观察以及在远近、高低、左右等不同位置观察,寻找出最佳的观景场所(景点),并且具有很好的通视性,也可以在地形图上,通过对地形、建筑和植物等的位置、高低要素进行分析,找到通视的范围(视域)。

## 四、游览线(游线)

把各个景点和景点群连接起来的线路叫游览线,它是为游人安排的游览欣赏风景的路线,因此又称为游线。游客游玩时沿着游览线行进,先从入口出发,走到一个景点停留下来,然后又走到下一个景点停留,直到出口位置。

游览线有多种形式,常见的是步行道,路面多是水泥、沙石、条石等,也有在山石上凿出台阶,水体和湿地多用竹木铺成,个别地方还架有桥梁。水上游线则多用竹筏、游船、快艇等工具。现在一些面积比较大的游玩场所还提供观光车(游览车)沿游览线运行,到达某一景点或景点群时游客下车游玩。野生动物园则让游客坐在车内欣赏动物。

游览线可以是连续的,从头到尾没有变化;也可以是不连续的,由许多段落组成,中间由公交车(或私人汽车)、索道连接起来。当一些景点和景点群都相距不远时,游览线往往是连续的,而两个景点或景点群距离比较远,或难以步行到达,则游览线往往是不连续的。

游览线可以是孤立的,一条路游到底;也可以是交叉的,即两条或多条游览线相互交叉。游览线交叉时需考虑游客的分流和叠加,尤其是叠加,可能会出现局部超出容量的情况,应防止危险发生。

游览线的长度一般用米来表示,即使有的游览线超过1公里,也用米来表示,如游览线的长度为4200米。

游览线有的有名称,有的没名称,没有统一的规定。就算有名称也往往比较笼统,如东线、西线、车行线、步行线、上行线、下行线等等。

## 第二节 中尺度空间

### 一、景区

#### 1. 景区构成

景区是由许多景点、景点群以及连接它们的游览路线、旅游服务设施等组成,旅游资源的分布具有高度的集中性,资源的特征具有高度的一致性。

通常景区以一个或几个紧邻的主要景点和景点群为中心,通过交通线或视线将若干景点统一起来形成景区。

景区不是独立的空间,而是和其他相邻的景区共同构成一个风景区。但是景区可以是一个封闭的空间,进行单独售票。游客游玩时可以每个景区都游,也可以只游一到二个景区。一般免费的景区或单独售票的景区,游客往往到的少些,通票或联票的景区游客到的多些。

#### 2. 景区的主题

景区最大的特征是分布有高度一致性的旅游资源,是一个均质的游览空间,与其他景区的旅游资源有着较为明显的区别。我们可以根据景区内资源的一致性特征提炼出景区的主题。例如,南京市的钟山风景名胜区由中山陵景区、明孝陵景区、灵谷寺景区、山顶景区(头陀岭景区)和玄武湖景区等组成,分别以中山陵、明孝陵、灵谷寺、头陀岭和玄武湖为主题,每个景区特色鲜明,各不相同,但在景区内部,各景点和景点群之间有明显的关联性。目前,该风景区东片运动、休闲、度假的主题逐渐形成,划分新景区的可能性逐渐显现。

每个景区都具有唯一性,因此一个风景区内不存在两个主题和名称一样的景区。

3. 景区的大小

景区的大小不一,其尺度用平方公里来表示,小的景区有几平方公里,大的景区有几十甚至几百平方公里。如前述的中山陵景区约有 3 平方公里,玄武湖景区约有 5 平方公里,而张家界的索溪峪景区约有 180 平方公里。

景区的大小是根据旅游资源、环境的相对一致性来划定的,同时还要考虑旅游行为、旅游管理的一致性。应保证具有相同主题和密切相关的旅游资源在一个景区内,保持空间的完整性,个别相关的资源如果分布在较远的地方且空间不相连,则不把其划在一个景区内。如把与孙中山有关的资源和景点以中山陵为中心构成中山陵景区;划分索溪峪景区除了考虑资源,还考虑了地形地貌的完整性,黄石寨景区则基本是以地形为主划分。

一个风景区的面积等于其内部所有景区面积之和。

4. 景区的边界

一个主题的旅游资源和景点与另一个主题的旅游资源和景点的分界线即为景区的边界,它可以是清晰的,也可以是模糊的。

从一个景区到另一个景区,如果中间没有多少资源和景点,甚至是空白地带,则可以在中间划分一个景区的边界。如果有线性地物在景区之间,如河流、山脊线、悬崖等等,这个边界往往是清晰的、明确的,否则,边界可能是模糊的,除非有权属界线。

我国许多景区都有权属单位或经营单位,并且相邻的景区可能有不同的权属单位或经营单位,因此它们的权属有明确的界线,有的甚至用围墙、篱笆等围合。单独收取门票的景区都有围合的范围,但收费范围不一定是整个景区的范围。

5. 景区的名称

每个景区都有名称。一般景区的名称用其主题名称,或者是内部最大的地名,或是以知名度最大的旅游资源、景点等来命名。如前述的明孝陵景区是以一组建筑群构成明孝陵主题,因此以主题命名;张家界的黄石寨景区则是以地名命名。

## 二、功能区

功能区分小尺度功能区、中等尺度功能区和大尺度功能区。中小尺度的功能区一般以土地的用途(功能)来划分,比如在城市规划里有居住区、文教区、休闲区等等,在规划图上用不同颜色的色块表示;大尺度的功能区以经济和社会等综合功能来划分,这里不讨论。

### 1. 功能区的类型

按照用地类型来划分功能区的类型,常见有游览区、旅游接待区、休疗养区、野营区、文化娱乐区、商业服务区、行政管理区、居民区、农林园艺区、加工工业区等。并非每一个旅游地都要具备这些功能,同时应尽量避免居民区、加工工业区的建设,并尽量减小规模;避免休疗养区、文化娱乐区、商业服务区建设的城镇化倾向。

(1) 游览区。这是旅游地的主要组成部分,景点比较集中,是旅游者的主要活动场所。一个旅游地有许多游览区组成,每个游览区都有自己的特色。

(2) 旅游接待区。此区也是旅游地的重要组成部分,要求有较好的食宿条件,有完善的商业服务以及各项配套的辅助服务。旅游接待区布局可有分散布局、分片布局、集中布局、单一布局等方式。

(3) 休疗养区。现在一般叫度假区,但历史遗留有不少休疗养区。许多风景区中设置了休疗养区,并成为风景区一个较为重要的组成部分。一些风景区,如庐山、西湖等,都有专用的休疗养区。休疗养区应该与游人有所隔离,避免相互干扰,但也要有相应的商业文娱设施。

(4) 商业服务区。除了分散的服务点外,旅游地可以有几个商业服务较为集中的区,为旅游者和当地居民提供服务。

(5) 居民区。居民区是旅游地中工作人员及其家属居住的场所,一般常和行政管理机构结合在一起,而不宜与旅游者混杂,以免相互干扰。如果居民对旅游地的环境影响比较大,且居民的数量不大,可以考虑将居民搬出旅游地,重新建立居民区。

(6) 行政管理区。为旅游地中行政管理机构集中的地段,与游人不发生直接联系。

(7) 加工工业区。为旅游地的旅游服务,主要是加工主副食品、工艺品、旅游用品等,可以与居民区、行政管理区相结合。有条件的旅游区应尽量由旅游地外提供这些商品。

(8) 园艺场及副食品供应基地。担负着为旅游者、休疗养人员提供新鲜食品的任务,如果园、菜地、奶牛场等。副食品仅靠旅游地供应是不够的,还需要外部的支持。

(9) 农林区。从事农业、林业生产的地区,虽然与旅游活动无直接关系,但农林区占地广,对景观、环境保护和生产都有影响。

### 2. 功能区的大小

功能区的大小不一,根据需要和土地条件来确定。如餐饮区,可以规划成街区,面积比较大;也可以规划成餐饮点,只有几个店铺或摊点,面积比较小。

相对来说,以服务为主的功能区,如接待区、商业区等,面积比较小,而游览区、农林区面积比较大。

具有相同功能的功能区可以有多个,且不相连、不连片,分散在不同的景区里,甚至一个景区里都有几个相同功能的功能区。

单一的功能区的大小一般用平方米或公顷来表示,相同功能的功能区面积相加后可以用公顷甚至平方公里来表示。表示功能区面积的量纲可由具体数字的大小确定,面积数字不能太大也不能太小,应选用大小合适的数字并调整合适的量纲。例如,0.01平方公里就不如1公顷恰当。

### 3. 功能区和景区的区别

景区是以旅游资源的特征和游客的活动行为来区分,而功能区则是以土地的用途(功能)来区分,是两个不同的角度。

在一个风景区内,每个景区是唯一的,但同一功能的功能区却可以有多个,不唯一,如商业区可以有几个。

一般来说,景区的面积比功能区要大。一个景区内有几个功能区,除了游览区,还有配套为游客服务的功能区。

在风景区内,景区是全覆盖,也就是风景区的面积等于里面景区的面积之和。功能区不是全覆盖,所有功能区的面积之和可能小于风景区的面积,剩下部分往往用水域、待利用地、未利用地、生态用地等来表示。

## 三、旅游地

### 1. 旅游地的概念

旅游地(destination)是游客活动的主要空间,关于它的定义,有以下几种说法:
(1) 郭来喜(1982)认为,旅游地是具有一定经济结构和形态的旅游对象的地域组合。

(2) 保继刚(1993)认为,一定地理空间上的旅游资源同旅游专用设施、旅游基础设施以及相关的其他条件有机地结合起来,就成为旅游者停留和活动的目的地,即旅游地。

(3) Gunn(1994)认为,旅游地是一个具有大量取悦旅行者的旅游活动项目的地理区,旅游地的组成要素应该包括吸引力综合体(attraction complexes)、入口(gate-way)、进出通道(corridor)、服务中心(services center)、区内连接路径(linkage)、外部环境(external environment)等。

总的来说,旅游地是在比较大的空间里,有两个比较完善结构(空间结构和经济结构),是游客的主要活动空间。

一个旅游地具有如下的特点:

(1) 旅游资源集中分布。相对于旅游区域来说,旅游地的旅游资源在一个较小的地域空间内集中分布,资源密度比较高,且资源类型丰富,数量庞大,是旅游者旅游目的之根源,也是旅游者向往的地方。例如,一个风景名胜区相对于周围地区旅游资源的分布是很集中的,像黄山在154平方公里范围内有72峰、24泉、20潭、16溪、14洞、3大瀑、2湖、4000多种植物、近百种鱼类、2000多种禽兽。这种集中的旅游资源带来游客活动范围的集中、旅游设施的集中,极大地影响了这一地区的空间形态。

(2) 旅游地是开展旅游活动的主要地域空间。归根结底,旅游者的活动主要在中心城市、旅游地、旅游点和交通线路上,无论是从旅游者数量,还是从旅游者的活动时间上看,这几个空间都占有绝对的优势,因此说旅游地是开展旅游活动的主要地域空间,并且它还是旅游活动的最终归属,中心城市和交通线路仅是实现旅游活动目的的地域空间条件。

(3) 旅游地是一个独立的旅游空间,更是一个权属空间,有明确的管理单位,如管理处、公司等,有的旅游地甚至是政府的直属部门,如黄山风景区管理委员会、中山陵园管理局等。

当然,旅游地最大的特征是其结构。

## 2. 旅游地的结构

旅游地的结构包括两个方面,即空间结构和经济结构。有的面积特别大的旅游地,由于历史原因,还有大量居民居住在里面,游客、居民和经营管理者之间还存在着社会结构,但这不是普遍现象,因此暂不讨论。

旅游地的结构调整是旅游地规划的主要内容。

(1) 旅游地的空间结构

旅游地的空间结构又分成两个方面,即资源结构和功能结构。

资源结构是按照旅游资源的特征和游客的行为特征来划分,由景区、线路、景点(群)等构成。

一般旅游地由若干个景区组成,是一个复杂的多层次系统。旅游地的最基本空间单位是景点,由一个或几个紧邻的主要景点(群)为中心,通过交通线、游览线或视线将其统一起来形成景区。一个景区基本上有它自己的资源特色,与其他的景区有着较为明显的差别。每个景区都有一定的范围,通过交通线路相连接,共同形成一个完整的旅游地。一个旅游地可以划分成多个景区,景区在发展和管理上都要服从旅游地。例如,陈传康等(1990)将粤北丹霞山划分为四个景区,即锦江景区、丹霞山景区、大石山景区、韶石山景区。

旅游地和景区、景点(群)的空间关系可用图2-1表示。

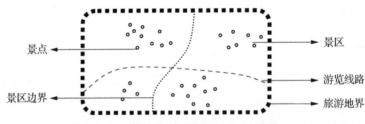

图2-1 旅游地和景区、景点的空间关系

功能结构是由许多具有相同用途且连续的土地形成的功能区组成。一个景区内有不少功能区,甚至面积比较大的景点、景点群内部也有简单的功能区。不同的功能区可以集中连片布置,如一般风景区的入口集中有公交站场、停车场、餐饮区、住宿区、商业区、居民区以及票务接待区(售票、检票、安检、问询、厕所,现在还有虚拟体验室等);也可以是分散布置,功能区分布在各景区内。一些大型的旅游地,需要有比较大的综合性接待服务场所,包含许多服务型的功能区,形成一个小镇形态,如黄山的汤口、武夷山的国家旅游度假区等。

(2) 旅游地的经济结构

旅游地具有比较完善的旅游经济结构和规模。旅游地作为游客活动的主要空间,需要有相应的接待场所和接待设施为其提供服务。大多数旅游服务是有偿服务,需要游客付费,因此旅游服务的提供就构成了旅游经济结构(旅游业),并且旅游业是旅游地的主导产业。

作为旅游地来说,提供的服务比较全面,基本涵盖了游客需求的方方面面,如票务、导游、餐饮、交通、住宿、购物等,所以结构比较完善。旅游经济规模的大小取决于旅游地吸引力所带来的游客量的多少,并随游客量的变化而变化。

3. 旅游地的大小

每个旅游地都具有一定的空间尺度。组成旅游地的各景区都是以平方公里来表示其大小,因此旅游地也是以平方公里来表示大小。一般旅游地在 5 平方公里以上,几十、几百,甚至几千、几万平方公里的都有。例如,杭州西湖风景名胜区由湖滨、湖心、北山、南山和钱塘等景区组成,总面积达 49 平方公里,其中湖面面积就达 6.5 平方公里。

4. 旅游地的主题

旅游地的主题又叫旅游地的性质,是对旅游地本质特征和发展目标的一种概括。《风景名胜区规划规范》里规定,风景区的性质,必须依据风景区的典型景观特征、游览欣赏特点、资源类型、区位因素以及发展对策与功能选择来确定。风景区的性质应明确表述风景特征、主要功能、风景区级别等三方面内容,定性用词应突出重点、准确精炼。

例如,黄山风景名胜区的性质包括:是世界文化与自然遗产,世界地质公园,山岳型国家重点风景名胜区;是具有世界意义的天然美景;是对就地保护生物多样性具有重大意义的自然栖息地;是黄山画派的发祥地,在中国山水画的发展历史过程中具有重要地位和作用;是资源与环境保护、科学研究和爱国主义教育基地;是公众开展适度的观光、文化和生态旅游的场所。

以旅游地的主题为基础,依其旅游功能和对当地的经济生活与建设方向的影响,可以将旅游地划分为风景旅游地、文化旅游地、历史古迹旅游地、民族风情旅游地、现代工程旅游地、娱乐游憩旅游地、综合性旅游地等等。旅游地的分类方案目前尚无统一的意见。

5. 旅游地的名称

有的旅游地有官方批准的名称,一般就直接用这个名称,如前述的黄山风景名胜区、西湖风景名胜区等,还可以加上等级,如黄山风景名胜区也可以叫黄山国家级风景名胜区;有的旅游地没有官方批准的名称,可以笼统地用风景区、旅游区等加上地名来称呼。一些新建的、建设不够完善或不达标的旅游地,经过不断地建设、完善,经申请批准后可以获得官方的称呼,这也是许多旅游地的发展目标。

我国旅游地的官方称呼比较多，可由不同的部门批准，并且还会在空间上有重合。获得这些称呼的空间地域并不完全是为旅游而设立，其主要目的为了保护特定的资源，但是人们在其中开展的参观访问、科学考察、知识教育等活动是旅游活动，其旅游吸引力和空间规模达到了旅游地的要求，并且基本上都是知名的旅游地。常见的有如下几种称呼：

（1）风景名胜区

风景名胜区，是指具有观赏、文化或者科学价值，自然景观、人文景观比较集中，环境优美，可供人们游览或者进行科学、文化活动的区域（《风景名胜区条例》）。如八达岭-十三陵风景名胜区、五台山风景名胜区、南京钟山风景名胜区等。

主管全国风景名胜区工作的部门是国家住建部，省一级的部门是省级住建部门。风景名胜区所在地县级以上地方人民政府设置的风景名胜区管理机构，负责风景名胜区的保护、利用和统一管理工作。

（2）自然保护区

自然保护区，是指对有代表性的自然生态系统、珍稀濒危野生动植物物种的天然集中分布区、有特殊意义的自然遗迹等保护对象所在的陆地、陆地水体或者海域，依法划出一定面积予以特殊保护和管理的区域（《中华人民共和国自然保护区条例》）。如三江国家级自然保护区、泗洪洪泽湖湿地国家级自然保护区、天目山国家级自然保护区等。

国家对自然保护区实行综合管理与分部门管理相结合的管理体制。国务院环境保护行政主管部门负责全国自然保护区的综合管理工作。国务院林业、农业、地质矿产、水利、海洋等有关行政主管部门在各自的职责范围内，主管有关的自然保护区。县级以上地方人民政府负责自然保护区管理的部门的设置和职责，由省、自治区、直辖市人民政府根据当地具体情况确定。

（3）旅游度假区

旅游度假区，是指为旅游者提供度假休闲服务、有明确的空间边界和独立管理机构的区域（《国家级旅游度假区管理办法》）。如南京汤山温泉旅游度假区、西双版纳旅游度假区、三亚市亚龙湾旅游度假区等。

我国于1992年经国务院批准有12家国家旅游度假区，分别是杭州之江国家旅游度假区、苏州太湖国家旅游度假区、莆田湄洲岛国家旅游度假区、上海佘山国家旅游度假区、大连金石滩国家旅游度假区、无锡太湖国家旅游度假区、广州南湖国家旅游度假区、北海银滩国家旅游度假区、三亚亚龙湾国家旅游度假区、青岛石老人国家旅游度假区、武夷山国家旅游度假区、昆明滇池国家旅游度假区。之后没有再批国家旅游度假区。

国家级旅游度假区是为了适应我国居民休闲度假旅游需求快速发展需要,为人民群众积极营造有效的休闲度假空间,提供多样化、高质量的休闲度假旅游产品,为落实职工带薪休假制度创造更为有利的条件而设立的综合性旅游载体品牌。其认定和管理由文化和旅游部按照《国家级旅游度假区管理办法》和国家标准《旅游度假区等级划分》(GB/T 26358—2010)及相关细则组织实施,具体工作由文化和旅游部资源开发司承担。省级文化和旅游行政部门负责本辖区内国家级旅游度假区的初审推荐和日常管理工作,以及省级旅游度假区的认定和管理工作。

(4) 森林公园

森林公园,是指森林景观优美,自然景观和人文景物集中,具有一定规模,可供人们游览、休息或进行科学、文化、教育活动的场所(《森林公园管理办法》)。如玉泉寺国家森林公园、宝华山国家森林公园、桂林国家森林公园等。

国家林业主管部门负责全国森林公园管理工作,县级以上地方人民政府林业主管部门负责本行政区域内的森林公园管理工作。

(5) 地质公园

地质公园是以具有特殊地质科学意义、稀有的自然属性、较高的美学观赏价值,具有一定规模和分布范围的地质遗迹景观为主体,并融合其他自然景观与人文景观而构成的一种独特的自然区域。它既是为人们提供具有较高科学品位的观光旅游、度假休闲、保健疗养、文化娱乐的场所,又是地质遗迹景观和生态环境的重点保护区,以及地质科学研究与普及的基地。如安徽黄山地质公园、江西庐山地质公园、广东丹霞山地质公园等。

国家地质公园由自然资源部(原国土资源部)主管,省级自然资源主管部门负责省、市级地质公园管理工作,并受自然资源部委托对本辖区内国家地质公园进行监督管理。

(6) 湿地公园

国家湿地公园是指以保护湿地生态系统、合理利用湿地资源、开展湿地宣传教育和科学研究为目的,经国家林业局批准设立,按照有关规定予以保护和管理的特定区域(《国家湿地公园管理办法》)。如伊犁天鹅泉湿地公园、北京野鸭湖国家湿地公园、杭州西溪国家湿地公园等。

县级以上林业主管部门负责本辖区内国家湿地公园的指导、监督和管理工作。

(7) 水利风景区

水利风景区是指以水域(水体)或水利工程为依托,具有一定规模和质量的风景资源与环境条件,可以开展观光、娱乐、休闲、度假或科学、文化、教育活动的区域(《水利风景区管理办法》)。如南京市金牛湖水利风景区、姜堰市溱湖风景区、太平湖风景区等。

县级以上人民政府水行政主管部门和流域管理机构应当认真负责,加强对水利风景区的监督管理。水利风景区管理机构(一般为水利工程管理单位或水资源管理单位)在水行政主管部门和流域管理机构统一领导下,负责水利风景区的建设、管理和保护工作。

(8) 历史文化名城(镇)

历史文化名城(镇)是指保存文物特别丰富、历史建筑集中成片、保留着传统格局和历史风貌,历史上曾作为政治、经济、文化、交通中心或者军事要地,或者发生过重要历史事件,或者其传统产业、历史上建设的重大工程对本地区的发展产生过重要影响,或者能够集中反映本地区建筑的文化特色、民族特色的城市或城镇。如洛阳市、南京市、北京市、西安市等。

国务院建设主管部门会同国务院文物主管部门负责全国历史文化名城、名镇、名村的保护和监督管理工作。地方各级人民政府负责本行政区域历史文化名城、名镇、名村的保护和监督管理工作。

(9) 国家公园

国家公园是指以保护具有国家代表性的自然生态系统为主要目的,实现自然资源科学保护和合理利用的特定陆域或海域,是我国自然生态系统中最重要、自然景观最独特、自然遗产最精华、生物多样性最富集的部分,保护范围大,生态过程完整,具有全球价值、国家象征,国民认同度高(《关于建立以国家公园为主体的自然保护地体系的指导意见》)。如东北虎豹国家公园、祁连山国家公园、三江源国家公园等。

中华人民共和国国家公园管理局(国家林业和草原局加挂国家公园管理局牌子)负责管理国家公园。由于国家公园在我国属新生事物,在管理上还有待完善。

(10) 国家矿山公园

国家矿山公园是矿山地质环境治理恢复后,国家鼓励开发的以展示矿产地质遗迹和矿业生产过程中探、采、选、冶、加工等活动的遗迹、遗址和史迹等矿业遗迹景观为主体,体现矿业发展历史内涵,具备研究价值和教育功能,可供人们游览观赏、科学考察的特定的空间地域。

(11) 国家生态旅游示范区

国家生态旅游示范区是以独特的自然生态、自然景观和与之共生的人文生态为依托,以促进旅游者对自然、生态的理解与学习为重要内容,提高对生态环境与社区发展的责任感,形成可持续发展的旅游区域,分山地型、森林型、草原型、湿地型、海洋型、沙漠戈壁型、人文生态型等七种类型(《国家生态旅游示范区建设与运营规范》(GB/T 26362—2010))。

6. 旅游地的管理机构

我国旅游地的管理机构比较复杂,不仅名称不同,级别也不同。除了一些旅游地是由企业开发建设和管理,大多数旅游地还是由政府设置管理机构直接管理。自从 2018 年我国成立国家公园管理局直接负责管理国家公园后,一些重要的、具有重大意义的旅游地开始建设国家公园,这将导致旅游地的管理机构更加复杂。

## 四、旅游点

1. 旅游点的构成

旅游点不是一个常用的概念,也没有权威的定义,只是代表了相当多的旅游活动空间,并与旅游地一起构成了主要游玩活动空间。那些面积不大、无法划分景区而旅游经济比较简单的独立游览空间,都属于旅游点范畴。

小的旅游点可能只有一个或几个景点、景点群,如城市里独立的寺庙、名人故居、文博场馆、小公园、小型游乐场等等(不在风景区内),像南京市的总统府是由几个景点群构成,拉贝故居则只是一个景点;大的旅游点相当于旅游地里的一个景区,达到平方公里级别,如城市里的休闲街区、历史街区、城市公园、郊野公园、旅游村庄、大型游乐场、主题公园、文旅城、旅游综合体等等,像苏州市的拙政园、武汉市的黄鹤楼、西安市的袁家村、南京市的汤山猿人洞遗址等。

2. 旅游点的特征

旅游点是独立的空间,这与景点、景点群、景区不同,其周边基本是旅游空白地区,容易识别。旅游点往往有明确的边界,尤其是权属边界,比如一些文保单位的保护范围、一些寺庙和园林的围墙等。

相比较旅游地,虽然都是独立空间,旅游点的面积要小许多,旅游地可以划分景区,而旅游点则不能;旅游地有较完善的经济结构,而旅游点经济结构比较简单,甚至没有。这两个不同点将旅游地和旅游点区分开来,但同时又都是游客的主要活动空间。

3. 旅游点的吸引力

旅游点虽然面积不大,游玩时间短,但其知名度和吸引力并不与面积相关,而是与资源的旅游价值相关。尽管有许多旅游点主要面向城市居民和周边居民,但也有不少旅游点的知名度和吸引力不小于旅游地,比如南京市的总统府、成都市的武侯祠、宁波市的天一阁、武汉市的黄鹤楼等,它们的知名度都很高,已经成为城市具有代表性的旅游场所之一。

旅游点根据其资源特色,也可以获得如下官方的名称:

(1) A级景区。根据景区(这里的景区概念是旅游地、旅游点的统称)的服务内容和服务质量,依《旅游景区质量等级的划分与评定》,分1A,2A,3A,4A,5A五个等级,最高为5A级。国家5A景区以旅游地为多,较大且有特色的旅游点也可以评定为5A景区,如上海市的东方明珠广播电视塔。绝大多数旅游点由于面积小,评分要素不足,难以获得高等级A级景区的称号。

(2) 文保单位。是指具有历史、艺术、科学价值的古文化遗址、古墓葬、古建筑、石窟寺和石刻等,对文物保护单位本体及周围一定范围实施重点保护的区域。分全国重点文物保护单位、省级文物保护单位、市级和县级文物保护单位。

(3) 田园综合体。最早出现在无锡市,是一个新生事物,2017年作为乡村新型产业发展的亮点措施被写进中央一号文件:"支持有条件的乡村建设以农民合作社为主要载体、让农民充分参与和受益,集循环农业、创意农业、农事体验于一体的田园综合体,通过农业综合开发、农村综合改革转移支付等渠道开展试点示范。"田园综合体是集现代农业、休闲旅游、田园社区为一体的乡村综合发展模式,目的是通过旅游助力农业发展,促进三产融合,成为一种可持续发展模式。

(4) 特色小镇。也是一个新出现的空间形态,为某一特色产业集中分布区(不是特色小城镇),如阿里巴巴所在地称为云栖小镇、以互联网创业为主的梦想小镇等。特色小镇最早出现在浙江省,然后由国家住建部、财政部和发改委共同推出这个概念。许多特色小镇具备开展旅游活动的条件,甚至有不少特色小镇本身就是以旅游为主的文旅特色小镇。特色小镇空间要集中连片,规划面积控制在3~5平方公里(以旅游为主的特色小镇可以突破这个限制),建设面积控制在1平方公里左右(建设面积不能超出规划面积的50%)。

(5) 乡村旅游重点村。2019年国家文化和旅游部将320个在文化和旅游、资源开发和产品建设方面具有典型示范和带动引领作用的乡村入选全国乡村旅游重点村名录。乡村旅游是我国旅游的重要组成部分,既为广大的城镇居民提供更为丰富的旅游供给(旅游产品),也为广大农民脱贫致富提供了新道路,是乡村振兴的重要推动力。我国的传统村落都具备开展乡村旅游的潜力。

4. 旅游点的扩张

在经济快速发展尤其是房地产开发的浪潮下,我国的旅游地面积往往被侵占,但旅游点总的趋势是在扩张。

旅游点的扩张,首先是空间的扩张,即围绕主要的景点或景点群向外扩大面积。如成都市的武侯祠,不但增加了休闲绿地,还建设了可体验成都地方特色的锦里,形成了三国历史遗迹区、锦里民俗区、西区三个功能区。又如杜甫草堂博物馆,以杜甫草堂为主,经过历代的重修和扩建,现在已经是占地300亩的旅游场所。今日的草堂已是一片奢华的景象,若杜甫还入住其中,估计就写不出《茅屋为秋风所破歌》了。

旅游点的另一种扩张是组建旅游地,即将相距不太远的几个旅游点经空间规划布局形成一个新的旅游地。如南京市秦淮区夫子庙秦淮风光带,由夫子庙、中华门城堡、白鹭洲公园、武定门东水关、大报恩寺、老门东等众多旅游点组成,成了国家5A景区,而这也是秦淮区被评为首批国家全域旅游示范区的主要因素。

# 第三节 大尺度空间

## 一、旅游区域(旅游区)

1. 旅游区域的概念

区域并非是一个很明确的概念。一般认为,区域是一个均质性的空间范围,是选取某些特定指标进行划分的,但缺乏明确的界线。美国学者认为,区域是研究并选取地球上存在的复杂现象的地区分类的一种方法。地球表面的任何分段或部分,如果它在这种地区分类中是均质的话,就是一个区域,是以选择某些具有地区意义或地区问题的现象并排除一切无关现象所形成的。比如我国热带地区是选取气候为划分指标,水稻种植区是以适宜水稻种植为划分指标,等等。现实中,基本上以行政区划作为区域的划分指标,并以行政区划的边界作为区域的边界。

旅游区域(也叫旅游区)是以旅游活动为考察对象所划分的均质空间。我国学者认为,区域旅游就是在旅游资源相对一致的空间内,以中心城市为依托,依据自然地域、历史联系和一定的经济、社会条件,根据旅游业发展的需要,经过人工的开发和建设,形成有特点的旅游空间,以吸引人们在这一范围内旅游。

旅游区域基本也是以行政区划来划分,其最小的是县域(包括城市的区),依次往上有市域、省域、全国等,所以旅游区域有等级高低之分。旅游区域的空间尺度在 1000 平方公里以上。

2. 旅游区域的构成

(1) 至少有一个功能比较完善的中心城市(镇)。中心城市(镇)有时也称为依托中心,起到客源的接待和聚散地的作用,对于旅游目的地来说还是一个客源市场,对区域旅游的发展具有举足轻重的作用。在中心城市里,交通便利,经济相对发达,接待设施相对完善,信息广泛,管理集中。

在一个旅游区域里,规模最大的城镇会被选择为依托中心。在旅游区域规划里,空间结构常常有"一心",指的就是这个中心。

有的旅游区域缺乏依托中心,需要规划建设,首先是把旅游交通和旅游接待功能完善。例如张家界市,本是湘西一个小县城,通过建设机场、火车站、旅游公路网、宾馆酒店、餐饮街区等等,现在已经是区域的依托中心,并能辐射周边地区;又如四川西北地区,有九寨沟、黄龙等国家级风景名胜区和全国 5A 景区,但一直缺乏强有力的依托中心,游客需要从遥远的成都市和兰州市中转过去。

(2) 至少有一个旅游资源分布比较集中的主要或重要旅游地、旅游点,并且旅游资源具有较强的吸引力。旅游资源是旅游发展的基础,其吸引力的大小决定了旅游发展的规模和竞争力的大小。

旅游地和旅游点的规划建设是一个旅游区域规划的重点内容,也是吸引游客前来的根本。在全域旅游的理念下,似乎一个区域内全境均可开展旅游,即使没有本地旅游资源,也可以投入资本,人工建造园林、主题公园、游乐场、田园综合体等等。

(3) 有完善的旅游交通网络,能够方便地从依托中心快速到达区域内各城镇、旅游地、旅游点。需要有发达的路网结构、方便的公交系统、充足的停车场所,以及随时可得的汽车租赁、汽车维修保养等服务。

(4) 有完善的旅游业结构和充足的旅游接待能力,对外具有较强的竞争力。旅游业的结构是否合理,接待能力是否充分,决定了旅游供给的能力,也决定了旅游经济的效益。旅游资源状况和旅游业服务水平影响着区域旅游的整体形象,从而影响着区域旅游的竞争力。

(5) 有复杂的主客关系。在旅游区域内,旅游场所和生产、生活空间相互嵌合,游客和当地人(居民和常住者)将产生关联,因为一些旅游场所也是当地人休闲、娱乐的消费场所。

(6) 有完善的管理机构。完善的管理机构能够保证旅游的健康发展,能够保障旅游者、经营者、居民和政府之间的利益。

以上要素是旅游区域必须具备的,如果还没有具备这些特征,那在规划中将要进行完善和充实。

3. 旅游区域的定位(主题)

旅游区域的定位与旅游地的性质一样,是对其特征的总结归纳,和对未来发展的目标定位。一般的定位表述应概括主要功能、主打产品和主题形象等方面的内容。

旅游区域的定位包括总体战略定位、经济定位、社会定位、环境定位和形象定位等,其中总体战略定位和形象定位是定位的核心内容。

总体战略定位描述旅游区域是什么,以及建设成什么样的旅游区域。如江苏省宜兴市的总体战略定位是以全域旅游为理念,坚持高标准,深度挖掘茶陶文化、山水文化、洞穴文化、太湖文化、湿地生态、宗教文化、美食文化等优秀旅游资源,积极创新旅游产品和开发模式,着力提升旅游服务和配套,推动旅游产业转型升级,将宜兴旅游从重要产业发展为战略性支柱产业,将宜兴打造为宁杭生态经济带的重要旅游节点城市、一流的文化生态国际旅游城市、旅游休闲度假目的地,建设以山水旅游、生态旅游、文化旅游为特色的国家全域旅游示范区。

形象定位是面向游客和普通大众,能让人产生深刻印象的旅游区域特征的一个总体归纳,并可提出相应的宣传营销口号。如果旅游区域内有突出的旅游资源,可用"实"的形象表述,如宜兴市的紫砂陶名闻天下,因此称其为"中国陶都";如果旅游区域内的旅游资源知名度、价值等大致差不多,难以用"实"表述,可用"虚"的形象表述,如"上有天堂,下有苏杭"是对江南地区的核心区域的一种形象表述,以人们对天堂的美好想象来代表对苏杭的想象。

4. 旅游区域的管理

旅游区域一般是一个行政区划单位,内部设置有旅游行政管理部门,如文化和旅游局、文化体育和旅游局、文体广电旅游局等,是政府的一个组成部门。各级旅游区域都相应有旅游行政管理部门。

单是一个旅游行政管理部门难以管理一个区域内旅游相关事务,如公共安全、交通、生态环境、市场监督等,需要多部门协作,共同管理。

5. 旅游区域的称号

一个旅游区域基本是一个行政区划单位,其称号一般使用所在地的行政区划单位的称号。但也有为了促进旅游发展,或提供发展示范,由官方认定了一些称号。

(1) 国家旅游休闲示范城市

国家旅游休闲示范城市是指旅游休闲功能突出、旅游休闲产业完善、旅游休闲环境和谐,能同时满足旅游者和本地居民旅游休闲需求、在全国具有典型示范意义的城市。2015年12月1日,原国家旅游局正式实施《旅游休闲示范城市》标准。

(2) 国家级旅游改革创新先行区

国家级旅游改革创新先行区是指以实现全域旅游发展为目标,以改革创新旅游管理体制机制、旅游产业制度、旅游政策措施等为重点的先行先试地区。原国家旅游局之所以要评定"先行区",是为了形成一批改革创新成果,以发挥示范和引领作用,为全国提供可复制、可推广的经验和做法。国家级旅游改革创新先行区依据《国家级旅游业改革创新先行区建设管理办法》认定。

(3) 全域旅游示范区

全域旅游是应对大众化旅游而提出的。所谓全域旅游,是指在一定区域内,以旅游业为优势产业,通过对区域内经济社会资源尤其是旅游资源、相关产业、生态环境、公共服务、体制机制、政策法规、文明素质等进行全方位、系统化的优化提升,实现区域资源有机整合、产业融合发展、社会共建共享,以旅游业带动和促进经济社会协调发展的一种新的区域协调发展理念和模式。

2019年,文化和旅游部认定了71个区县市为首批国家全域旅游示范区。

## 二、旅游次区域(片区)和跨区域

旅游次区域(片区)和跨区域都是旅游区域之间的联合,跨越了行政区划界限。从一个旅游区域的角度看,比其行政区划等级低的行政区划之间的联合是次区域(片区),而由空间相连的等级相同的行政区划之间联合是跨区域。比如把江苏省宜兴市看作一个旅游区域,那么由其南部的湖㳇镇、张渚镇、太华镇、西渚镇四乡镇组成宜南山区旅游片区,是宜兴市旅游精华之所在;由江苏省的宜兴市、溧阳市和浙江省的长兴市组成宁杭生态经济带中间地段的旅游跨区域,其旅游活力直追南京市和杭州市。又如把江苏省看作是一个旅游区域,那么由南京市、苏州市、无锡市、常州市和镇江市组成了苏南旅游片区,与上海市、浙江省、安徽省组成长三角旅游跨区域。

旅游次区域(片区)和跨区域的形成,基于两个方面的因素:

一是旅游资源的关联性,具有相同或相似资源集中连片分布,却跨越不同的行政区划单位,如长江三峡跨湖北省和重庆市,太湖跨江苏省和浙江省,三国文化在以荆(州)襄(阳)为中心的区域分布最为集中等等。为了发展旅游,一些旅游次区域(片区)和跨区域可能会组建新的行政区划单位,如张家界市是由各自占有武陵源风景名胜区一部分的永定县、慈利县和桑植县组建成的新的地级市;又如江苏省兴化市千垛镇,是将千垛菜花景区周边的缸顾乡、李中镇和西郊镇的部分地区合并,于2018年新设立的乡镇。

二是旅游活动的关联性,游客在几个区域之间密切活动,这种情况需要区域之间密切合作,甚至成立合作区(协作区、联盟等),协作处理共同事物,如区域间旅游资源整合、整体实力和竞争力提高、区域间旅游政策协调、建立统一的执法监督协调机制、区域整体宣传营销等等。如游客到长三角游玩,必去南京、无锡、苏州、上海、杭州等城市,若时间充裕,还会去扬州、镇江、常州、湖州、嘉兴等城市,时间再多的话,还可以去安徽黄山、江西的三清山等,这些地区官方有联席会议,民间有多种形式的旅游联盟。

在大的旅游区域内进行区划,或者进行功能区划分,旅游次区域(片区)和跨区域是重要的构成成分。

## 三、旅游风景道

旅游风景道在我国是个新生事物,在发达国家却有近百年的历史,值得借鉴。随着我国私家车拥有量的增加,以及人们对高质量旅游体验的追求,越来越多的旅游规划中需要有风景道的内容。

以传统道路(路面和绿化带)为骨干,突破道路的宽度,将沿途的景观视域和服务设施统一起来,叫作旅游风景道(可以简单理解为道路+风景+旅游服务设施)。这里的风景,可以是道路两旁的景观,如树林、房屋建筑、草地、田野、水塘等,也可以是离道路较远的山岳、平原、水面、村镇等;这里的旅游服务,包括驿站、观景平台、停车场、汽车旅馆、营地、租赁、服务区等,过去简单的加油+厕所的模式逐渐向多样化的旅游服务演变。

广义的风景道是指"具有交通运输和景观欣赏双重功能的通道",狭义的风景道则是指"各种具体形式的风景道路,包括风景公路(小道)、绿道和公园道、风景路和自然风景路、遗产廊道和文化线路"等。从交通形式来看,有绿道、步道、骑行道、(车行)风景道。

一套完整的风景道体系,应是由干线—主线—支线—辅线组成。其中干线为国家尺度的风景道,以国道为多,如川藏线(G318)是近些年的热点风景道;有些高速公路两边的风景也非常美,如G35(济南—广州)穿行大别山区的霍邱县—岳西县段,G7(北京—乌鲁木齐)穿行沙漠戈壁地带,美不胜收。主线为省—市(地区)尺度的风景道,有国道,也有省道。支线为区县尺度的风景道,一般以省道和县道为主,有公交通行,汽车限速为每小时60公里,如江苏省溧阳市的一号公路,是首批江苏省旅游风景道,全长365公里,连接该市98个行政村、312个自然村、220多个乡村旅游景点、23个美丽乡村和特色田园乡村试点村。辅线则为慢行风景道,包括绿道、步道、骑行道,一般在支线附近,或与支线伴行。

1. 绿道

绿道源自于奥姆斯特德的波士顿公园体系规划。该规划的核心内容是通过一系列线性绿地将现存的涵盖富兰克林公园在内的四个公园进行串联,形成兼具生态功能与美学功能的廊道体系。"绿道"由怀特在 *Securing Open Space for Urban American: Conservation Easements* 一文中作为书面语提及。

1987年,美国户外游憩总统委员会将绿道定义为"人们居住地周边的开放空间,此类开放空间可以将乡村和城市连接使之成为一个循环体系"。

在国外,与绿道接近或者相关的术语还包括 Green Corridors, Ecological Corridors, Ecological Networks, Wildlife Corridors 及 Landscape Linkages 等。由于"绿道"一词最先由国外引进而来,再加上近义词汇较多,涉及研究领域广泛,国内对其的翻译与理解也各有分歧,出现了"绿色廊道""绿色通道""绿色网络""生态廊道""绿径"等相关释义。

绿道一般与路网和水网相伴,路边、水边常常建有绿道,甚至有的城市修建有宽阔的绿道,并在绿道中间修建步道、营地、球场、游泳池等休闲场所。我国的成都市率先提出建设公园城市,绿道系统是公园城市的核心建设内容之一。形成网络的绿道也叫绿网。

2. 步道

（1）步道概念

供人们步行的道路称为步道。城市里的步道常常与绿道合在一起，在绿道内部建设步道，路面常铺有塑胶或透水水泥，很容易识别。例如南京的紫金山绿道，始于琵琶湖公园，沿景区内环线、环陵路、岔路口、老宁栖路、空四站、樱花路、板仓街至索道下站，全长达25公里，并且多数路段在森林里修建，沿途设置有许多驿站供游客休息和餐饮，并实现与公交、地铁等城市交通无缝对接，满足了广大市民休闲健身的需要。

国外关于健身步道的词汇不尽相同，美国较常使用的词汇有trail，greenway，parkway三种，根据步道离市民居住地远近，在居住地附近称为"greenway"，以市郊、乡村、自然景观为主的称为"trail"；欧洲一般使用的词汇为trail，route。

美国将步道分为四类，即景观、历史、休闲、连接，多以线状步道为主；英国将步道分为国家步道、游憩步道和无标志步道；日本按照步道使用目的及功能划分为自然观察路、探胜步道、登山步道、长距离自然步道。

我国依据国家登山健身步道（简称NTS）标准将步道简分为健身步道和登山健身步道，根据步道形态划分为三类，即线状、环形、网状。

（2）国外步道发展史

美国第一条国家步道于1921年由班顿·麦凯倡议建设，1937年全线贯通。1968年美国国会通过《国家步道系统法案》，步道规划与设计以提供保护、休憩、公共通行、娱乐、感知等活动为依据，塑造国家优良户外活动空间，并建立了全国第一套相关的统一步道规范，用以评估步道的休憩、景观、历史价值等级及管理办法。

英国具有完善的国家步道系统，其步道建设源于20世纪30年代，由该国记者Tom Stephenson于1935年倡议建设奔宁线（pennine way）。英国主管乡村地区环境的官方机构乡村局在1965年规划建设了奔宁线国家步道。此后，英国步道系统网络开始发展起来。到目前为止，英国共建成了长约2万公里的步道，包括三种类型，除了有专门机构管理及受国库资金资助的国家步道（苏格兰称之为远足道）外，另有游憩步道和无标志步道两种类型。其中，游憩步道指由地方当局和徒步爱好者等志愿者共同维护管理的步道，线路上有相应的标志，但英国政府不负责提供资金并且不承担维护管理的责任；无标志步道是指仅在导游书中有介绍，但没有具体指示的路线。截至2010年，英格兰、威尔士和苏格兰一共有19条国家步道，长约4000公里，其中部分步道可以供骑行者以及骑马者使用（奔宁线可以供骑行者和骑马者全程使用)。

日本提出发展步道计划时间较晚。受美国阿巴拉契亚国家步道的启示，1969年日本福利部宣布建设东海地方步道，该步道连接了东京和大阪，深受市民的欢迎。2012 年日本建成最为著名的北海道健身步道，全长 4560 公里，成为日本最长的健身步道。

### 3. 骑行道

(1) 骑行道概念

骑行道是供骑行自行车、动物(如马、骆驼)等的旅游道路，因为主要是供自行车骑行，所以也有叫自行车专用道。

自行车出行已经不仅仅具有到达目的地的单一交通功能，而是逐渐过渡为集出行、健身、休闲、游憩、历史文化体验、社会交往等多功能为一体的复合功能。尤其是基于运动和游憩目的的骑行专用道路，越来越多地建设在城市郊区和乡村，受到游客的喜爱。

骑行道可以简单分为大众型骑行道和运动型骑行道，大众型骑行道即为普通人都可以骑行的道路，坡度小，危险系数低；运动型骑行道为专门人士使用，如山地、雪地等，危险系数高，一般禁止普通人使用。

骑行道还可以分自然道路和人工道路，自然道路也有称野道，是游客自发摸索出的骑行道路；人工道路则经过道路拓宽、路面铺设和设施布置，骑行时更舒适、更安全。

(2) 骑行道配置

有些骑行道和步道共线，有些是独立的。一处完整的骑行道，应包含入口广场空间、车道空间、休憩停留空间、自行车停放空间等。

入口广场空间应配置有大众运输工具的转运停靠点、休憩等候集合的广场空间、各式车辆停放空间、紧急联络设施及必要的环境说明等。

骑行道较步道复杂些，在结构上包括道路、出入口、停车处、租赁点、维修点、标识以及沿途的驿站和厕所等。道路本身还有护坡、护栏、排水、照明、绿化等，路面铺设彩色的透水水泥、透水沥青或塑胶。除提供安全的骑乘环境，亦应考虑舒适、景观优美的行车空间，车道沿线应设置指示、警告、禁止标志及标线。

灯具、电线杆及新植乔木应避免在视野景观优良的一侧设置。休憩停留空间应配置有休憩座椅、遮阴树木，必要时可设置简易的自行车停放架。

4. 风景道

(1) 风景道概念

风景道(parkway)是指路旁或视域之内拥有审美风景、自然、文化、历史、游憩价值、考古学上值得保存和修复的景观道路,包括车行的主干道路以及路旁或附近慢行的绿道、步道和骑行道。

目前国外对于风景道的标准还没有一致看法,往往将1990年北卡罗来纳州交通委员会采用的标准作为风景道的标准:长度应当超过1英里;沿道路两侧的开发项目不能削弱风景道的风景和视觉效果;风景道两侧必须有显著的自然或文化景观特征,可以是农田、历史遗迹、沼泽景观、海岸线、茂盛的树林或其他植被,或者是其他特殊的地貌地形和自然景观;应当尽量选择那些有土地利用控制的、受到保护的道路作为风景道;如果风景道路特征随时间发生退化,应当对这些路段进行必要的整治。

(2) 风景道发展历程

风景道的发展是社会经济发展的必然,尤其是汽车工业的发展极大地推动了风景道的发展。风景道的发展历程以美国的发展最具代表性,了解美国风景道的发展历程有助于分析我国风景道发展的前景。

①萌芽期(1700—1930年):以公园道和绿道为代表的绿带式景观道路是风景道早期的表现形式。这期间出现了一些景观轴线、欧洲的林荫大道以及美国19世纪的公园道及公园系统,它们把绿色引入城市,是具有游憩、生态美学等多种意义的绿道,也是风景道的雏形。

②初步发展期(1930—1967年):1930年美国修建了蓝岭风景道,首次提出了风景道概念。此后美国以及欧洲一些国家的人们开始有意识有组织地规划设计风景道,在交通公路中强化和突出景观特征和旅游功能,同时一些私营从业者也鼓励规划者们设计有独特风景的路线,以增强道路的吸引力。

20世纪50年代之后,随着汽车工业发展和汽车服务的兴起(如汽车旅馆、服务站等),以及美国人和欧洲人户外游憩兴趣的增加,行程本身已成为一个主要的激励,促进了风景道在欧美等国家的发展,可以说风景道与汽车文明的发展有着密切的联系,汽车文明的繁荣构成了国外风景道建设与理论研究的社会背景。

③迅速发展期(1967—1991年):1967年美国《风景和休闲道路法案》出台,标志着风景道理念已经为规划者们广泛接受,并获得了政府的大力支持,同时政府高度重视对其进行管理和引导。尤其是1986年前后《关于户外运动的总统授权报告》的出台,以及1987年美国保护基金发起的绿道计划,更是促进了风景道的迅速

发展,各地具有多重功能的风景道不断涌现。与此同时,风景道学术研究也呈现出蓬勃发展之势,各类国际会议频繁召开,内容广泛,涉及交通设计、遗产保护、景观设计、风景展示、旅游游憩等多个方面。

④规范发展期(1991年至今):1991年美国制定并通过了《交通运输道路效用法案》,其下的《国家风景道法案》对风景道的级别、标准、提名工作以及提名程序、功能、本质都作了详细说明。之后许多州开始仿效制定地方法案。至此风景道进入了从国家到地方有序管理、规范化发展的时代。

2016年8月,我国国家发展和改革委员会与原国家旅游局联合印发《全国生态旅游发展规划(2016—2025年)》,首次提出"国家风景道"的概念。随后,国务院发布的《"十三五"旅游业发展规划》中明确提出,要以国家等级交通线网为基础,加强沿线生态资源环境保护和风情小镇、特色村寨、汽车营地、绿道系统等规划建设,完善游憩与交通服务设施,实施国家旅游风景道示范工程,形成品牌化旅游廊道,计划打造川藏公路、大巴山、大别山、大兴安岭、大运河、滇川、滇桂粤边海、东北边境、东北林海雪原、东南沿海、海南环岛、贺兰山六盘山、华东世界遗产、黄土高原、罗霄山南岭、内蒙古东部、祁连山、青海三江源、太行山、天山世界遗产、乌江、西江、香格里拉、武陵山、长江三峡等25条国家风景道。

(3) 风景道结构

风景道有比较复杂的结构,这里利用美国蓝岭风景道的结构可以说明一些问题。蓝岭风景道位于美国东部,沿阿巴拉契亚山脉纵贯南北,全长约500英里。风景道两边分布着山脉、河谷、河流、农田、乡村等不同景观,以及大量工业发展时期的工业遗迹。蓝岭风景道沿线有113个游憩服务设施,包括40个观景平台、18个游客中心、17个野炊区、14个旅游纪念品商店、13个野营区、7个餐饮服务设施和4个住宿设施。

风景道沿线还可以布置运动场、游乐园、植物园、专题馆(博物馆、纪念馆、艺术馆等)。风景道两边还常常伴随有慢行风景道,即步道和骑行道。例如南京市江宁区的生态旅游大道,是"首批江苏省旅游风景道"。这条长约60公里的风景道,车行道和骑行道伴行,贯穿江宁区西部地区,沿途村落、水库、山坡、茶园、竹林、河塘等自然景观星罗棋布,沿线还建设了十多个风格各异、特色鲜明的乡村驿站,可住宿、可就餐、可休闲小憩。无论平时,还是周末节假日,这条风景道都是游人如织,带动了乡村旅游的发展,推动了乡村振兴,这也是江宁区被评为首批国家全域旅游示范区的主要因素。

# 第三章 旅游规划的层次和类型

## 第一节 旅游规划的层次

对旅游规划的认识应该从层次与类型两方面来看待,但是人们常常将二者混淆。旅游规划的层次和类型之间有密切的联系。一般地,旅游规划是从层次这一角度来进行的,而每一层次的旅游规划又分为许许多多的类型,类型比层次更加丰富多样。

### 一、旅游规划层次的划分

旅游规划的层次可以从以下几个方面来划分。

1. 从空间范围角度来划分

规划的空间范围常常是以行政区划为界限,具体来说有以下几种:

(1) 国际旅游规划。国际旅游规划是由两个国家(如加勒比海地区)或两个洲(如亚太地区)以上共同协作制订的旅游发展规划。规划的目的在于联合进行市场营销和宣传促销,强化地区旅游的整体形象,更深入地开拓市场,协调旅游业的发展。国际旅游规划往往是由一些国际旅游组织和国家之间联合进行的。

(2) 国家旅游规划。国家旅游规划由国家旅游主管部门组织制订,是国家社会经济发展总体规划的一个有机组成部分,服务于国家旅游业的整体有效运转和完善,对国家旅游业的发展发挥宏观调控作用。国家旅游规划在强调国际旅游和国内旅游的基础上,着重于旅游接待人数的多少和旅游收入的多少、旅游增长速度以及旅游基础设施的建设、宣传促销、旅游政策等内容。国家旅游规划应从国家整体利益出发,根据国家不同时期国民经济的发展计划,确定相应的国家旅游业发展规模、增长速度、主要客源市场的选择和促销、旅游商品的生产、基础设施建设、重点旅游区的开发和建设等,协调和促进与旅游有关行业的发展,确保全国各地旅游业的均衡发展。其根本目的在于增加收入、创造就业机会、满足人们的物质文化需要。社会、文化和环境的保护以及鼓励国内旅游,在国家旅游规划中将会越来越多地受到注意和重视。有的国家旅游规划仅是旅游市场规划,这一层次的旅游规划应是全国各级规划的指导,并制订相应的政策。

(3) 省级旅游规划。省级旅游规划是指省、自治区和直辖市旅游发展规划,在省级旅游主管部门的组织下编制。省级旅游规划是根据国家旅游规划和本地区实际情况而制订的,不仅具有地方特点,又与全国旅游发展相衔接,是国家旅游规划的延伸。省级旅游规划的重点在于本省(自治区、直辖市)旅游发展战略和产业政策的制订,主要内容包括旅游资源的开发和保护、重点旅游地的建设、旅游市场开拓与促销、宾馆饭店建设、交通及基础设施建设、旅游商品开发、旅游人才培养、旅游文化建设、旅游发展的保障与政策等。

(4) 地县级旅游规划。地县级旅游规划是在省级旅游规划指导下进行的,对一个地区(市)或一个县(市)的旅游发展作出构想。一般以县级为规划对象的比较多,但许多有重点旅游地的地区、州、市等亦编制旅游规划。地县级旅游规划是从本地旅游资源和旅游市场的特色出发,结合社会经济发展水平,确定旅游地的建设和有关旅游设施的配套等内容,往往把规划的重点放在主要旅游地和旅游项目的开发与建设上,规划的内容比较详细。一些乡、镇也在编制旅游规划,但往往与下一层次——旅游地旅游规划相结合,独立编制的意义不大。

(5) 旅游地旅游规划。这一规划层次的类型最为丰富多样,它是在上一级旅游规划的指导下编制的,内容具体详细,其中还有更小的层次划分,将在以后的有关章节里具体介绍。旅游地的旅游规划是针对旅游地的,根据旅游资源特点进行旅游发展规划、项目规划和用地规划。这些旅游地可以是风景区、风景名胜区、国家公园、历史文化名城,以及进行旅游开发的森林公园、自然保护区等等。例如,1985 年国务院颁布实施的《风景名胜区管理暂行条例》第六条规定,风景名胜区规划的内容包括:①确定风景名胜区的性质;②划定风景名胜区的范围及其外围保护带;③划分景区和其他功能区;④确定保护和开发利用风景名胜资源的措施;⑤确定旅游资源接待容量和旅游活动组织管理措施;⑥统筹安排公用、服务和其他设施;⑦估算投资和效益;⑧其他需要规划的事项。

(5) 景区景点旅游规划。景区景点规划指旅游地内景区和景点的用地规划、设施布局、建筑及景观设计等,其规划内容可以直接用来指导具体的建设,是内容最详细的一个规划层次,涉及的内容也最少,考虑问题的角度也比较少。

**2. 从时间角度来划分**

旅游规划考虑的时间长短不同,一方面是旅游发展具有阶段性,另一方面是实现旅游规划也需要一定的时间。一般旅游规划的时间主要是从将旅游规划付诸实践所需的时间这一角度来看待的。为了使旅游的发展同国民经济计划保持一致，一般规划的时间长度采用国民经济计划的时间，如五年、十年、十五年、二十年等，并在此基础上适当变动。具体来说，时间角度的旅游规划有以下几种：

(1) 远期旅游规划。远期旅游规划一般在十年以上，是具有战略性、预见性和纲领性特点的旅游规划，不确定的因素比较多，对中短期旅游规划进行指导。

(2) 中期旅游规划。一般为五到十年，是比远期旅游规划内容具体、详细的旅游规划，其主要任务是解决旅游发展的一些重大问题，如发展战略、发展速度、旅游布局、长远目标等。制定中期旅游规划的主要依据，是国家经济发展长期计划中对旅游经济提出的任务和要求、旅游供求状况及国际国内旅游市场发展趋势等。

(3) 近期旅游规划。近期旅游规划一般考虑的时间为二到五年，是旅游规划的基本形式，也是中期旅游规划的具体化。近期旅游规划的不确定因素比较少，可以比较准确地衡量规划期各种因素的变动及影响，需要对中远期旅游规划的各项任务给以具体的数量表现，并对实现规划目标的各项措施作出具体的安排，从而为编制短期旅游规划提供依据。

(4) 短期旅游规划。一般是指年度计划，是实现近期旅游规划目标的具体执行计划。短期旅游规划需要具体规定本年度的具体任务和实施方案，考虑的因素比较少，是内容详细、准确、具体的旅游规划。

### 3. 从规划内容的性质来划分

旅游规划的内容很多，但是这些内容总的来说具有两种不同的性质，两种性质的内容之间有着密切的关系。

(1) 旅游发展战略规划。这一规划层次是从全局和宏观上指导旅游的发展问题，综合考虑整体利益，解决旅游的发展方向（战略目标）、发展速度、发展规模、客源市场、人才培养、基础设施建设、布局、重点旅游资源的开发、旅游资源和环境的保护、旅游文化、旅游服务、旅游管理等问题，要求制定相应的产业政策和法规，以保障旅游业的健康发展。

(2) 旅游规划设计。这一规划层次涉及的主要内容是具体的旅游建设，基本不去考虑旅游发展的战略性问题，即仅进行旅游设施的场所选择和规划设计，包括项目设计和建筑设计，追求的是人工美和自然美的和谐统一。

## 二、旅游规划层次之间的关系

### 1. 旅游规划层次之间的纵向关系

旅游规划层次之间的纵向关系主要是指从同一个角度划分的层次之间的关系,可以简单地认为高层次旅游规划应该对低层次旅游规划具有指导作用,低层次旅游规划应该服从高层次旅游规划;高层次规划的内容应该更抽象、更灵活,低层次规划的内容应该更具体、更固定;高层次规划服务的地域范围广,低层次规划服务的范围小。这种关系可表示如下:

$$\text{高层次规划} \xrightleftharpoons[\text{内容更抽象、更具灵活性、指导性更强、范围更大}]{\text{内容更具体、更缺灵活性、指令性更强、范围更小}} \text{低层次规划}$$

### 2. 旅游规划层次之间的横向关系

旅游规划层次之间的横向关系主要是指从不同角度划分的旅游规划在同一相应层次上的关系。旅游地以上旅游规划和中远期旅游规划偏向于旅游发展战略规划,旅游地以下旅游规划和短近期旅游规划偏向于旅游规划设计。它们之间的关系可以用表3-1来表示。

表3-1 旅游规划层次之间的横向关系

| 国家、省级和地县级的旅游规划 | 旅游地的旅游规划 | 景区景点的旅游规划 |
|---|---|---|
| 中远期旅游规划 | 近中期旅游规划 | 短期旅游规划 |
| 旅游发展战略规划 | | 旅游规划设计 |

# 第二节 旅游规划的类型

旅游规划的类型比旅游规划的层次要丰富些,而且各种类型的旅游规划可以相互渗透、相互补充,没有等级之分,没有指导和被指导的关系,也没有服从和被服从的关系。

## 一、从旅游发展的阶段来划分

郭康等(1993)认为,根据旅游发展的阶段可以将旅游规划类型划分为以下三种：

（1）开发性旅游规划。这种类型的旅游规划主要是针对那些还没有开发旅游资源的地区和旅游地，是旅游发展初期的规划。开发性旅游规划所要解决的问题是如何开发旅游资源，涉及的内容非常多，需要的投资很大，因此考虑问题是比较全面的。

（2）发展性旅游规划。这种类型的旅游规划是旅游发展过程中所进行的旅游规划，主要是就如何提高旅游发展的经济、社会、环境效益提出建设性的意见，所要解决的问题是旅游发展的战略、发展的速度、发展的协调和发展的保障等。

（3）调整性旅游规划。这种类型的旅游规划是旅游发展后期的规划，是在旅游发展具有一定规模和基础的前提下所进行的旅游规划。此类型旅游规划主要是对过去的旅游规划进行调整和扩大，以适应新的旅游发展需要。

## 二、从旅游规划的编制过程来划分

旅游规划是由许多人共同完成的，每个人编制规划的方法和方式是不同的，因此从旅游规划的编制过程或者编制方式来看，有以下几种规划类型：

（1）主观的旅游规划。主观的旅游规划主要是按照个人主观意愿来进行的，没有综合考虑各种因素和它们之间的关系，过分强调旅游的积极影响，而不去看待消极影响，盲目性很大。这些主观的因素主要来自政府官员和项目的投资者，对旅游发展比较乐观和盲从，往往是一些形象工程、面子工程，造成决策和投资的失误，浪费财产和资源。但对于旅游发展方向比较明确的规划，这种规划方法可以排除其他因素的干扰。

（2）专家的旅游规划。专家的旅游规划主要是由专家编制完成的。这些专家来源于各个不同的学科领域和不同的管理部门，他们在综合考虑各种直接和间接影响因素的基础上，具体分析了旅游发展的积极影响和消极影响，协调了各个方面的利益，共同编制完成旅游规划。这种规划方法可以比较全面地看待旅游，但也要注意不能在考虑问题上过于烦琐和过于保守。专家的旅游规划编制过程科学严谨，方法系统，公正客观，适用于各个层次的旅游规划。

但专家的规划有两大潜在的问题。一是过分迷信专家，什么事都找专家，什么事都按专家说的办。专家固然知识渊博，阅历广泛，但专家不是万能的，他们的话也不是包治百病的良药。专家不可能在短时间内对一个地方有深入全面的了解，同时专家也需要有创新的灵感。二是遭遇假专家。目前我国对旅游规划的需求很大,而我国旅游规划方面的人才却非常缺乏,那些没有旅游规划经验或对旅游规划一知半解的所谓的专家混迹其中,给旅游规划发展和地方旅游发展都带来很大的危害。假专家又分两种情形:一是对旅游规划完全不了解的人,他们可能是某一领域的专家,名气很大,看了一些别人的规划成果,就认为自己懂了,然后就模仿别人去进行规划,然而他们只仿其形,不得规划的精髓;二是旅游规划的名家,由于名气大,各地都去找他,忙不过来,就只好让学生或别人去完成规划,对规划不负责任。

(3) 可参与的旅游规划。对于规划的目的地区来说,完全由一些非本地区的局外人进行旅游规划可能会遭到当地人的抵制,因为当地人认为他们的事情应由他们自己来决定,这是他们主动参与规划的一面;对于专家来说,在较短的时间内完全掌握和了解一个地区的情况是不可能的,尤其是历史文化方面的底蕴和各方的利益更是容易一叶遮目、挂一漏万,这也要求有当地的人来参与旅游规划,以便了解更多更全面的情况。因此就出现了可参与的旅游规划。

可参与的旅游规划是让目的地区的公众也参与到旅游规划中来,可以有两种方式,一种是完全参与,另一种是部分参与。如果在旅游规划的编制过程中所有公众都参与,就是完全参与的规划,它是在专家规划的基础上进行的。在规划之前,专家广泛听取各方的意见和建议,有了初步结果,向公众进行公示,广泛征求意见,然后在这些意见的基础上进行修改和更正。如果在旅游规划的编制过程中有少数的代表参与,就是部分参与的规划。这些代表有各相关部门的人员、各级政府的代表、各方面的专家学者等等。例如笔者在进行扬州市的旅游发展总体规划时,就邀请了当地各相关部门的代表和三十位专家学者参与。

可参与规划的编制过程比较复杂,耗费的时间也比较长,因为公众之间的利益各不相同,需要协调和说服。如果过多考虑当地居民的利益,往往会丧失旅游发展的最佳时机,甚至造成旅游规划难以编制完成,更谈不上旅游开发。可参与的旅游规划要掌握好公众参与的程度,尽量排除各种干扰因素。

## 三、从旅游规划的内容来划分

旅游规划包含的内容很多,按照内容来划分规划的类型也很多。但由于组成旅游的各项要素之间相互联系、互为依存,如果孤立地看待某项要素来规划,其实用性就很差,远不如综合看待问题有指导意义。所以,独立的按内容划分的旅游规划比较少见,往往都是包含在按地域或按时间划分的旅游规划里。

(1) 旅游业规划(旅游产业规划)。旅游业作为一种新兴的国民经济行业,是以旅游资源为依托,以旅游设施为条件,向旅游者提供各种服务的产业。旅游业规划实质上就是以旅游经济为主要内容的规划,其侧重点在于解决和处理旅游需求和旅游供给之间的关系,所以又可以把它称为旅游需求-供给规划。旅游业规划应该是旅游经济近、中、远不同时期的发展纲领,明确旅游业在国民经济中的地位和作用,充分估计和利用现有的基础,勾画出旅游业发展的方向、规模、速度和目标,以及旅游发展的产业政策和实现目标的措施。旅游业规划还应研究投资环境,论证投入产出的综合效益。

(2) 旅游资源开发保护规划。旅游资源是旅游业的物质基础和发展旅游业的前提条件。随着旅游业的发展,需要充分利用现有的旅游资源,开发新的旅游资源,让它们发挥更大的效益,同时也要好好地保护旅游资源,因此进行旅游资源开发保护规划就很有必要。旅游资源开发主要为旅游者建设各种便利设施,保护则是要减少旅游设施,因此开发与保护是一对矛盾,开发保护规划就是要找到协调二者之间矛盾的方法,既要充分发挥旅游资源的经济效益,又要不以牺牲旅游资源为代价。所以旅游资源开发保护规划涉及以下内容:①旅游资源的全面普查,摸清旅游资源的规模、类型、特征和分布状况;②进行旅游资源的综合评价,找出旅游资源的特色,分出旅游资源重要性的等级,找到开发旅游资源的突破口;③分析旅游资源的保护对象、保护级别和保护措施;④分析旅游资源开发方向和主要客源对象;⑤论证旅游资源开发的经济效益和投资概算等等。

(3) 旅游市场规划。如今旅游市场已经从卖方市场转向买方市场,越来越多的人已经意识到旅游市场在规划中的作用。旅游者的需求对旅游开发来说至关重要,没有市场的旅游开发是空谈,缺乏市场研究的旅游开发是盲目的开发,要冒很大的风险,而参考市场的旅游规划就显得有的放矢。旅游市场规划要明确主要的目标市场,能够吸引什么人,不能吸引什么人,都要弄清楚,然后识别有利机会,作出详细的行动方案。制订旅游市场规划,可以其他旅游规划为参考,注意目前利益和长远利益相结合,局部利益和全局利益相结合,微观利益和宏观利益相结合,直接利益和间接利益相结合。旅游市场规划有时也被称为旅游客源组织规划,主要内容包括了解旅游市场、进行市场预测、进行市场细分、选择主要客源市场,并且国际客源和国内客源同时抓,还需注意客源的季节平衡和冷热线(点)平衡。

(4) 旅游保护系统规划。旅游保护系统包括旅游资源保护、环境保护和社会文化保护,以及一切需要保护的项目,如针对某些旅游地的游客安全保护等。旅游资源保护主要防止人为破坏,尽量避免自然破坏,对旅游资源分出保护级别及需要重点保护的资源名称;旅游环境保护是保护环境不致使旅游质量下降,并且还要促使旅游质量的提高;社会文化保护主要是处理旅游同当地文化之间的关系,因为有些文化是旅游资源和旅游环境氛围的有机组成部分;有些旅游地的地势比较险要,需要对游客的安全作出保护规划。一般来说,旅游环境和旅游资源的保护规划是必不可少的,要划分出保护区的范围和保护级别,提出进行保护的措施。

(5) 旅游线路规划。旅游线路分两种,一种是区域的旅游线路,连接依托中心和旅游地,另一种是旅游地内部的线路。区域旅游分为逗留型和周游型,线路规划主要是针对周游型,规划的依据是两少一多(花钱少,费时少,游览的地方多),以及旅游活动有张有弛,富有节奏,考虑的主要是旅游地的地理位置、交通条件、旅游时间等因素。因此,环型线路是区域旅游线路的理想模式,可连接尽量多的旅游地,而一条好的旅游线路也容易作为旅游热线推销出去。旅游地内部线路规划常常被称为游览路线规划,与区域旅游线路规划的原理相同,所不同的是宏观与微观的区别。

旅游规划的选线与旅行社的选线具有很大的不同。规划中的线路可以是在现有的交通线路上组织,也可以在没有交通线路的情况下选择,然后规划交通线,即所谓的造线;旅行社的选线则是在现有的交通线路上进行组合。

(6) 旅游设施规划。旅游设施分基础设施和专门设施。基础设施包括交通道路系统;水、电、气、热的供应系统;废物、废气、废水的排污处理系统;邮电通讯系统;医疗卫生系统;安全保卫系统等等。专门设施是直接面对旅游者服务的物质条件,包括住宿设施、饮食设施、交通设施、游览设施、娱乐设施、购物设施、辅助设施等。旅游基础设施的规划要根据旅游开发的需要和对未来的预测来制订,既要保证满足需要,又不造成资金的占用和浪费。旅游基础设施的建设并非仅是旅游部门的事,更多的是其他部门的事,因此需要旅游部门和其他部门共同制订和协商实施,或者由政府牵头制订和实施。旅游专门设施规划是旅游经济效益的主要来源,也是在旅游发展需要和对未来预测的基础上来制订,考虑旅游供求平衡,追求最大的经济效益。许多旅游专门设施也不是旅游部门一家所能管理的,需要同相关部门进行协商,规划起来比较关键,也比较复杂。

(7) 旅游人才规划。旅游业的管理水平、服务质量、人员素质等是旅游业的软件,是一个国家或地区旅游业的重要组成部分,因此发展旅游业不仅要注意硬件建设,也要注意软件建设,注意对人才的培养和培训。旅游人才规划在摸清各类专业人才结构和需求量的情况下,有计划、有目的地去培养旅游人才,尽量做到结构合理、层次适中、供需平衡。

总之,由于旅游发展所涉及的内容和范围很广,具有很强的综合性,因此旅游规划所涉及的内容也很广,远非上述几项内容所能包括。还有许多类型,如旅游商品生产供应规划、灾害防治规划、旅游管理规划、旅游设施的场所规划和设计等等,也是很重要的。

## 第三节 旅游规划的基本层次

旅游规划是一个抽象的概念,实际制定的旅游规划都要冠以限定性的名词来界定旅游规划的范围、性质和内容,如扬州市旅游发展总体规划、黄山风景名胜区总体规划等。尽管旅游规划有各种各样的划分方法,但是旅游规划追求的是其应用性或可操作性,按不同方法划分的旅游规划其可操作程度是不同的。一般来说,旅游规划的每一层次有许多类型,按类型划分的旅游规划不如按层次划分的旅游规划应用性强,所以在实际应用当中基本上都是采用按层次划分的旅游规划。由于旅游规划的主要特征是具有地域性,规划的制定和实施都需要有一个具有权威性的管理和执行机构,这些机构可以是政府以及主管部门,也可以是投资者,他们的权力范围仅适用于某个地域范围。因此,为了保证旅游规划的可操作性,按地域层次划分的旅游规划是一种切实可行的划分方案。同时,旅游规划的实施有时间长短之分,规划的性质有发展与设计之分,再加上规划必须具有实际内容,这就要求在地域划分的旅游规划基础上,把规划的时间、性质和内容都综合进去,即综合规划各个角度的层次和内容,形成一个综合的基本旅游规划层次,既照顾到了规划的各个方面,又保证旅游规划具有充分的可操作性。

在综合考虑旅游规划各层次的内容及其侧重点之后,会看到地县级以上的旅游规划主要侧重于旅游的发展战略和中长期规划,旅游地的旅游规划兼顾发展和设计,景区景点旅游规划侧重于旅游的规划与设计和近短期规划。因此,从实用性的角度出发,可以把旅游规划划分为区域旅游规划、旅游地旅游规划、场地规划(或称旅游规划设计、详细规划)三个基本层次。

### 一、区域旅游规划

区域旅游是当今旅游发展的主要特点之一,尤其是对于短期旅游和度假旅游,一个令人满意的旅游区域更是首选的目标。旅游区域内各部门联合开发旅游资源,形成一个完整的整体,共同服务于同一旅游市场,共同分享旅游带来的利益。

区域旅游规划(regional tourism planning)要综合考虑各种情况来保证旅游的区域完整性,保证规划的可操作性。具体来说,区域旅游规划具有以下几个方面的特点:

(1) 区域旅游规划是以发展战略为主要内容的规划,所以又被称为区域旅游发展战略规划(regional tourism development strategical planning)。"战略"一词原系军事用语,指对战事全局的筹划和指导,以后就演变成重大的、带全局性的或决定全局的谋划。由此可见,区域旅游发展战略规划便是决定一个旅游区域的全局性谋划,其目的是确保区域旅游开发的主题明确,旅游区的发展方向、性质和市场定位准确,旅游项目的特点突出,从而使旅游规划所确定的主题能够通过具体的建设充分地体现出来。区域旅游规划是决定一个区域内旅游项目能否对人们形成较强的吸引力、区域内各个旅游地之间能否协调开发以形成大范围集聚效益的一项关键工作。

陈传康(1986)认为,旅游活动包括各种层次结构,如风景资源结构、旅游行为层次结构、接待服务设施结构、旅游市场结构、旅游管理结构等。这些层次结构都可以单独进行规划,但还需要把这些结构有机地结合起来。提出区域旅游发展战略主要是以风景资源结构为基础,考虑服务设施和发展条件,再去确定其旅游行为层次结构,进而拟订相应的战略对策。

保继刚(1988)认为,旅游资源决定了区域旅游的吸引向性和旅游活动的行为层次;区位条件决定了区域的可进入性和门槛容量;区域经济背景则部分决定了投资能力和开发规模。由此三个定性指标,可以基本确定区域旅游的发展战略。

Robinson(1976)认为,在制定区域旅游发展战略时,首先应做好基本情况的调查和评价。即评价各类旅游资源的价值和特色、开发条件、旅游环境容量,研究游客的心理需求、空间行为,调查分析客源和客流量,了解国内外投资的来源及可能性以及投资的经济效益,提出保护自然环境、文化古迹、社会环境及防治旅游污染的策略与措施。

(2) 区域旅游规划应该是在一个具有一定规模和功能的区域内开展。区域的范围有大有小,从实用性的角度来看,以行政单位为对象的旅游规划都可以称之为区域旅游规划。综观我国的县级、地级、省级和国家级旅游规划,其规划的性质、内容、方法等基本上都是相同的,主要的区别就在于层次的不同和内容的详细程度不同,规划的评定、鉴定、批准和实施也是在此范围内进行的。因此,可以认为以一个或多个县级及县级以上行政单位为对象的旅游规划就是区域旅游规划。一般都是以一个行政单位为规划对象,然而一些客观的事实,为了保证旅游资源分布地域的完整性,可以要求几个同级的行政单位联合起来共同进行旅游规划,共同开发旅游资源,协调发展旅游业,以获得令大家满意的整体效益。如果几个行政单位难以协调的话,可以考虑建立一个同级或高一级行政单位。

(3) 区域旅游规划应该是一个综合性的规划。因为旅游活动是一个综合性的活动,那么对应的旅游规划也应该是一个综合性的规划,它的内容应该包含整个旅游系统的内容。区域旅游规划从区域的整体利益和旅游资源的特色出发,从宏观上强调旅游发展的规模、增长速度、客源市场的选择和开拓、基础设施建设、重点旅游地的开发和建设、旅游资源的保护、旅游商品生产供应、旅游人才培训、旅游文化、旅游业管理等,要求制订相应的产业政策和法规,以保障旅游的健康发展。实际上,区域旅游规划要对区域旅游产品的开发、生产、销售市场和销售策略,以及旅游发展保障(如旅游资源的保护、旅游开发的资金、旅游发展的政策等)等等进行规划。

(4) 区域旅游规划应该是一个中长期的规划。区域旅游规划是一种战略性的总体规划,在一个比较大的空间范围内实施,需要有一段时间,因此在时间尺度上应放长远一些,注重强调区域性旅游发展战略和政策。区域旅游规划既要保证近期开发的可行性,中期开发的可靠性,还要保证长期开发的可持续性和指导性。

(5) 区域旅游规划要对重要的旅游项目作出安排。一个区域的旅游发展往往由几个重要的旅游项目就能够带动起来,对重要旅游项目的安排实际上就是从宏观上把握区域旅游的发展,体现了区域旅游规划的战略性。这种重要项目的安排并不要求做到很详细,实际上也是一种战略性的安排。

(6) 区域旅游规划应该通过一定程序以立法的形式确定下来,以保证规划的政策性和权威性,保证规划对实际工作的指导性。区域旅游规划需要经过专家的评审和论证,在获得通过的前提下再由政府相关部门讨论通过,才能批准实施。为了保证各层次的旅游规划相互衔接,那些低层次的旅游规划必须服从区域旅游规划的宗旨,明确它的意图,否则就不能获得通过,不能进行实施和建设,而是需要进行修改和调整。

## 二、旅游地旅游规划

旅游地旅游规划简称旅游地规划(destination planning),它比区域旅游规划低一个层次。旅游地规划的类型丰富多样,是旅游规划的一个重要的层次。

旅游地作为一个发展中的动态系统,对规划者也提出了许多要求。旅游地规划是对旅游地的开发和发展进行规划,是承上启下的规划,既要遵守区域旅游规划的要求,又要指导低一级的旅游规划,因此旅游地规划内容丰富多样。一个成功的旅游地规划,其内容要比区域旅游发展战略规划具体得多,不仅要指明旅游地的发展方向与所提供的旅游产品的性质、结构等,同时还要涉及具体项目和设施的场地规划与设计,并提出控制性的要求,有时甚至还需要对重要景点作出具体的建筑设计。旅游地规划还包括几个层次,主要有旅游地规划大纲、总体规划和详细规划,其中详细规划又分控制性详细规划和修建性详细规划。

旅游地规划应该具有以下特征:

(1) 旅游地规划兼具旅游发展战略规划和旅游规划设计的内容。作为中间层次的旅游规划,一方面要与区域旅游的发展战略规划相衔接(是它的延伸),必须保留发展战略内容;另一方面又要指导低一级的规划设计(是它的前奏),必须提出规划设计的指导思想。因此,旅游地规划既要涉及发展战略规划,又要涉及规划设计,兼具两方面的内容。

(2) 旅游地规划应重点突出旅游资源的开发和规划。旅游资源是旅游地的生命基础,旅游地的所有旅游活动都是由于旅游资源的存在而产生的,所以对旅游资源的开发和规划就显得特别重要。旅游资源的开发和规划首先要调查清楚旅游资源的数量、规模、分布状况,并在此基础上进行旅游资源的评价,找出旅游资源的特色、细分的目标市场,确定旅游资源的开发主题和最佳开发方案。旅游资源的开发和规划是其他类型规划内容的依据。

(3) 旅游地规划是一个近中期规划,同时要照顾到长期的目标。人们的旅游兴趣总在不断地转移,旅游地的旅游内容也应该随之变化,所以旅游地的规划必须考虑到这种情况,适应这种变化,适时地调整规划的内容。这就要求旅游地的规划只能是一个近中期规划。但是应该有一个长远的目标,确定旅游地在未来旅游发展中的地位,因为人们的兴趣无论怎样变化,都离不开一些基本的旅游行为层次,如观光、娱乐、度假等,旅游地规划应围绕着这些基本的行为层次确定一个长远的发展方向,规划的内容要服务于这个发展方向。

(4) 旅游地规划是一个综合性非常强的规划。旅游地规划的综合性不仅体现在规划的内容非常广泛,几乎包括了所有需要规划的内容,而且还体现在规划层次上的综合、规划所需专业的综合、规划评审所需专家的专业领域的综合、旅游规划实施所需部门的综合上。

（5）旅游地规划较之区域旅游规划要详细。由于旅游地规划的空间范围比旅游区域要小些,规划的对象也只有一个旅游地,规划的时间比区域旅游规划短,所以旅游地规划必须详细一些,才能与区域旅游规划相衔接,才能体现旅游地规划的意义和价值。在旅游地规划评审和鉴定验收时,一定要看它是否体现了区域旅游规划的精神,是否符合区域旅游规划的要求,否则就需要进行修改和调整。

## 三、场地规划(旅游规划设计)

旅游设施的规划设计简称为旅游规划设计(tourism planning-design),习惯上又称为景区(景点)规划、详细旅游规划(包括控制性和修建性的详细规划)等等,是对景区和景点进行规划和设计,实际上是对一些设施的位置与建筑物进行规划和设计,所以又可以把它称为场地规划(site planning)。旅游规划设计比旅游地规划的层次低,是旅游规划的最后表现,其操作性也是最强的。

我国根据规划设计内容的详细程度,习惯将场地规划称为控制性详细规划和修建性详细规划。

Gunn(1994)认为场地是目的地内被私人、团体或政府机关所控制的土地区。在他看来场地规划重在规划设计(planning-design)上,包括项目设计。

因此,场地规划具有如下特征:

（1）场地规划是对景区景点进行规划和设计,或者是对场地进行规划设计,一些在空间规模和经济结构与景区景点类似的旅游资源分布区也属于这一规划层次。在旅游地规划的指导下,旅游地内某一部分土地(景点、景点组合、景区)的利用规划、设施(包括景点)建设的详细规划以及建筑设计等均属于场地规划,一些发展方向明确、旅游资源单一的旅游点规划、园林规划、城市公园规划、游乐场规划、恢复古迹的规划等等也都属于场地规划。

（2）场地规划的实质是土地利用规划和设施的设计与位置选择,即在一个不大的空间范围内对土地进行规划,选择和确定每一块土地的最佳利用方式,对设施的位置进行合理布局,并在必要的情况下对设施进行建筑设计。场地实际上就是旅游设施的位置,场地规划首先要选定设施的场地,即场地选择。加拿大游憩地理学家史密斯(1983)认为场地选择即场地预测,要作出这一预测,不仅要依赖于抽象的区位理论,还要依赖于规划者和投资者的经验。

（3）场地规划的核心是协调自然环境、人文环境和人工建筑的关系。风景地貌、水文、园林生态、天气变化、人文特色以及建筑环境等要素组合在一定的地域所构成的风景合称为建筑景观。旅游规划设计应展现出设施的设计与其所处环境的协调,成功的建筑设计可使建筑好像是从环境中长出来一样,一点也没有生硬之感。另外建筑本身也可建立自己的面貌,形成一定的形式,创造一定的意境氛围。单体建筑的体形首先必须与环境相协调(体形包括体态和体量两个方面),建筑群的组合形式则可以建立一定的意境氛围,这些都需要在建筑用地选择(场地选择)的基础上进行。

(4) 场地规划是旅游规划的最低层次,也是它的最后层次,规划内容很详细。旅游规划的实现最终会落实到旅游资源的开发上,实际上就是景区景点的开发和具体的建设,对这一部分的规划就是场地规划。场地规划能够直接指导旅游设施的建设和施工,是详细规划,其偏向于建设性。

(5) 场地规划是一个短期的规划。具体旅游设施的建设是一个短期行为,为了及时指导设施的建设,要求设施的规划设计能够在短期内完成,而一旦这些具体设施的建设完成了,它的规划与设计基本上也完成了其主要作用。所以,场地规划是一个短期规划。

(6) 场地规划内容的综合性不强。场地规划不需要对旅游发展的方向、客源市场、旅游资源评价、旅游发展保障等内容进行考虑,仅是对景区内旅游基础设施和旅游专门设施进行规划和设计,因此它的内容相对来说比较少,综合性比较差。

指导场地规划的理论基础除了比较抽象的区位理论和行为理论,还有比较具体的景观建筑学、景观规划(风景园林设计)甚至风水等理论。

## 四、基本旅游规划层次之间的关系

通过以上分析可以看出,区域旅游规划着重于区域旅游发展的战略问题,场地规划着重于旅游设施的规划设计,旅游地规划则介于二者之间,兼有二者的特点,既有发展战略,又有规划设计,于是就产生了旅游地规划的两个基本规划层次——总体规划(包括规划大纲和总体规划)和详细规划(包括控制性详细规划和修建性详细规划)。许多重要旅游地的发展战略在区域旅游规划中就已制定,因而不必要再花大量的时间和人力去研究制定,但在总体规划中要体现这一战略。

旅游点也是一个比较重要的概念。旅游点是一个在空间上独立的、没有一定旅游经济规模的、面积较小的旅游资源分布区。旅游点分两种情况,一种类似于旅游地,空间范围较大,旅游资源丰富,唯一的区别就是旅游点还没有进行很好的开发,没有形成比较完善的旅游经济结构和一定的旅游经济规模,不能划分景区。这一类旅游点的规划宜采用旅游地规划这一层次,因为通过规划和建设,它可以发展成为旅游地。另一种类似于景区或景点群,空间范围比较小,旅游资源少且单一,唯一的区别是旅游点在空间上具有独立性,不像景区和景点组合从属于旅游地。这类旅游点经过开发和建设也难以形成完善的旅游经济结构和一定的旅游经济规模(例如南京的鸡鸣寺,旅游资源单一且范围小),其规划比较简单,宜采用场地规划(旅游设施的规划设计)。

因此,区域就是旅游地、旅游点、中心城镇以及连接它们的交通路线等的有机组合,而旅游地就是景区的组合,景区就是景点和游览线路的有机组合。区域、旅游地、旅游点、景区、景点之间的空间关系可以用图表示如下(见图3-1):

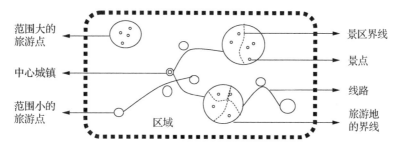

**图3-1　区域、旅游地、旅游点、景区、景点之间的空间关系**

明晰了区域、旅游地、旅游点、景区、景点之间的空间关系,则区域旅游规划、旅游地规划、旅游点规划、场地(景区景点)规划之间的层次关系也就清楚了,它们之间的关系可以用表3-2来反映。

表3-2　区域旅游规划、旅游地规划、旅游点规划、场地规划之间的关系

| 区域旅游规划 | 旅游地规划 | | 场地规划 |
|---|---|---|---|
| | | 旅游点规划 | |
| 中长期规划 | 近中期规划 | | 短期规划 |
| 旅游发展战略规划 | | 旅游规划设计 | |

旅游规划由来自旅游、经济、地理、地质、规划、园林、建筑、环境、法律、管理、文化、社会、博物、地图、交通、市场营销、金融、信息、教育等学科领域的不同专家共同完成。在不同的旅游规划层次上有不同的优势学科。一般来说,旅游规划的层次越高,理论性的学科包括偏文的学科越具有优势;旅游规划的层次越低,工程性的学科越具有优势。

# 第四章 旅游规划的基本理论依据

## 第一节 地域分异规律和劳动地域分工

地域分异规律和劳动地域分工都是探讨空间的差异性,而空间的差异正是产生旅游流的根本原因,因此这两个理论在旅游规划的过程中具有非常重要的作用。

### 一、基本理论

关于一些要素空间分布的差异性目前还没有一个完整的理论来表述,比较来说,地域分异规律和劳动地域分工在阐述要素空间分布的差异性方面是较为成功的。

1. 地域分异规律

地域分异规律是表征自然要素空间分布的差异性,而自然要素空间分布的差异性是导致经济和人文要素空间分布差异性的一个重要原因。地域分异规律是指自然地理要素各组成成分及其构成的自然综合体在地表沿一定方向分异或分布的规律性现象。

对地域分异规律的认识,虽然目前人们还没有取得一致的意见,但有几种基本的分异规律是存在的(《中国大百科全书·地理学》,1990):

(1)因太阳辐射能按纬度分布不均匀引起的纬度地带性,它是由于温度的不同而产生的差异。纬度地带性是气候、水文、生物、土壤等以及整个自然综合体大致沿纬度方向延伸分布而按纬度方向递变的现象。这一规律表明在地球表面上存在着气候分区,如热带、亚热带、暖温带、温带、寒温带、寒带等,每一气候带都有它自己的特征,从而造成景观的差异性。

(2)大地构造和大地形引起的地域分异。这一规律表明地球表面上存在着一些大的地形,像高原、平原、山地、盆地、丘陵、岛屿、湖泊以及海洋等,各个地形上的旅游资源有不同的特征,而在两个不同的地形的边界旅游资源最为丰富。例如我国的云贵高原地形复杂,有"十里不同天"的景象,旅游资源非常丰富。

（3）海陆相互作用引起的从海岸到大陆中心发生变化的干湿度地带性（经度地带性），它是由于湿度的不同而产生的差异性。由于海陆相互作用，降水分布有自沿海向内陆逐渐减少的趋势，从而引起气候、水文、土壤、生物等以及整个自然综合体从沿海向内陆变化的现象。这一规律表明地球上从海岸到内陆呈现出不同的地貌，一般地，海岸潮湿，越往内陆越干燥，植被上表现为森林、草原、荒漠（包括沙漠和戈壁）的演进过程。

（4）随山地高度而产生的垂直地带性。这一规律表明在地球上同一个地点随着海拔高度的不同，引起植物、土壤、动物群落、水文、地貌的某些特征出现相应变化，呈现出不同的景观。它是由温度变化引起的，气象研究表明，海拔高度每上升100米，气温就下降0.6 ℃。垂直地带性的丰富程度与山地分布地点的纬度有关，纬度越高越丰富，纬度越低越单调。如果这一点在热带，并且具有足够的海拔高度，从山脚到山顶可能出现热带雨林、阔叶林、针叶林、高山草原、高山草甸、冰雪带等。所谓"人间四月芳菲尽，山寺桃花始盛开"，就是由于这个原因造成的。

（5）由地方地形、地面组成物质以及地下水埋深不同引起的地方性分异。地方性分异就是在这些因素的影响下，表现出自然地理环境各组成成分及简单的自然综合体沿地势起伏发生变化的现象。其主要表现，一是自然地理环境各组成成分及简单的自然综合体，沿地形剖面按确定的方向从高到低有规律的依次更替；二是坡向的分异作用，尤其是南北坡分异比较明显，南坡具有稍为干热的特点，北坡具有稍为冷湿的特点，造成南北坡具有截然不同的景观。

地域分异规律实际上已经阐述了旅游资源分布的地域差异性。因为地域分异不仅表现为自然地理环境的地域分异造成自然旅游资源的差异性，受其影响，人文地理环境和经济地理环境同样表现出地域上的差异，造成人文旅游资源的差异性，所以旅游资源的形成受它所存在的地理环境影响也就出现了地域差异性，即旅游资源的分布和特征具有地域差异性。例如，沙漠景观往往出现在干旱地区和海滨；森林往往出现在潮湿的地区；溶洞和峰林往往出现在石灰岩分布的地区；海滩只分布在海陆交界的地方；等等。人文旅游资源也具有这种地域差异性，这是由于人们的生产和生活活动无论在历史上还是在现在都会受到地理环境的影响，如沙漠地区，那里的民族、宗教、民俗、经济、建筑等都表现出其独有的特征。地域分异规律广泛应用于区划研究和区域发展战略上，同样适用于旅游规划。

**2. 劳动地域分工**

人类的社会分工表现为两种形式，即部门分工和地域分工，劳动地域分工是社会分工的一种表现形式。劳动地域分工是人们在物质生产过程中以商品交换为前提的分工,生产地和消费地的分离、区际间产品交换和贸易是其产生的必要条件,各区域之间自然社会经济条件的差异是其产生的客观物质基础。劳动地域分工表现为"各个地区专门生产某种产品,有时是某一类产品甚至是产品的某一部分"。这种表现是由经济利益决定的。西方古典经济学家亚当·斯密首先从理论上对劳动地域分工进行了阐述,其理论以"绝对利益"为基础,即指在某一商品的生产上,一个国家所耗费的劳动成本绝对低于另一国,在生产效率上占有绝对优势时,如果各国都生产自己占在绝对优势的产品然后进行交换,则可获得绝对好处。李嘉图进一步发展了斯密的绝对利益说,提出了"比较利益论",认为不论任何国家都具有相对有利的生产条件,如果各国都把劳动用在最有利本国的用途上,生产和出口相对有利的商品,进口本国生产相对不利的商品,将使各国资源得到有效的利用,双方获得比较利益。俄林提出了"生产要素禀赋理论",认为生产要素的价格差异在于各区域生产要素的自然禀赋或充裕程度不同,在不考虑需求的情况下,利用自己相对丰富的生产要素从事商品生产就处于比较有利的地位,而利用相对稀少的生产要素从事商品生产就处于不利的地位。马克思主义对于劳动地域分工也做了科学的论述,其主要结论为劳动地域分工的产生是历史发生的必然结果,地域分工是提高生产率的途径。劳动地域分工广泛应用于经济区划和规划上,同样也适用于旅游规划。

  各地在生产旅游产品时,要从本地的优势出发,利用本地相对丰富的旅游资源、广阔的市场、便利的交通等等生产出具有独特风格、吸引力强、成本较低的占有绝对优势的旅游产品,然后进行交换。因此,各地的旅游发展要同经济情况相适应,综合考虑经济、资源、市场、交通、投资、政策、劳动力等等条件,寻找具有相对优势的旅游产品。

  总之,地域分异规律和劳动地域分工都是探讨区域差异性的规律,是地域性或区域性的核心内容。地理学认为地域性实际上就是同质性问题和异质性问题。就某一地理要素或若干地理要素相结合来说,在区域内是同质的,在区域间是异质的。换言之,地域分异就是地区的差异性。例如,华北平原和青藏高原是两个不同的地域,它们之间在地貌、生物、气候、地质、水文、土壤、风俗、经济、交通等方面是不同的,表现出异质性;而在地域内部,却又表现出极大的一致性,这便是同质性。

  第二次世界大战以前,人们把区域理解为等质区域,认为区域内具有高度的一致性;战后,人们重视起另一种区域——结节区域(nodal region)。结节区域内部存在一个或数个结节点(核心),它们的辐射流联系着辐射区,结节区域就是由不同等级、不同层次的核心与其辐射区组成的。在旅游区域内,结节区域的核心一般来说是旅游地和旅游中心城镇。无论是等质区域,还是结节区域,其本质还是同质的,只不过同质的程度强弱不同而已。一般来说,区域范围越大,同质程度越小;区域范围越小,同质程度越高。结节区域表明区域还可以再细分,并可以多层次地划分下去。等质区域和结节区域可用图4-1来表示。

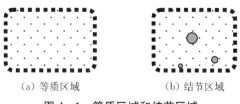

(a) 等质区域　　　　(b) 结节区域

图4-1　等质区域和结节区域

在旅游现象中同样具有地域分异特征,地域性是旅游现象中最基本的特征。这是因为任何旅游资源都是分布在一定的空间上,它们的形成都可以找到地理环境的解释,而地理环境具有很强的地域性,受其影响旅游资源也具有很强的地域性。旅游资源尽管类别多样,分布广泛,然而不同的旅游资源均是分布在各自相应的地理环境之中,形成了地区间旅游资源的差异性,且差异性越大越能引起旅游者的空间流动。可以说这一规律是产生旅游流的根本原因。设想一个没有差别的世界,各地都完全一样,还能产生旅游吗?一个旅游地如果没有与众不同的资源,还会不会有人来旅游?

无论是自然旅游资源还是人文旅游资源都具有地域性。我国幅员辽阔,各地差异很大。从南北方向来看,有热带景观、亚热带景观、温带景观、寒带景观;从东西方向来看,有湿润地区景观、半湿润地区景观、半干旱地区景观、干旱地区景观。从某一旅游资源类型来看,岩溶地貌主要分布在云贵高原和广西盆地;沙漠戈壁主要分布在西北地区;林海雪原主要分布在东北地区;民俗风情主要分布在少数民族聚居地区;宫殿主要分布在古都;私家园林主要分布在江南地区等等。总之,旅游资源的地域分异表现就是哪些地方有哪些具有地方特色的旅游资源,哪类旅游资源主要分布在哪些地方。

劳动地域分工则表明经济活动具有地域性,旅游经济同样也具有地域性。每个国家和每个地区的旅游业都有它自己的优势方面,同时也有它的劣势方面,如果各个国家和地区充分发挥各自的优势,以最少的劳动消耗获得最好的效益,这实际上就是旅游规划所追求的，同时应尽量避免各自的劣势，避免资源、资金、物质、劳动力的浪费。

## 二、地域分异规律和劳动地域分工在旅游规划中的指导意义

### 1. 突出特色，寻求优势

一个地区要成功地发展旅游，就必须首先从发展旅游的基础——旅游资源出发，探求其与众不同的方面，即优势。开发旅游资源时要突出特色，做到"人无我有，人有我优"，只有这样才能更具有吸引力，吸引更多的旅游者，创造出更佳的效益。突出特色是旅游开发的灵魂，是旅游业的生命之所在，它削弱了旅游产品之间的竞争关系。因此，在旅游规划时切忌模仿和抄袭，要有发现力和创造性，大力挖掘旅游资源的潜力。其次，从旅游设施的建设和旅游服务出发，创造特色，一方面使有特色的旅游资源越发具有吸引力，另一方面可以弥补旅游资源在某些方面的不足。

寻求旅游资源优势和特色的过程，便是旅游资源的分析和评价过程。分析和评价旅游资源有定性方法，也有定量方法，还有定性和定量相结合的方法，这些方法在相关的书籍中都有介绍。举例来说，广东潮汕地区旅游资源丰富，有历史文化名城潮州、经济特区汕头、潮汕文化、潮汕美食、宗教、花岗岩地貌、优美舒适的海滨等，那么其旅游开发方向是以自然旅游资源为主，还是以人文旅游资源为主呢？虽然潮汕地区海滨风光和花岗岩地貌可与国内许多地方相媲美，但是其开发程度和知名度却较差，倒是其潮汕文化独此一家，兼有众多的潮汕华侨作为目标市场，因此潮汕地区的特色和优势应放在潮汕文化方面，而将自然风光放在次要的和辅助的位置。又如南京，是一座十朝古都，都城文化十分浓郁，是旅游开发的一个重要方向，同时南京又是一个江城，开发沿江风光也是一个重要的方向，所以南京的旅游应该定位在古都和江城上。

### 2. 旅游区划

旅游区划在旅游规划中非常重要，它是在深刻理解旅游资源分布的地理特征和旅游经济地域分工的基础上作出的，有利于挖掘旅游的特色，有利于开发和管理。旅游区划包括区域中旅游区的划分和旅游地的景区划分，划分的理论依据就是地域分异规律和劳动地域分工。区划就是运用这些原理，寻求具有相对一致性的区域，区别有差异性的区域。

区域的旅游区划可以分为认识性旅游区划和实用性旅游区划，划分的区域（旅

游区)是旅游规划中制定发展战略的空间对象。认识性旅游区划是根据事物固有的规律来划分,不考虑行政区划的范围,如三峡旅游区;实用性旅游区划则考虑到管理和实施的方便,保证行政区的完整性,如南京旅游区。目前普遍进行的旅游规划中多采用实用性旅游区划。认识性旅游区划一般不需要,但是有些跨多个行政单位的旅游区具有很强的内部联系,需要保持它们的完整性,保证旅游经济运行顺利进行,要求这些行政单位进行合作与协作,共同完成旅游规划的编制与实施。当这些行政单位之间难以协调时,可以将行政区划进行调整。如张家界国家森林公园地跨三个县,为了保证它的完整性,进行了行政区划的调整,将三县组建为张家界市,形成一个新的地级单位。

区域的旅游区划具有层次性(等级系统),一般来说被划分的区域范围越大,等级就越多,旅游区也多;区域越小,等级就越少,旅游区也少。

旅游地景区划分的原理和技术与区域旅游区划相同,只不过所考虑的因素要少得多,其中大的景区也可以叫作风景区。景区在旅游资源上具有很大的等质性,在空间上是完整的,旅游景点的分布比较密集,而且一些景区往往是自然形成的,有自然的界限。例如,雍万里(1984)将武夷山风景区划分为七个景区,即武夷宫区、一线天区、天游区、桃源洞-三仰峰区、水帘洞-流香涧区、九曲区、碧石岩区。

3. 功能分区

功能分区是旅游地土地分类利用的基础,也是旅游规划中进行空间布局的基础。功能分区有两种趋势,一是自然分区,即在旅游地的发展过程中,某些地段逐渐用于某种专门用途;另一种是控制分区,即在法律或其他条件约束下,旅游地土地用于某种固定用途。旅游规划是在已有的自然分区基础上,促使旅游地形成合理的控制分区。功能区大致有游览区、休假疗养区、娱乐区、游客服务中心、商业区、管理及生活区、停车场、生产供应区等。这些功能区的划分和布局与城市规划有很大的不同,这在旅游地规划时必须引起重视。对区域的功能分区则跟旅游区划大致差不多。

4. 制定发展战略

旅游发展战略制定的主要依据是旅游资源、区位条件、区域经济基础等因素。而考虑这些因素实际上就是考虑影响它们的地域分异规律和劳动地域分工,即考虑一个地区特有的、与众不同的、具有优势的方面。在旅游开发过程中,要尽量发挥在区位条件和经济基础方面所具有优势,充分体现旅游资源的特色。在区域旅游中,应根据所划出旅游区的资源特色及其组合,考虑到交通和游客的行为,指出每个旅游区的发展方向与开发建议(表4-1所示为海南省旅游区划及各旅游区的发展方向);而在旅游地,则依据各景区的特点确定其旅游功能。

表4-1　海南省旅游区划和发展方向

| 旅游区划 | 旅游功能 | 发展方向 |
|---|---|---|
| 海口旅游区 | 观光、游乐、购物、近郊度假、会议、展览等 | 满足国内外游客商务、会议、探亲、观光、度假及海口市民需求 |
| 三亚旅游区 | 避寒、冬泳、海上运动、保健等度假旅游 | 满足国内外游客高层次、高消费需求 |
| 石梅湾旅游区 | 以世界热带"海洋文化"为主题的海上游乐、旅游度假 | 满足国内外游客领略"海洋文化"氛围的要求 |
| 五指山旅游区 | 黎苗风情、名山旅游等度假旅游 | 满足国内外游客体验民俗风情、热带山林风光、高山避暑等专项旅游需求 |
| 尖峰岭旅游区 | 原始热带雨林、珍稀动植物考察、"回归自然"等专项旅游 | 满足科学考察、探险旅游、观赏原始热带和珍稀动植物的需求 |
| 西沙海洋旅游区 | 海洋资源考察、潜水 | 满足科学考察、探险、猎奇的需求 |

(参考资料:孙大明,范家驹,《海南旅游规划与旅游开发》,海南国际新闻出版中心,1993)

5．确定旅游规划的内容

由地域分异规律确定了进行旅游资源特色分析的内容,而由劳动地域分工确定了进行旅游开发的内容。

# 第二节　发展理论

## 一、理论概述

任何事物都是发展变化的。哲学上认为发展就是事物由低级到高级、由简单到复杂的运动过程。发展就是运动,就是变化。区域学和经济学的发展理论注重空间范围内经济活动的内在运行机制,包括由于劳动就业增加、资本积累和更高的生产率作用而引起的产出增长,还包括区域经济结构以至社会文化诸方面的变迁。

系统的发展理论兴起于20世纪40年代末期,西方发展经济学在区域中的理论与实践应用是促使其发展的重要原因,其主要内容包括区域经济的宏观增长与制约因素分析、区域经济部门平衡与部门联系、经济发展中的落后地区开发、经济发展中的计划实施等诸方面。其主要理论有增长极理论、部门理论、区域发展阶段论、新古典增长理论、累积因果论、希伯特的区域发展理论、理查德森的区域发展理论、马克思的有计划按比例发展理论和地域生产综合体理论、可持续发展理论等等。发展理论以区域范围内的经济活动为对象,反映了区域经济的结构、发展的影响因素、发展过程以及合理组织经济运行规律。

旅游的发展虽然还没有形成一个系统的、完整的理论,但是它同样符合区域和经济的发展理论。旅游的发展注重旅游的发展方向、收入的增加、旅游者人次的增长、劳动就业机会的增加、旅游经济结构的合理化,以及影响到区域经济结构和社会文化结构等方面的变化。旅游发展变化表现在全球的旅游收入、旅游者人数的增长上;旅游者从少数富有阶层到大众化;从组团旅游到散客旅游;旅游交通、住宿、通讯、服务等条件的提高;旅游对区域经济结构和社会文化结构的影响;旅游对资源开发与保护的促进等等。旅游的发展也可以看成是旅游在时间轴上的变化,这种变化并非线性的,而是非线性的,并且在增长过程中存在短时间的低落与倒退。

下面几个发展理论对旅游规划的指导意义是十分明显的。

### 1. 增长极理论

增长极(growth pole)是指围绕主导工业部门而组织的一组具有活力的高度联合的工业。它不仅本身迅速增长,而且通过乘数效应带动其他经济部门增长,因此又称为生长极、发展极和增长中心(growth center)。增长极最初由法国经济学家F.佩鲁于1955年提出(是从他的抽象经济空间概念衍生出来的)。1966年J.R.布德维尔把它转化为地理概念,提出形成增长极的一组工业可能在地理上聚集于一个都市区域。以后,增长极的地理概念广泛应用于区域研究和区域规划上。

增长极理论是指那些通过解释地区的发展过程,说明在增长中的都市中心引起周围地区经济增长的各种假说。这些假说认为,在地理空间上经济增长不是均匀地发生,而是以不同强度呈点状分布,通过各种渠道影响区域经济。把推动性的工业嵌入某地区后,将形成集聚经济,产生增长中心而推动整个地区经济的增长。推动性工业应具有规模较大、增长较快、与其他工业的联系广泛而且密切、有创新的能力等特点。我国建立经济特区和各地建立各种开发区都是在这一理论指导下进行的。

增长极理论可以应用于旅游规划中,尤其是在区域旅游规划中,这时的增长极就是旅游地、旅游城镇,每个极点都有一个辐射范围,且辐射范围的大小与极点的地位相对应。例如,皖南地区的增长极就是黄山和九华山。在区域旅游发展过程中,应努力培养旅游发展的增长极,借此带动整个区域旅游的发展。一般地,在区域旅游发展布局时,往往把那些旅游资源价值大、区位条件好、社会经济发展水平高的旅游地和旅游城镇作为旅游增长极来培育,集中人力、物力、财力重点开发,并以此来带动其他旅游地、旅游点的发展,从而也就促使区域旅游获得较大的发展。在应用和发展过程中,一个或少数几个大型的旅游地往往能够带动整个区域旅游业及经济的发展。实际上,区域旅游开发往往是从一个或少数几个节点(旅游地)开始的,也称为据点式开发。如果采取均衡发展的方式,则往往由于重点不突出,人力、物力、财力的缺乏,造成开发的力度不够,也就无法实现区域旅游的整体发展。图4-2则表明了这种带动作用。

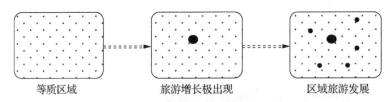

图4-2 区域旅游中增长极的作用

## 2. 梯度理论

生产布局学中,梯度被广泛用来表示地区间经济发展水平的差别,以及由低级水平地区向高级水平地区过度的空间变化历程。在现代生产布局研究中,普遍遇到的一个问题是地区间经济发展不平衡,为了解决这个问题,就需要绘制地区经济发展梯度图,表明在国家或地区范围内经济发展水平由高到低的梯度变化状况。梯度是指事物的空间分布在一定方向上呈有规律的递增或递减现象。从这种外表与地形图近似的梯度图上可以清楚看到,在高收入地区与低收入地区(经济高度发达地区与最落后地区)之间总会存在着几个中间梯度。所不同的,仅是在有的地区,经济发展水平在短距离内出现较大起伏,梯度变化急剧;在有的地区,则变化缓慢。梯度理论认为,极化效应促使城市带的发展梯度上升,扩展效应在一定程度上促进了低梯度地区的发展,回程效应则遏止着低梯度地区的发展。

旅游发展过程中同样也存在着梯度。旅游发展的梯度是指旅游经济发展水平在空间上呈递增或递减现象,其表现往往是由中心城市或重点旅游地向周围呈递减分布。但随着旅游经济的发展,这种梯度在逐渐向外推移,即向梯度差较小的方向或引力大于斥力的方向推移,而中心城市和重点旅游地则向更高的梯度发展。这就要求在旅游布局时考虑到旅游发展的梯度,遵循其发展的规律。

### 3. 点-轴系统模式

点-轴系统模式是我国学者陆大道(1995)在中心地理论和增长极理论的基础上提出的。该理论认为,在发展初期两点出现居民点或城镇,由于它们之间具有一定的社会经济联系,为了适应这种需要,两点之间建设了交通线;在集聚因素的作用下,资源和经济设施继续在两点集中,并在沿线出现一些经济设施,交通线得到延伸;这种模式进一步发展,两点形成更大程度的集聚,交通干线成为一个发展轴线,沿线的经济设施成为新的集聚中心,大量的人口和经济单位沿线集中,成为一个大的密集产业带,交通支线也成为次一级的发展轴。如此发展下去,生产力地域组织进一步完善,形成以点-轴为标志的空间结构系统(见图4-3)。

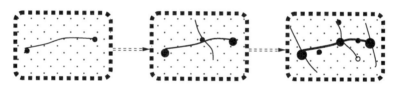

图 4-3　点-轴空间结构系统的形成过程

点-轴系统中的点是各级中心地,亦即各级中心城镇,是各级区域的集聚点,也是带动各级区域发展的中心城镇;轴是在一定方向上联结若干具有不同级别的中心城镇而形成的相对密集的人口和产业带,又可以称作"开发轴线"或"发展轴线"。这些发展轴有海岸发展轴、大河河岸发展轴、铁路干线发展轴、公路干线发展轴以及复合型发展轴等。点-轴系统理论认为,社会经济客体在空间中是遵循点-轴渐进式扩散,它发自扩散源,沿着若干扩散通道(线状基础设施束)渐次扩散社会经济流,在距中心不同距离的位置形成强度不同的新集聚。由于扩散力随距离延伸而产生衰减,新聚集的规模也随距离的增加而变小。相邻地区扩散源扩散的结果使扩散通道相互联结,成为发展轴。随着社会经济的进一步发展,发展轴线进一步延伸,新的规模较小的集聚点又不断形成。

点-轴开发模式适用于旅游开发布局。在旅游发展中,点就是中心城市或重点旅游地,它们实际上就是增长极,轴就是它们之间的联结通道。由于开发了旅游增长点,点与点之间就有了联结线(交通线),游客就是通过这些线从一个节点到另一个节点进行流动。这种流动不仅是客流,还带来物流、资金流、信息流,从而促使沿线的次一级城镇和旅游地得以发展,也使得这条线不断地发展壮大。在不断发展的过程中,交通沿线一些次一级的城镇和旅游地、旅游点也逐渐发展起来,交通线沿线成为发展轴,从而达到以点带线、以线带面的作用,推动了整个地区旅游的发展。而发展轴的本身又是一条旅游线,轴线的发展过程也是旅游线吸引力增强的过程。因此在进行旅游开发布局时,可自觉运用点-轴开发模式,遵循旅游空间发展的规律,寻求最佳的开发方式。

#### 4. 可持续发展理论

可持续发展(sustainable development)理论的研究始于20世纪80年代初,直到1987年,以挪威首相布伦特兰夫人为主席的世界环境与发展委员会(WCED)发表了著名的《我们共同的未来》(*Our Common Future*)这篇报告后,才在世界各国掀起了研究可持续发展的浪潮。世界环境与发展委员会认为:可持续发展就是要把发展与环境结合起来,使我们取得的经济发展既满足我们当代人的需要,又不危害未来子孙后代满足他们自己发展的需要。这说明可持续发展不仅是经济的问题,而且是与环境和社会发展紧密相关的问题。失控的、过热的经济增长可能带来暂时的和表面的繁荣,随之而来的往往是生态环境的严重破坏,以及出现难以承受的通货膨胀,从而引起社会不安定,这样的发展就不是可持续发展。

可持续发展理论涵义深刻、内容丰富,是对人类与环境系统关系变化的一种规范。它有两个最基本的要点:一是强调人类追求健康而富有生产成果的生活权利应当是和坚持与自然相和谐方式的统一,而不应当是凭借着人类手中的技术和投资,采取耗竭资源、破坏生态和污染环境的方式来追求这种发展权利的实现;二是强调当代人在创造与追求今世发展与消费的时候,应承认并努力做到使自己的机会和后代人的机会平等,不能剥夺后代人发展与消费的机会。因而在可持续发展理论的演变过程中,有四条基本原则贯彻始终:一是总体规划和决策思想;二是强调保护生态环境的重要性;三是强调保护人类遗产和生物多样性的必要性;四是发展的同时要保证目前的生产率能持续到将来很长一段时间(几个或几十个时代),这也是可持续发展的核心和立足点。可持续发展思想的诞生,标志着人类在理解环境承载能力和优先发展之间的关系方面发生了观念上的根本变化。可持续发展成为当代发展的主题。

旅游业的发展中对人类和自然遗产的依赖、对生态的影响和对环境的破坏,这些都表明旅游业也应是倡导可持续发展的领域之一。旅游业可持续发展,可以认为是在保持和增强了发展机会的同时满足目前游客和当代居民的需求;可以认为是对各种资源的管理和指导以使人们保持文化的完整性、基本的生态过程、生物的多样性和生命维持系统的同时,完成经济、社会和美学的需要。比较全面反映旅游业的可持续发展内容的,是1990年在加拿大温哥华举行的全球可持续发展大会旅游组行动策划委员会在会议上提出的旅游业可持续发展的目标:①增进人们对旅游所产生的环境效应与经济效应的理解,强化其生态意识;②促进旅游的公平发展;③改善旅游接待地的生活质量;④向旅游者提供高质量的旅游经历;⑤保护未来旅游开发赖以生存的环境质量。可持续发展理论对旅游开发和规划有着重要的指导意义,要求旅游业发展在满足当代人旅游需求的同时要保证能满足未来人们的旅游需求,要求旅游发展要重视对生态、环境、资源和文化的保护,以维持旅游长久的生命力。

5. 旅游地发展的生命周期

关于旅游地发展的生命周期,Bulter(1980)提出的"旅游地循环发展过程"是这方面研究的代表。他认为,一个旅游地的循环发展过程经过六个阶段(见图4-4):①探察阶段;②参与阶段;③发展阶段;④巩固阶段;⑤成熟阶段;⑥衰落或复苏阶段。

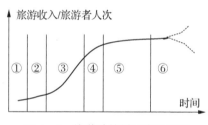

图4-4 旅游地的循环发展过程

(1)探察阶段(exploration)。这是旅游地发展的初始阶段,其特点为零星的旅游者进行无规律的旅行游览,旅游地也没有特别的设施为旅游者服务,旅游地的自然和社会环境未因旅游而发生变化。

(2)参与阶段(involvement)。随着旅游者的增多,旅游变得有规律,当地居民开始参与向游客提供一些设施和服务,许多投资开始进入,一些设施准备或开始兴建。

(3)发展阶段(development)。固定的旅游市场地区已经出现,旅游者人次增长很快,外来投资骤增,当地居民提供的简陋设施逐渐被规模大的、现代化的设施所取代,大量的广告和宣传吸引人们来此旅游,旅游地的自然面貌改变比较显著。这时的发展是比较混乱的,各项法规制度还很不完善。

(4)巩固阶段(consolidation)。旅游业的经营和系列设施已确定下来,当地经济严重依赖旅游业,旅游者的增长率相对下降,旅游地有了界限分明的功能分区,旅游设施可能不敷需要,各项法规制度逐渐建立起来。

(5) 成熟阶段(stagnation)。游客增长相当缓慢,游客量达到最大,旅游地形象基本建立起来,其社会、经济和环境问题开始突出,并且此时竞争者已经出现。

(6) 衰落或复苏阶段(decline or rejuvenation)。由于旅游者的兴趣发生转移或者竞争者具有更强的吸引力,旅游者人次逐渐减少,旅游地难以同新的旅游地竞争,处于衰落阶段;如果旅游地增加了新的具有吸引力的旅游资源和旅游项目,也可能再次使游客量增加,进入复苏阶段。进入复苏阶段的旅游地又开始新的循环,重复上述几个阶段。

旅游地循环发展理论对旅游地的开发具有重要的指导意义,也是指导旅游地规划的理论依据之一。一个旅游地如果处在巩固阶段及以前的阶段,其开发重点应放在旅游资源的开发、设施的建设和宣传促销上;如果处在成熟阶段及以后的阶段,其开发重点应放在开发新的旅游资源、增加新的具有吸引力的旅游项目上,作好旅游宣传促销,促使旅游地复苏。例如美国大西洋城在20世纪70年代后期处于衰落阶段,后来由于当地赌博合法化刺激了旅游业的发展,又复苏过来,成为世界有名的赌城之一。

需要指出的是,生命周期的长短在不同的旅游地有不同的表现,周期中各个阶段的长短也不一样。一些人造的旅游地、旅游点往往只有快速的发展阶段和快速的衰落阶段,生命周期短,可以称之为时尚产品。这当然不是旅游发展中所追求的,因为它极大浪费了人力、物力和财力资源。而一些具有特色的旅游地不仅有完整的生命周期,而且还有一个持续时间很长的成熟阶段,可以称之为延伸产品。这类旅游地、旅游点在成熟阶段只需较少的投入就可获得较多的收益,是应该提倡的。

旅游产品的生命周期有很多变异,其中两个主要的截然相反的变异是时尚产品的生命周期和延伸产品的生命周期。

(1) 时尚产品的生命周期

时尚旅游产品的生命周期只有两个主要阶段,即快速的发展阶段和快速的衰落阶段(见图4-5)。例如我国曾经大量兴建的"西游记城"便是这类产品。

时尚旅游产品具有一些自己的特点:①产品的目标市场比较单一,很容易达到饱和;②产品本身迎合了人们某一方面的兴趣,且时尚性较强,人

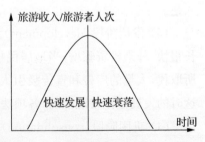

图4-5 时尚旅游产品的生命周期

们的兴趣容易向它转移;③产品的推出是伴随着大量宣传而到来,这种宣传往往有一些大众传媒自动加入;④产品大多数不是必需品,消费者也常常自以为与众不同。

目前大量建设的人造模拟景观多数是时尚旅游产品,这类产品一般难以确定衰落期发生在什么时候,因此在进行时尚产品的开发时切忌一味模仿、照搬。当某一类型时尚旅游产品正处在发展期的末端时,如果只看到它的大好形势而实行照搬,等到后推出的产品开发完成,这一类型产品的生命周期已进入衰落后期,将会造成巨大的浪费,难以收回投资成本。

(2) 延伸产品的生命周期

延伸旅游产品有一长时间延伸的成熟阶段(见图4-6)。在成熟阶段,它具有高度的重复购买性,形成一个稳定的销售额和一个稳定的客源市场。延伸产品有很多类型,主要有如下几种:①拥有垄断性旅游资源的产品,如我国被列入世界自然和文化遗产的风景名胜区;②功能性产品,如海滩、温泉、滑雪场等;③常用产品,即人们经常购买的产品,如度假被认为是生活中的必需;④多用途产品,可以吸引多个目标市场。

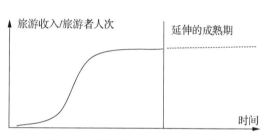

图4-6 延伸旅游产品的生命周期

## 二、发展理论的指导意义

各种发展理论是指导旅游开发和建设的重要理论依据。

### 1. 对旅游规划的需求

发展理论认为旅游也是处在不断发展变化过程中的,旅游所涉及的社会、经济、文化、环境、资源等都在发展变化,它们可能朝着积极的方向发展,也可能朝着消极的方向发展。因此就需要旅游规划在综合考察各种影响因素的基础上,统筹安排,统一规划,使之朝着积极有益的方向发展,避免朝着消极有害的方向发展,这也是旅游规划的意义之所在。假如旅游发展的各个方面都没有发展变化,旅游规划就失去了其存在的意义,即使编制出来旅游规划亦没有实施的必要。发展理论还要求旅游规划是一个持续的动态过程,需要根据旅游发展过程中出现的新情况不断地对规划进行修改、纠正和补充,以实现规划对实际工作的指导,增强规划的实用性。

## 2. 预测

发展理论要求旅游规划对旅游发展的未来进行预测。旅游规划是对旅游发展的未来进行谋划和安排，首先需要对未来状况进行预测。而事物是发展的，发展又是有规律的，因此未来的状况是可以根据发展的规律性进行预测的。未来会是怎样？这需要旅游规划对此作出回答，也只有进行预测的旅游规划才具有目的性。例如，在未来某一段时间内将会有多少旅游者到来？他们的消费能力、兴趣爱好又是如何？在回答了这些问题之后，就可以对旅游发展中的游乐项目、住宿、饮食、交通、基础设施建设、旅游人才的配备等等作出安排，并付诸实现，才能满足旅游者的需求。虽然对未来的预测不可能非常精确，但是大概的估计也同样重要，有时预测并不需要很精确，只要我们能作出相应的反应即可。预测的好坏可以用预测结果同实际情况的差异大小来衡量。

## 3. 发展模式（战略）的选择

对于区域旅游来说，其旅游经济的发展总是有一个比较稳定的发展模式。发展模式的选择就是确定发展方向，是旅游发展战略规划中纲领性的部分，其他部分实际上是为了实现这个纲领而进行的安排。一个地区旅游发展模式的选择是建立在该地区实际情况之上的，是在综合考虑了旅游资源条件、市场条件、社会文化条件、经济发展水平等诸多条件的基础上，确定一个适合该地区的旅游发展道路，以最少的付出获得最大的效益。选择旅游发展模式可以借鉴其他地区旅游的发展模式，也可以根据自身的情况创新。例如我国在改革开放初，根据实际情况提出了旅游业"适度超前"发展战略，这与我国当时经济发展水平不高、主要以接待发达国家的旅游者等事实相适应；而十几年后我国经济获得了很大发展，人民生活水平有了很大提高，发展国内旅游又提了出来。

## 4. 分期规划

分期规划按时间的长短有短期、近期、中期、远期等规划。因为旅游发展条件不同，要分清发展的轻重缓急，把那些发展条件好、重要的、投资较小、比较容易建设的项目优先安排，优先实施，优先建设，而将那些条件稍差、投资大、近期并不重要的项目安排在以后建设。这就是分期规划，分期实施。为了保持旅游的长久活力，也要求开发建设不可同时全部完成，而是分期实施，不断地开发新资源、推出新项目，以长久吸引旅游者，维持其持久的魅力。

## 第三节 区位论原理

### 一、区位论概述

区位论是说明和探讨地理空间对各种经济活动分布和区位的影响、研究生产力空间组织的一种学说,或者说是关于人类活动的空间分布和空间组织优化理论,尤其突出表现在经济活动上。区位是一个重要的术语,作为绝对的术语,是指由经纬线构成的网格系统中的某个位置,即自然地理位置;作为相对的术语,是指就其他位置来说所限定的位置,即交通地理位置和经济地理位置。因此,可以说区位就是自然地理位置、经济地理位置和交通地理位置在空间地域上有机结合的具体表现。

区位论思想起源于17世纪政治经济学对区位问题的研究。系统的区位理论形成于19世纪,1826年冯·杜能创立了农业区位论,1909年韦伯建立了工业区位论,克里斯塔勒和廖什分别于1933年和1940年创立了中心地学说,等等。这一时期的区位论被称为静态区位论,包括在一定的假定前提下对影响生产力分布的某个或某方面因素作出抽象和孤立的分析,进行理论演绎;把贸易理论看作是区位论的一部分,从区域整体宏观角度出发研究一般性的区域经济结构。第二次世界大战以后,研究者开始从区域整体出发,对影响生产布局的各种因素应用数理统计、投入-产出、线性规划等方法进行全面的综合分析,建立了可用于实际的区域模型,发展成为动态区位论。20世纪70年代以来,区位论研究中还引进了行为科学方法,把居住、采购、出行、娱乐、心理等因素也作为影响区位决策的重要因素。

从农业区位论到现在,区位论的发展经历了古典区位论、近代区位论和现代区位论三个阶段;由微观、静态分析发展到宏观、动态分析;所涉及的产业部门也从早期的第一、第二产业,到中期的加工工业和商业,发展到探讨区域、城市和第三产业。区位论来源于实践,又指导实践,现已应用于城乡土地利用、厂址选择、商业服务业的网点设置、城市体系设置、交通网络问题、经济区划、区域或城市的区位优势等各个方面。

尽管区位论在地理学家和经济学家的共同努力下取得了巨大进展,也在实践中发挥了很大作用,但是区位论在旅游中的研究和应用却做得不够,有意义的结论还没有发现。这是由于旅游所涉及的因素很多,许多因素又是不确定的,因此传统的区位论在旅游中的应用就遇到很大的困难。然而旅游活动是在空间上的活动,必定存在空间布局和空间组织优化问题,因此必定要用区位论来指导。

区位论中以下几个理论对旅游开发布局具有重要意义:

(1) 中心地学说。中心地学说是关于城镇区位的一种理论,其主要特点是立足于城镇的服务职能,将城镇作为体系加以研究,即认为城镇形成于一定数量的生产地中。城镇是人类社会经济活动在空间的投影,是区域的核心,城镇应建立在乡村中心地点,起周围乡村中心地的作用;中心地则依赖于收集输送地方产品,并向周围乡村人口提供所需货物和服务而存在。

中心地学说的建立者之一克里斯塔勒也曾对旅游的区位进行过研究。他从旅游需求出发,采取经验和行为研究(并不像在商业服务中心地时采用的演绎方法),但最终没能建立一个旅游作用的理想空间模型。此后有人提出过类似于杜能环的空间。20世纪40年代,意大利学者马利奥得提出了"旅游吸引中心地理论",他认为旅游者所喜爱的是把艺术、考古、风俗以及保健色彩的各种自然条件和人为的娱乐、旅馆等基础设施有机地结合在一起的地方。如果把前面的诸条件称为"自然的吸引力",后面的称为"派生的吸引力",那么两者的有机融合才构成"旅游吸引力",其空间之所在即成为"旅游中心地"。这里旅游吸引中心地的概念其实就是旅游地的概念。

虽然有不少人对旅游中心地进行过多方面的研究,但并没有获得一个广泛应用的模型。当研究的角度不同,可能会得到不同的结论,例如从旅游需求角度和从旅游供给角度出发去研究,可能就有不同的结果。一个自然存在的旅游地吸引着人们,一个经济发达地区的人们也需要旅游娱乐场所,因此旅游地可以是自然存在的,也可以是近期人为创造的,对中心地的研究也就应该从旅游需求和旅游供给两方面综合考虑,才能获得有意义的结论。

(2) 距离衰减法则。距离衰减法则认为,如果地理现象之间是相互作用的,则其作用力随距离的增加而减低。这一法则应用到旅游上,就可以表示为随着旅游目的地与客源地之间距离的增加,接待的游客数量将减少。表4-2反映了这一现象。

## 第四章 旅游规划的基本理论依据

表4-2 北京市国内游客空间分布

| 地区 | 河北 | 辽宁 | 山东 | 江苏 | 湖北 | 河南 | 黑龙江 | 四川 |
|---|---|---|---|---|---|---|---|---|
| 百分比(%) | 12.35 | 10.30 | 6.91 | 5.45 | 5.40 | 5.25 | 5.02 | 5.02 |
| 地区 | 吉林 | 山西 | 湖南 | 上海 | 内蒙古 | 陕西 | 广东 | — |
| 百分比(%) | 4.84 | 4.80 | 3.84 | 3.52 | 3.40 | 3.02 | 3.00 | — |

(资料来源:保继刚等,《旅游开发研究——原理·方法·实践》,科学出版社,1996)

距离衰减法则的表现形式为引力模式和潜能模式,这两个模式都来源于牛顿的万有引力公式。人们关注最多的还是引力模式,用来分析客源和预测旅游空间流。引力模式的表达式都是在基本公式基础上作出的经验公式,并没有理论上的解释,所以它在分析问题上是成功的,但在实际应用上还是具有很大的困难。

(3)集聚规模经济。集聚经济效益包括生产或技术集聚效益和社会集聚效益两种。生产或技术集聚可使企业扩大生产规模或企业间加强协作产生集聚效益;社会集聚使企业共同使用专门设备、公共设施和市场,降低了生产成本,从而实现集聚效益。因此,任何区域,无论大小,在宏观上都要求组成一个规模适当、结构合理、联系密切的集聚体,才能最大限度地获得集聚经济效益。在微观上,区域内的主要产业,特别是第二和第三产业,又总是成团地集聚在区内一些生产发展条件较为优越的点上,而不会普遍分散到全区各地。这是因为那些在生产上或分配上有着密切联系的、或是在布局上有着相同指向的产业,按一定的比例成团地布局在某个拥有特定优势的区域,有利于形成一个地区生产系统,在该系统内每个企业都因与其他关联企业接近而改善了自身发展的外部环境,并从中受益。在这里整个系统的总体功能大于各个企业的功能总和,超出的部分来源于因集聚而造成的有利环境,因此被称为集聚经济效益。

旅游业中同样存在着集聚经济效益。它表现在两个方面:其一是旅游企业之间的集聚,具体体现如下:①提供不同服务的企业相互依存、相互促进、互为补充,形成了集聚规模经济;②提供相同和不同服务的各个旅游企业共同组成了一个地区的整体旅游形象,增加了地区的整体旅游吸引力,扩大了共同的旅游市场,带来更大的经济效益;③地区内各个旅游企业共同使用基础设施和同一市场,产生了集聚经济效益。其二是旅游业和相关产业之间的集聚,相关产业为旅游业的发展提供了保证,旅游业所需要的设施、设备、原材料以及资金、人才等都要求相关产业提供;反之旅游业的这种需要也带动了相关产业的发展。

## 二、区位论的指导作用

（1）确定旅游空间组织层次与规划层次。区位论研究事物的空间组织问题，这种空间组织有三个层次：一是广域角度的某一作用体系的空间格局；二是作用体系集聚单元的区位选择；三是组成集聚单元的基本要素的场所选择。那么，在旅游活动中，这种空间组织相应也有三个层次，即区域、旅游地、旅游要素的场所。不难发现，这三个层次与前述的旅游规划的三个基本层次（区域旅游规划、旅游地规划和场地规划）相吻合。区位论始终如一地应用在旅游规划上，但在三个规划层次上的具体指导内容各有侧重。

（2）制定旅游发展战略。区位论对旅游发展战略的制定具有重要指导意义。区位条件的好坏反映了人们进行旅游方便程度的大小，从而也就影响到旅游市场大小和可进入性程度，决定了来访游客的多少和进行旅游开发建设的力度，最终决定了旅游经济效益的大小。区位论对区域旅游和旅游地发展战略的指导意义比较显著。

在区域旅游发展战略的研究上，保继刚等（1988）在陈传康的发展战略理论基础上，参考了旅游资源、区位条件、区域经济背景三个因素，得出四种类型的区域旅游发展战略（见表4-3）。这四种发展战略具体如下所述：

表4-3 区域旅游发展战略

（+++表示优，++表示中，+表示差）

| 类型 | 旅游资源 | 区位条件 | 区域经济背景 | 主要开发措施 | 实例 |
|---|---|---|---|---|---|
| ① | +++ | +++ | +++ | 全方位开发 | 北京 |
| ② | +++ | ++ | + | 国家扶持，适当超前开发 | 张家界 |
| ③ | +++ | + | + | 保护性开发 | 西双版纳 |
| ④ | + | +++ | +++ | 恢复古迹或人造景观 | 武汉、深圳 |

（资料来源：保继刚，唐新民，《区域旅游发展战略理论初探》，《云南社会科学》，1988年第5期）

①资源价值高、区位条件好、区域经济背景好：为旅游开发的理想地区，应该优先开发。开发时充分利用旅游资源，处理好开发与保护的关系，协调好旅游业同其他产业的关系，调整区域内不合理的经济结构。

②资源价值高、区位条件好、区域经济背景差：是理想的旅游开发区，开发后能较快获得经济效益。但开发的障碍是缺乏资金，需要国家扶持，提供开发资金，以

此振兴当地经济。

③资源价值高、区位条件差、区域经济背景差：发展旅游业比较困难，主要是对旅游资源进行保护，待时机成熟时再开发。对一些区位稍强的地区，可以搞一些较低层次的观光旅游活动以及一些专门旅游，注重的是社会和环境效益。

④资源价值低、区位条件好、区域经济背景好：充分利用区位和地区经济优势，开发人造模拟景观，或恢复历史上有名但已被毁的名胜古迹，创造特色来吸引游客，并向四周扩散，开发新的旅游资源。

(3) 寻求区位优势。区位优势对旅游开发和布局来说很重要。区位优势的探求与寻求旅游资源优势有相联系之处，但前者除了包含旅游资源因子外，还包含有许多其他的因子，实际上是它们空间组织的综合优势。这些区位因子包括自然、资源、交通、市场、人力、集聚、经济、社会等等（陈耀华，1992）。寻求区位优势，首先要分析其各个区位因子，然后分析其整体优势。

区位优势具体而言有以下几个方面的内容：①有形区位优势和无形区位优势；②绝对区位优势和相对区位优势；③局部区位优势和全局区位优势；④空间区位优势和时间区位优势。

(4) 集聚效应。由于提供相同和不同服务的各个旅游企业共同组成了一个地区的整体旅游形象，增加了地区的整体旅游吸引力，并且地区内各个旅游企业共同使用基础设施和共享同一市场，带来了旅游经济的集聚效益。在区域旅游和旅游地的空间布局上，要充分运用集聚原理合理布局，使其产生集聚经济效益。例如，一条交通线路，如果专为某一旅游地修建，未免代价偏高，如若几个旅游地和旅游点共同使用，不但可以降低成本，而且还可以提高利用效率，增加旅游资源的容量，带来更大的经济效益。对于旅游者来说，集聚可以使他们有更多的机会去选择旅游目的地，可以使他们减少交通时间；对旅游目的地来说，集聚可以分流客源，减少游客对某一目的地资源的压力和破坏。

许多旅游点虽然资源的价值很高，但由于体量小，所占的面积少，游时短，难以形成较强的吸引力，因此需要同周围其他旅游地和旅游点联合，共同开发，以形成整体优势，增强吸引力，同时也降低了开发成本。这就是旅游规划中集中紧凑的原则。集中开发后的地区能提供很多观光、游览、娱乐的去处，能提供很多种服务，其土地利用率和价值都会增高。但是，集聚会带来污染的集中、交通的拥挤以及水电供应的不足，同时土地价值的上涨也不能等闲视之。

(5) 旅游线路设计。旅游线路设计是一项技术性很强的工作，它主要包括两个方面的内容:区域旅游线路的设计和旅游地游览线路的设计。区域旅游有周游型和逗留型两种,其线路设计各有不同。周游型线路一般是环线模式,由于其旅游的目的是走马观花式的观赏,因此旅游线路应尽可能路过更多的旅游地和旅游点;逗留型的旅游目的是观光、度假和娱乐等,快速便捷的交通线路对游客"快进慢游"是十分重要的。对于开发者来说,线路设计与建设旨在增强可进入性;对于经营者来说,是希望设计的线路容易销售出去;而对于旅游者来说,则要求旅游线路方便、快捷。在旅游线路设计中,安全是不得不考虑的一个重要因素。旅游地的线路规划(即游览线路规划)也是如此,需要考虑的因素包括安全、便捷、路过更多的观(赏)景点(不是旅游景点)等。旅游地的线路类型包括步行小径、缆车、汽车道甚至火车道,但以步行小径最为普遍。

(6) 场所选择。通过考虑一些相关的区位因子,可以选择出最佳的旅游设施和观景点的场所。对于旅游设施场所的选择,一方面为了方便游客,为游客服务;另一方面为了保护旅游资源,以及提高土地的利用效率。实际上,每一种旅游设施的服务性质不同,其场所选择的目标和方法也不同,所考虑的因素也不同。旅游场所的选择实际上就是旅游业的布局,有宏观上的布局,即区域旅游的布局问题;也有微观上的布局,即位址规划问题;以及二者结合的旅游地规划布局问题。场所的选择不仅要考虑到区位论,还要考虑到旅游市场、旅游行为等理论。

## 第四节 生态学原理与环境保护

### 一、生态学原理

生态学一词最早由生物学家提出,生态理论也是生态学家研究的较为深刻。生态理论最初的研究对象是自然界的生态系统,该系统由生产者(绿色植物)、消费者(主要为动物)、分解者(微生物)以及非生物成分组成。前三者是有机体,分别代表三个功能单元——生产、消费、分解;非生物成分则提供能量和物质基础。地球上存在着许多生态系统,如湖泊生态系统、森林生态系统、海洋生态系统、池塘生态系统、草原生态系统等等。

一个生态系统是靠食物链联系起来的,能量沿着这条食物链流动和传递。绿色植物依靠阳光、空气、水分和矿物质生产食物,储存能量;草食动物吃草,能量和食物传递到草食动物;肉食动物吃草食动物,能量和食物传递到肉食动物;大型的肉食动物吃小型的肉食动物,食物和能量传递到大型肉食动物……最后,动植物死亡之后被微生物分解,物质和能量回归自然。一个生态系统的食物链如果出现问题,比如某一环节供应的少或断裂,则这个生态系统就会变得脆弱,甚至崩溃。

生态系统各要素之间相互联系与制约。要维护一个生态系统的运转,必须使这个系统的结构与功能均处于良好的状态,具有一定的自我调节能力(即自组织能力),能够经受一定的干扰而进行自我恢复。任何一个生态系统都有一定的抗干扰能力,能够抵御一定的破坏,生态系统的这个抗干扰能力就是承载力,它有一个合理的界限。外界干扰没有超过这个界限,生态系统就能够承受,能够自我恢复;外界干扰超过这个界限,生态系统将无法承受,无法自我恢复,从而受到破坏。

然而,很多人(包括生态学家)意识到仅研究自然界的生态系统是不够的,因为任何一个生态系统都不同程度地受到人类的干扰,尤其是污染,使得系统的协调受到严重的威胁和破坏,而生态的失调反过来又给人类造成巨大的经济损失,对人类生存形成威胁,于是人类生态学、生态经济学、社会生态学等应运而生。它们所追求的分别是生态效益、经济效益和社会效益,只不过它们的研究对象建立在生态系统之上。生态经济学是研究自然界的生态系统与人类社会的经济系统相互作用、相互渗透的复合生态经济系统,探讨生态与经济的矛盾统一问题;社会生态学研究的则是社会-自然关系系统,具体地说是在人类有意识、有目的的活动基础上形成并发挥其职能作用的智力圈,社会生态学是一门崭新的学科,目前尚不成熟。

人类既可以对生态环境进行破坏,也可以通过技术和管理手段对生态环境进行修复或改善。如果人类对生态环境的破坏力减去恢复力小于零,则生态环境得到改善;如果小于生态环境的承载力,则生态环境可以保持;如果大于生态环境的承载力,则生态环境将遭受破坏。因此,研究生态环境的承载力对于环境管理有重要意义。

旅游既是一项经济事业,又是一项社会文化事业,同时它又不可避免地涉及自然界中的生态系统,因此生态理论对旅游规划毫无例外的具有重要指导意义。生态学、生态经济学和社会生态学是指导旅游规划的三门主要生态学科。

## 二、生态旅游

生态旅游是出于对资源与环境的追求和保护而提出的,其出现的时间并不长。对生态旅游目前人们还并未获得一致的看法。生态旅游是都市里的人们去追求绿色的原野与乡村,还是为了让生态系统不遭受旅游的破坏而控制游客量?笔者认为对生态旅游的理解应有两个方面:一是人们逃离喧嚣紧张的工作环境,"重返大自然";二是对生态系统进行保护,在对旅客行为和数量控制的同时还进行环境教育。这两个方面的统一在于建立生态旅游区。生态旅游区不仅为人们提供了生态旅游的场所,还通过科学的规划和管理保护了生态环境。生态旅游区的核心在于它有一个运行良好的生态系统,这个生态系统能够向人们展示赏心悦目的景观以使其获得愉悦的感受。

一门新的学科——旅游生态学(或者称游憩生态学)即将诞生。这门学科是介于旅游学与生态学之间的一门学科,研究的对象是旅游与生态相互作用的一个复杂的旅游-生态系统,其核心就是生态旅游区。旅游生态学研究的内容包括游客行为对生态的影响;生态系统对旅游活动的反应;如何保护生态环境;经济分析;如何建立生态旅游区;如何规划、设计和管理生态旅游区等。旅游生态学研究的是旅游与生态之间更为具体、更为细节的内容,其对旅游规划的指导也是更为具体的。

还有一门学科——景观生态学,也是具有重要意义的学科。"景观"一词最初是由地理学家提出来的。景观生态学,实质就是综合自然地理学。地理学家认为景观是一个独立的自然地理区,它含有七大要素,即地质、地貌、水文、气象、气候、土壤、生物(植物和动物)等,是一个复杂的综合体。也许建筑学家和规划师们并不这么看待景观,因为他们的研究对象并不需要考虑这么多因素。但从20世纪50年代至80年代,景观规划师们已经认识到景观问题与生态相关,明确了保护自然环境的重要意义。结合生态学思想的景观规划是深刻理解构成自然环境的结构、功能、场所三者之间的联系,目标是使三者的配置达到最高程度协调,即对结构最佳原则、功能最佳原则和场所最吻合原则的运用。

生态学理论将是进行旅游规划的基本理论依据之一,其在旅游规划中的指导意义可以有如下几个方面:

(1) 规划的新思路。当今世界,尤其是工业化发达的国家,人们要求"回归大自然"的呼声越来越高,因此在现代城市规划中,规划师们把"花园城市"的观点作为其规划的理论基础,同样,现代旅游规划也应把生态旅游的观点放在重要的位置。在旅游地或更小的规划中,努力使规划的对象有一个运行良好的生态系统,提高自我调节能力。可持续发展是21世纪世界发展的主题,进行生态旅游是旅游业可持续发展的一条途径,因此"生态旅游区"的观点将是旅游地及场所规划的主流。

（2）环境保护。环境保护是当今世界上人类面临的几个重要问题之一。在旅游活动中，同样也遇到环境保护的问题。旅游生态学将会具体研究旅游与环境的关系，如游人的践踏对植物的影响、动物迁移的通道与障碍等。但生态理论要求的环境保护仅仅针对涉及自然生态系统的旅游地及旅游点的规划。环境保护（包括旅游资源的保护）是任何旅游规划都必须有的内容，其内容不仅限于生态系统的保护，这将在下面阐述。

（3）生态容量及规划标准。旅游容量在20世纪60年代才被人们注意，它是旅游规划的重要依据。旅游容量是一个概念体系，其包括五个基本容量，即心理容量、资源容量、生态容量、经济发展容量、地域社会容量。旅游的生态容量是指在一定时间内地域的自然生态环境不致退化的前提下，旅游场所能容纳的旅游活动量。系统大小和构成要素不同，其生态容量也不同。对生态容量的研究需要旅游生态学者进行长期的观测。生态容量的具体研究提出了旅游规划的部分标准，如人均占有的基本空间等，关于规划标准的研究还有待于国内学者的不懈努力。

## 三、环境保护

环境保护是当今世界人类面临的几个大问题之一，旅游开发也毫无例外地需要进行环境保护。过去的旅游开发和规划过多地注意了经济发展方面，而现在越来越明确地认识到应当包括环境保护的内容。环境保护和旅游开发是一对矛盾，如何将这一对矛盾统一起来，既保护了环境，又获得了旅游经济收入，这就需要进行旅游规划。生态理论和可持续发展理论也要求进行环境保护，并且从系统理论来看，旅游系统不能缺少旅游环境系统，因此环境保护是诸多理论的共同要求，这是旅游规划另一条极为重要的原则。

依笔者理解，环境保护有如下三项内容：

（1）旅游资源的保护；

（2）自然生态系统的保护，该系统也可以是旅游资源，例如自然保护区生态系统；

（3）对人的保护，主要是由于环境造成对人的伤害。

规划时不能将眼光只盯在需要保护的对象上，而是充分考虑与这些对象有密切关系的一切因素。造成环境破坏的原因可归纳如下：

（1）游客的不文明行为，如超载、践踏、乱扔垃圾等；

（2）居民的生活和生产活动，如垃圾、伐木、采石等；

(3) 工业污染，主要的通道是大气和水体，如"三废"的排放；

(4) 自然过程，如湖泊的淤积、山体滑坡、泥石流、风沙等。

明确了环境破坏的原因及过程，有助于对这一项内容的规划，但环境保护的重点还是在环境与旅游这一矛盾的统一体上。

环境对旅游活动是可以承受的，但承受能力有一定的限度，对这个限度的研究即是容量的研究。无论区域还是旅游地，其容量包括两个方面：其一是旅游业的接待能力；其二是环境的承受能力，这是基础，是主要的方面。旅游环境容量主要包括旅游资源容量、旅游生态容量以及旅游心理容量，旅游环境容量的研究将会为旅游规划标准的建立提供依据。我国有不少学者对旅游环境容量进行过研究，如赵红红(1983)对苏州旅游环境容量、保继刚(1987)对北京颐和园的旅游环境容量等进行了研究，其结果可直接应用于旅游规划中。实际上，几乎所有的规划都涉及这个问题。《风景名胜区管理暂行条例》明确规定，风景名胜区规划要包括旅游环境容量。郭来喜等(1985)在河北昌黎海滨风景区的规划中有专门的环境容量分析研究。从环境适应性出发的旅游规划力求促进环境的保护和旅游的开发。环境保护的前提是做好旅游对环境影响的预评价。环境评价以旅游项目和环境的承受力为依据。不同的旅游项目对环境影响也是不同的，如人的践踏和汽车行驶对草丛的破坏程度不同，观光和狩猎对野生动物的影响程度不一样。因此针对不同的旅游项目，环境有不同的容量值。但根本的出发点却是一样的，即不导致环境受影响后而不能恢复。环境评价为旅游规划提出相关要求，限制游客量、改变游览路线和旅游项目、分流、适度开发甚至暂时不开发是保护环境的几项常见措施。

旅游规划中对环境保护的反映是划分出保护对象和保护空间范围。《风景名胜区管理暂行条例》规定对其规划要划定旅游区的范围及其外围保护带。划定保护区的工作在环境评价和区划的工作上进行。保护区的级别有称一级、二级、三级的，如陈传康等(1990)在丹霞山风景名胜区规划中将丹霞山保护区分为五级，即丹霞山风景名胜保护特区(2平方公里)、一级景观保护区(40平方公里)、二级景观保护区(190平方公里)、三级景观保护区(120平方公里)、水源保护区(水域)；也有称核心区、缓冲区、保护性经营区(徐嵩龄，1993)；国外多称特殊区、敏感区、关键区等。环境评价和划定保护区的最终成果表现在旅游的环境保护图上。

环境保护的原则还要求旅游规划制订出相应的开发方针和策略。在不产生环境及社会文化恶果的前提下，谋求最大的社会效益是其根本目标之一。人们最初从经济角度出发,认为接待的游客越多,所获得的经济效益也越大,但现在逐渐认识到成本与效益必须在经济、社会、环境的广泛基础上来分析。旅游者人数似乎并不比他们的平均停留时间、旅游消费支出等更为重要,并且人数过多反而会造成住宿紧张、交通拥挤、生态失调、污染(包括噪声)等,此外还有社会文化方面的影响,因此旅游的规划者应当考虑有选择的旅游开发。有选择的旅游开发包括:①市场选择,吸引环境保护型旅游者,因为他们注重旅游环境并能有意识地加以保护;②质量选择,主要服务对象是高消费的旅游者,可以减少环境污染;③生态旅游。

环境保护还有一项重要的内容是景观视觉保护,它对于规划设计具有极为重要的意义。旅游开发需要建设基础设施、旅游设施、建筑物等,但这些建设难免对视觉环境产生破坏。建筑与环境相和谐是景观视觉保护的根本目标。规划设计优良的建筑常对视觉环境有画龙点睛之妙,而拙劣的规划设计则使建筑产生煞风景的后果,因此需要有经验的设计师和园林技术人员来参与规划。

## 第五节 系统理论

系统理论为旅游规划提供了方法论基础。系统理论认为系统是由相互联系的各个部分和要素组成的,是具有一定结构和功能的有机整体。这个整体称为系统,构成整体的各个局部称为子系统,子系统下面还有更低一级的子系统,最低级的为组成系统的各要素。系统理论的基本思想就是把要研究和处理的对象都看成是一个系统,从整体上考虑问题;同时还特别注意各个子系统之间的有机联系;把系统内部的各个环节、各个部分以及系统内部和外部环境等因素都看成是相互联系、相互影响、相互制约的。系统具有整体性、综合性、层次性、动态性、结构性等特性。

系统理论把旅游看成是一个系统。旅游的系统性有两个方面:一是功能的系统性,二是结构(主要是空间结构)的系统性。从功能上来看,一般认为,旅游系统包括三个子系统,即旅游客体子系统、旅游主体子系统、旅游媒体子系统。各子系统下面还有更低级的子系统,如属旅游客体子系统的旅游资源子系统还有自然资源子系统、人文资源子系统等更低级子系统。

以上关于旅游的系统的说法代表了一般学者的意见。还有学者从供给与需求方面来看待旅游系统(见图4-7),但在更低级的子系统划分上有许多值得讨论的地方,这里不赘述。

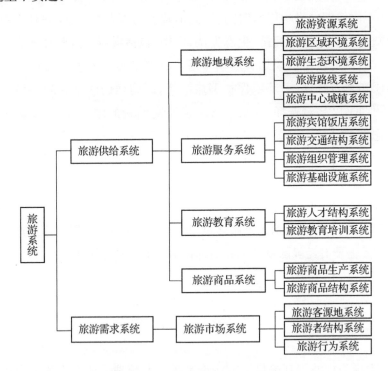

**图4-7 旅游供给与需求系统结构**

(资料来源:陈安泽,卢云亭,《旅游地学概论》,北京大学出版社,1991)

美国学者 Gunn(1979)称旅游系统为旅游功能系统。这个系统又是一个动态系统,由五部分组成,即吸引物、服务与设施、交通、信息和指导、旅游者。

①吸引物:看和做的事;旅行的诱惑;赏心悦目的事。

②服务与设施:住宿;食物和饮料;零售商品。

③交通:去吸引地;去城市;在吸引地内。

④信息和指导:促销;导游;描述;指导。

⑤旅游者:特征;区位;行为;文化模式;季节性。

他把这五个部分看作是规划中的基本要素,也是规划所要考虑的因素。

考虑到旅游规划的目的在于经济、环境和社会文化三个方面,所以可将旅游系统分为旅游经济系统、旅游环境系统、旅游社会文化系统(见图4-8)。这个系统结构还需完善,以便直接应用于规划之中,作为规划的基本内容。

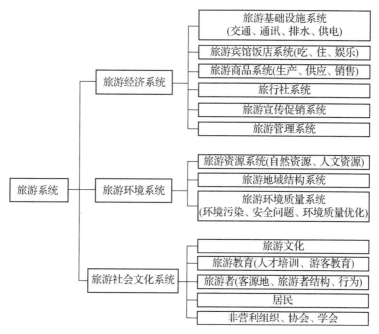

图 4-8 旅游经济、环境、社会文化系统结构

从空间结构来看,旅游系统主要是旅游地域系统的概念。该提法引入空间的概念,将旅游落实到具体的空间上,但这个概念仅从旅游供给出发,完全抛开了旅游需求。然而事实上旅游规划也主要是针对地域系统的,所以这个概念的提出是有意义的。前苏联学者皮罗日尼科夫认为旅游地域系统是指由旅游者、自然和历史文化综合体及工程建筑、服务人员、管理机构等相互作用要素所组成的社会-地理系统。张亚林(1989)认为旅游地域系统就是人类各种旅游活动与各种旅游资源通过一定的媒介或方式,在一定地域范围上的有机组合,是一个社会-地理系统。该看法强调了地域的概念,认为旅游地域系统既是多个要素的集合体,又是一个地域综合体。这个地域系统具有层次性,从要素来看可分为旅游的主体、客体、媒体三个子系统。再从地域来看,则有旅游区划系统。

系统理论不仅为旅游规划提供了认识论基础,即旅游是一个系统,遵循系统的原理,同时又为旅游规划提供了方法论基础,即用系统的观点来看待旅游,用系统的方法来研究旅游和规划旅游。系统理论对旅游规划的指导表现为以下几点:

(1) 规划的要素。规划的内容是什么?规划时需要考虑哪些因素?要回答这些问题,首先要清楚旅游的系统性,认清组成这个系统的诸多要素,了解要素之间的联系。旅游为一个系统,组成这个系统的诸多要素之间是相互联系、相互制约、相互影响的,规划时偏颇一些要素而忽视另外一些要素是不可取的,应整体考虑,综合规划,才能使旅游协调发展,朝着预定的方向发展。如前所述,旅游规划的目的在经济、环境和社会三个方面,追求最佳的三大效益。如果规划强调某一方面,也许这方面的效益是最佳的,但整体效益未必最佳。实际上这三个效益是相互联系的,处理得好便会步入良性循环,处理不好则有可能导致恶性循环,一损俱损。如果一味追求经济效益而忽视环境保护,当环境遭受破坏时将导致旅游资源的破坏和旅游地的衰落,经济效益也就不存在了;如果忽视了对社会的影响,使得犯罪现象滋生,则会使旅游地的声誉受损,经济效益也就不优了。有时个别部门、单位和个人为了自身的利益会不顾别人的利益和整体利益,这在规划中是需要考虑的。

旅游系统与系统外也是有联系的,如旅游对区域的经济影响有乘数效应,使区域的经济收入不仅是旅游收入,而是高于这个收入(黄羊山等,1994);对社会影响有示范效应;环境影响既有旅游对外部的污染,又有外部对旅游的污染等等。旅游系统需要外部的投资,这就是耗散结构理论中所说的输入负熵流。所有这些旅游系统与外部因素的相互联系也是规划中需要考虑的。

需要指出的是,不同层次旅游规划的内容对应于旅游系统的不同层次。例如,旅游地规划要考虑每一个资源的开发问题,县级旅游规划则考虑旅游地及主要景点的开发问题,省级旅游规划则仅需要对旅游地进行考虑。

(2) 规划的程序与编制。规划的内容很多,考虑的要素繁杂,所需的知识体系庞大,如何将所有内容和要素合理地组织起来,这需要系统的知识。旅游规划是一个分析和决策的过程,如何使该过程条理清晰,有条不紊,这同样需要系统理论。系统理论贯穿于旅游规划的全过程。系统理论不仅要求旅游规划全面、综合的考虑旅游的系统要素,而且要求规划的程序是一个系统程序,事实上,人们在规划时绝大多数是按照这个程序来进行的。

系统理论为旅游规划提供了具体的方法。系统的层次性将系统细分为许多子系统,子系统又被细分为更低组织水平的子系统,最后到组成系统的诸要素,系统分析就是这样一层一层地分析下去,最终落实到对组成要素及其影响因素的分析。系统综合则相反,首先是要素的综合,然后由低组织水平的子系统向高组织水平的子系统逐步综合,最后是整个系统的整体规划。可以说,系统分析是对各个子系统以及各个要素的特性分析;系统综合则是对各要素之间以及同一组织水平的子系统之间的联系进行研究。整体大于个体之和,综合就是研究个体之和以外的内容。系统分析和系统综合是旅游规划中基本的研究方法。

（3）旅游规划制订与实施的反馈作用。旅游规划遵守系统反馈原理。控制论认为,系统受上一步控制产生的效果(输出)作为决定对系统下一步如何控制(输出)的依据,这种行为或策略即为反馈。简而言之,就是系统输出变为输入的行为即是反馈。旅游系统是一个由相互联系、相互制约的各个部分组成的具有一定功能的整体,相互制约表明旅游系统是一个有控制行为的系统,如规划制订者对规划的控制、旅游现状对制定发展战略的控制、发展战略对规划设计的控制、规划对开发建设的控制等等。规划的过程可以看作是一个信息过程,上一步对下一步有控制行为。几乎一切控制都有反馈。

旅游规划的最初成果有可能对某些问题考虑不周,分析不力,在进行评审时会发现这些不足之处,提出修改意见和要求后将对规划进行修改甚至重新编制,这种行为便是反馈。旅游规划在实施时同样也会发现不少问题,要求对规划进行修改或重新编制;随着时间推移,旅游发展到一个新阶段,又有不少新现象、新问题出现,要求对原来的规划进行修改或重新编制等等,这些行为都是反馈。旅游规划中的反馈机制可以简单地由图4-9表示。需要指出的是,在规划编制过程中也有反馈。

图4-9 旅游规划中的反馈机制

在旅游规划研究中值得注意的是新理论、新方法的应用,例如利用系统动力学进行旅游仿真模拟和旅游的空间扩散分析,使用计算机旅游信息管理系统等,这些无疑会给旅游规划注入新鲜的血液。

# 第五章　旅游资源调查与评价

## 第一节　旅游资源

旅游资源是构成旅游产品的核心要素，旅游产品的诸多特征由旅游资源的特征所决定，因此在分析旅游产品之前需要对旅游资源有一个总的印象，也需要清晰地将两个概念区别开来。

### 一、对旅游资源的理解

旅游资源是指能够吸引人们前来旅游的所有自然要素和人文要素。旅游资源的最大特色就是具有吸引力，能够吸引人们，使人们向往，产生旅游欲望。但仅仅只有吸引力还不能完全使人们前来，必须把旅游资源开发成旅游产品才能实现人们的旅游需求。

旅游资源一般分为自然旅游资源和人文旅游资源。自然旅游资源，如名山、峡谷、岩洞、峰林、石林、火山、海滩、沙漠、戈壁、岛屿、湖泊、河流、泉水、瀑布、冰雪、森林、草原、古树名木、野生动物、自然生态景观等等，是在自然界不断发展演化过程中产生的，是自然历史的产物。人文旅游资源，如古遗址、历史纪念地、名人故里、帝王陵寝、古墓、宫殿、寺院、石窟、古建筑、古园林、现代城市风貌、现代建设成就、公园、游乐场所、民情风俗等等，是在人类社会发展变化过程中产生的，是社会历史的产物。需要指出的是，人文旅游资源不仅包括历史遗留下来的，也包括现代社会中所产生的能够吸引人的要素。

在认识旅游资源时，以下几个方面的问题必须认识清楚：

(1) 开发的与未开发的。有人认为只有没有开发的要素才能称为旅游资源，而开发出来的只能称为旅游产品，这是照搬对矿产资源等的认识。作为能够激发人们旅游动机的要素，无论开发与否，都应该称之为旅游资源，因为开发与否并不能改变旅游资源的状态、性质、结构和成分，没有产生实质性的变化。这一点与矿产资源开发与否大不相同。旅游资源并不能因开发而一跃成为旅游产品，只是组成产品的一部分,因为开发过程实际上是为人们实现对旅游资源的向往提供方便,例如一些便利设施的建设,若将旅游资源从旅游产品中抽出来,则这些便利设施便毫无用处。也有人认为只有经过开发的才能算是旅游资源,这实际上是把旅游资源同旅游产品混淆了。因此,无论开发与否,只要能激发人们的旅游动机,吸引人们前来旅游的要素都是旅游资源。

(2) 有形的和无形的。旅游资源有有形的,也有无形的。自然旅游资源和人文旅游资源中古遗址、古遗迹、古建筑、现代建设成就等属于有形的资源,人们可以看得到、摸得着,它们构成了旅游资源的绝大部分,也是绝大多数旅游者所乐于接受的。人文旅游资源中有关文化、技艺、文学、科技的因素属于无形的资源,人们看不到、摸不着、听不见,但是人们通过想象可以感受得到,例如历史记载、文学作品等能给人以充分的想象。这种想象一般需较高的文化修养和宽广的知识面以及丰富的想象力,非一般旅游者所能接受,因此这种无形的资源常常需转化成有形的资源才能更具吸引力,即无形的旅游资源有形化,这也是我国目前旅游开发的一个方向。

(3) 劳务性的和非劳务性的。旅游资源包不包括人的劳务活动?当然包括,但不是所有旅游从业人员的劳务活动都是旅游资源。前已述及,旅游资源中有一部分是无形的,旅游者看不到、摸不着、听不见,难以领略其真正的内涵,所以需要人的表演使它成为有形、有声、有色的内容展示给旅游者,其旅游价值才能完全体现出来,才能增加人们的愉悦感。人文旅游资源中如民族舞蹈、习俗、戏曲、歌曲、杂技、武术、体育、文学作品等等,都需要人的劳务活动即表演才能反映它们的真实内涵,并且这些资源会因表演者理解的不同而有不同的表现形式。目前流行在重大的节日或活动过程中,通过举办大型歌舞活动及各种表演来招揽游客就属于这一情况。因此,这一部分的劳务活动属于旅游资源范畴。其他旅游资源都是非劳务性的。

(4) 固有的和人造的。绝大多数旅游资源的产生和存在不是以旅游经济为目的,但在现代旅游中,以盈利为目的人造模拟景观越来越多,弥补了旅游资源的不足,充实了旅游的内容。人造模拟景观依靠的是资金和智力,或模仿,或创造,或二者兼而有之,投资很大。如果立意正确,则产出高;若立意不当或时机不合,则往往入不敷出,浪费资金、物力和人力。人造模拟景观是旅游开发的一大趋势,更多地融入了现代高科技,增强了观赏性和娱乐性。与此类似的另一趋势则是在建设工程、建筑物、产业发展的基础上充分考虑旅游的需求,如标志性建筑物注重观赏性、农业开发注重休闲与度假。

(5) 产业旅游的兴起。随着人们旅游次数的增多、眼界的开阔、知识的增加和兴趣的转移,他们已经不满足于过去那些传统的旅游方式,不满足于那些传统的旅游资源,而去寻找一些新奇的旅游方式和旅游地点。产业旅游就是这一背景下的一种选择。近年来,产业旅游在我国发展较快,像工业旅游、观光农业等等。这一现象已经越来越引起人们的注意,无论是旅游者还是产业经营者都纷纷把目光投向产业旅游,以期从中获得各自想要的利益。

所谓产业旅游,就是将产业的生产经营场所、生产过程、生产成果、管理经验作为旅游资源,吸引人们前来参观、访问、考察、学习和购买。产业旅游主要是针对第一和第二产业。产业旅游不是产业的主要目的,而是产业的一项附属产物,但是一些新型的、规模不是很大的企业,旅游收入是其一项重要的收入来源。

产业旅游的资源主要有以下几种:

①生产经营场所。这些场所或规模宏大、气势雄伟,如长江三峡截流的建筑工地、江苏江阴长江大桥的建设工地、大型汽车公司的厂房、露天采矿场等等;或景色优美、环境清新,如大寨的梯田景观、果园开花和结果之时、花园式的工厂;或建筑奇特、少有所见,如火箭发射基地、水力发电厂等等。

②生产过程。产品的生产过程往往并不被人们所了解,而了解生产过程是产业旅游的一项重要内容。这是因为人们对产品喜爱的同时也会对产品的生产过程发生兴趣;或者是对那些经常见到的、接触到的产品的生产过程发生兴趣;或者是对那些新兴、新奇的产品发生兴趣,渴望了解它们是如何生产出来的。人们可以参观,也可以参与生产过程。如人们喜欢汽车,就到汽车工业企业去参观;我们天天都要喝牛奶,就去牛奶厂参观;景德镇瓷器很有名,就去实地参观并亲手制作瓷器等等;还有和农民一起去劳动、和渔民一起去打鱼、和牧民一起去放牧、在林场栽树等等;一些现代高科技产品的生产过程更是吸引人。

③生产成果。人们可以直接到企业的生产场所参观,购买其生产成果,这些生产成果主要是企业生产出来的,但也可能是游客亲手制作的。例如,游客可以较低的价格从企业直接购买产品;付一定的费用就可以在果园里采摘水果并带走;在专业人员的指导下自己动手制造工艺美术品并带走等等。甚至美国造币厂也开始接待游客,且能带走一张刚刚印制出来的真正的钞票作为纪念(经过特殊处理而无法上市流通)。

④管理经验。一些经营管理比较好的企业往往成为人们关注的热点,尤其是受到同行的注意,他们纷纷来此参观、学习、取经。过去企业并没有认识到这也是一种旅游方式,有的拒绝接待,有的免费接待。现在许多企业认识到管理经验也是

一种资源,是一种财富,能够带来效益,于是一些企业或接待参观者、或为相关企业进行培训(可以向对方收费)。如近些年许多景区派人到乌镇学习,许多科技公司派人到杭州阿里巴巴参观和学习,等等。

凡是能够满足人们求知、探奇、学习、观光、购买欲望的企业和单位都可以开发产业旅游。一般来说,比较具有吸引力的企业和单位有下面几种:①生产高科技产品的企业。高科技是人类劳动智慧的结晶,是社会创新的源泉,领导着时代的潮流。科技在飞速发展,而人们对其的了解和接受又是缓慢的,因而人们渴望去这些企业参观访问,增长知识,开阔视野,了解科技发展的新动态。②生产名牌产品的企业。名牌产品质量可靠、经久耐用,也是人们喜欢的产品,"爱屋及乌",自然而然人们对其生产和管理产生兴趣,对该生产企业也就产生了参观访问的欲望。③生产传统产品的企业。传统产品同名牌产品一样,也是人们所喜欢的产品,如丝绸、陶瓷、文房四宝、传统手工艺品等等。④有大型生产和建设场所的企业。大型的生产和建设场所,场面宏大,激动人心,是人们向往的地方,也是向人们展示经济发展成就的场所。⑤生产环境优美的企业和单位。环境优美的企业和单位给人一种赏心悦目的感受,它们可与公园相媲美,或者说本身就是一个公园,而有一些农产品生产企业甚至可以说与风景区不相上下。这些企业和单位可以让人们参观、游览。⑥与生活相关的企业和单位。这一类企业和单位主要是生产生活用品和为人们生活提供服务的企业和单位,正因为它们与人们的生活密切相关,就需要同人们相互沟通和了解,并为人们提供购买其产品的便利与优惠。⑦稀有神秘的企业。这类企业主要是不为人所了解和过去保密的企业,如军工企业、技术保密的企业等。因为它的稀有神秘,更激起了人们的好奇心,增强了吸引力,在一定的原则下可以向游人开放。⑧经营管理先进的企业和单位。这类企业和单位能为人们提供学习的机会和场所。

最后需要说明的是,旅游资源的旅游价值就在于其吸引功能,旅游价值的大小就是吸引力的大小。但旅游资源同时还具有其他价值,如考古价值、艺术价值、历史价值、科学价值等。不能把旅游价值同这些价值混为一谈,有的旅游资源其他价值极高而旅游价值并不高;相反,有的其他价值不很高,旅游价值却很高。一般情况下,其他价值高,旅游价值亦高。

## 二、旅游资源的特点

(1) 空间分布的地域性。各类旅游资源总是分布在一定的地理环境或一定的区域之中。地理环境在空间分布上的差异性,必然导致旅游资源在空间分布上有差异,即具有明显的地域性特点。这种地域性集中体现在各个地区的旅游资源具有不同的特色(差异性、独特性),尤其是具有重要价值的旅游资源有不可替代的地位。旅游资源特色是产生吸引力的源泉,特色越明显,即独特性越强,便越具有吸引力。因此,一个地区或一个国家的旅游业是否成功,旅游资源的特色是一个很重要的因素。

旅游资源的地域性还表现在它的位置不可移动,如一座山、一条河、一幢古建筑等都不可移动,旅游者若要领略旅游资源,就必须亲自前往旅游资源所在地。因此为了旅游者的方便而兴建的各种便利设施也是围绕旅游资源的,即旅游产品也具有不可移动性。对于无形的旅游资源来说则可以移动,但移动后的旅游资源的旅游价值可能会有所降低,因为它离开了其产生和存在的地理环境。

(2) 时间上的季节性。旅游资源的季节性是由其所在地的纬度、地势和气候等因素所决定的。季节性有两个方面的表现。其一是自然旅游资源本身具有季节性变化,那么旅游也就选在最佳的观赏季节。如冰雪旅游只能选在冬季,漂流活动只能选在夏季,春季赏花,秋季赏红叶等等,皆因旅游对象的不同而具有季节性。其二是旅游资源所处的环境具有季节性,对旅游者的生理器官产生不同影响,从而导致人们选择生理适宜的季节外出旅游。如人文旅游资源本身没有季节性变化,主要是环境的季节性变化导致游客量的季节性变化。旅游资源这一特征使一些旅游目的地具有淡季和旺季之分。

(3) 内容上的包含性。自然旅游资源和人文旅游资源各自分为许多类的旅游资源,如山岳类、水景类、生物类、古建筑类、古遗址类等等,各类之下又细分成许多次一级的旅游资源。各类旅游资源在内容上并非是单纯的、独立的,而是相互包含的。如名山是山岳类,属自然旅游资源,但山上也会遗留有很多历史遗址、名人踪迹、古建筑等,属人文旅游资源,二者之间相互包含。包含性使各类旅游资源的内容相互渗透、互为补充、互相烘托,使旅游资源更具有吸引力。

(4) 使用上的共享性。旅游资源一般都是公共财富,既受人人保护,也让人人共享,即人人都有享用旅游资源的权利。旅游资源的这一特性可以吸引任何喜欢它的人前来旅游,任何旅行商都可以将其作为自己销售的旅游产品的一部分。当然,由于旅游资源的开发需要投资,它的成本并非为零,因此人们必须以付出一定的货币为代价来实现这种权利。

(5) 发展上的萌变性。由于人们的视野不断开阔和兴趣不断转移,对旅游资源的认识也在不断扩展,对其使用也在不断变化。过去不认为是旅游资源的,现在却成为人们感兴趣的对象;而现在的旅游资源,将来有可能被人们所抛弃。旅游资源的这种从无到有、从有到无的特征即为萌变性。这种特征与旅游者需求相关联,因此一些创意新颖、特色鲜明、不相雷同的旅游项目很受人的欢迎。

此外,旅游资源还具有一个重要的特性就是它的吸引性。但这仅是一种潜在的吸引,若要实现其现实的价值,还须将旅游资源开发成旅游产品,才能更好地满足人们的需求,才能实现对经济的影响。

## 第二节　旅游资源调查

### 一、旅游资源调查的形式

在确定旅游开发的战略时,首先要进行旅游资源的调查。旅游资源调查是对旅游资源进行考察、勘察、测量、分析、整理的一项综合性工作,它可以了解旅游资源的赋存状况,摸清旅游资源的家底,掌握旅游资源的利用状况和一些相关的数据,寻找出开发利用潜力;可以供旅游主管部门和规划部门制订旅游规划和进行旅游宣传使用;可以建立旅游资源的档案资料,进行旅游资源的管理;可以促进旅游资源的保护;可以供旅游资源研究使用。

旅游资源调查分为概查和普查两种形式。

(1) 概查是由于时间、资金、人力、物力等的限制,在现有了解旅游资源的情况下,对旅游资源进行概略的调查。因为人们对旅游资源的认识是逐渐形成的,已经积累了很多的资料,所以概查可以基本了解旅游资源的赋存以及开发利用的情况,基本能够满足旅游规划时的要求。但概查可能会遗漏一些有价值的旅游资源,失去一些旅游开发的机会,在可能的情况下还是进行旅游资源普查为好。

(2) 普查是基于一定的目的,在一定的空间范围内对旅游资源进行全面的、详细的调查,又称详查。它可以是针对一个大的空间范围(如整个国家、一个省份),也可以是针对一个比较小的空间范围(如一个风景区、一个景区);可以是针对某一类型旅游资源(如文物古迹、古树名木),也可以是针对所有类型的旅游资源;不仅要调查目前广泛被承认的旅游资源,还要调查潜在的旅游资源。潜在的旅游资源是目前还没有被人们所认识,随着旅游的发展将会对人们具有吸引力的自然或人文资源,这需要旅游资源普查人员具有独到的眼力和丰富的经验。旅游资源普查的内容包括旅游资源的特征、性质、分布(位置)、数量、质量、开发利用程度、保护现状、开发条件等等。旅游资源普查需要大量的人力、物力、财力和时间的支持,是一个耗时长、耗资大、科技水平高的工作。

对于不同层次的旅游规划,其旅游资源调查详细程度是不同的。对于区域旅游规划,进行旅游资源概查基本上可以满足需要,必要时可以对个别旅游地的旅游资源进行详细调查;而对于旅游地规划和场地规划,则需要进行旅游资源的详查。

## 二、旅游资源调查的步骤和方法

旅游资源调查一般有三个阶段。

1. 准备阶段

准备阶段主要做以下工作:

(1) 制订旅游资源调查的工作计划和工作方案,涉及调查范围、调查对象、调查方式、调查任务完成的时间、投入的人力和财力多少、调查的精度要求、成果的表达方式等内容。

(2) 成立调查小组。如果旅游资源调查是旅游主管部门牵头,则调查小组可以由主管部门来组织;如果旅游资源调查是主管部门委托其他机构进行,则调查小组由旅游主管部门和被委托机构共同来组织。由于旅游资源涉及的管理部门很多,联系的学科也很多,因此调查小组不仅要具有一定的知识结构、考察能力,还要具有一定的协调能力。调查小组水平的高低直接影响着旅游资源调查结果,好的调查人员能够识别出旅游资源的价值,能够判断出旅游资源开发利用方向;而差的调查人员则无法判定旅游资源的价值,其调查结果没有多少用处。

(3) 拟订旅游资源分类体系和设计旅游资源调查表。旅游资源分类体系根据被调查区域的特征来制订,但为了与其他地区或全国进行对比,最好采用普遍使用的旅游资源分类方案,也可以在这种普遍方案的基础上进行修改,然后将拟订好的旅游资源分类体系和要调查的内容制成表格,便于实际应用。

(4) 第二手资料的准备。主要是对第二手资料进行搜集,以及得到调查时需要用的地理底图。第二手资料是旅游规划者间接获取的资料,是把别人的资料拿来利用,可以节省大量的人力、物力和财力,可以获得规划目的地区的大致情况,让规划者有一个大致的整体印象。第二手资料广泛存在于各种书籍、报刊、宣传材料上,有的还存在于已经进行过部分和局部调查的部门和有关人员手里。已经得到的旅游资源需要填入设计好的调查表中。地理底图是旅游资源调查中进行定位和编制旅游资源图的基础，一般选用地形图。根据被调查对象的范围大小选择比例尺，范围大的可以选小一点的比例尺，范围小的可以选大一点的比例尺。外出调查前将地图折成合适的大小，以便于携带。

（5）仪器设备的准备。一般在旅游资源考察过程中所需要的仪器和设备有用于测量和指示方向的罗盘、用于简单测量长度的皮卷尺、用于资料摄录的照相机和摄像机、用于定位的GPS定位仪、用于记录的铅笔和笔记本、用于在地图上作记号的水彩笔等等。

（6）调查人员的培训。如果调查人员比较多，且分散行动，则需要对他们进行必要的培训。培训主要是让调查人员在旅游资源的认识、调查方法、调查结果、填表、填图、测量、记录等等方面取得认识上的一致、行动上的同步，以使工作便于衔接。

2. 资料和数据采集阶段

资料和数据采集阶段包括填写旅游资源调查表、初步绘制旅游资源图、详细记录各项资料和数据。这一阶段是在收集第二手资料的基础上进行的，是调查人员通过各种调查方法得到关于旅游资源比较详细资料的过程，更多地获取了大量的第一手资料。这一过程往往需要调查人员进行实地考察和勘察，一方面可以得到具体详细的资料，另一方面作为旅游者的身份对旅游资源也有了一个初步的评价和感性的认识。在这一阶段，有下列四种较为重要的调查方法。

（1）第二手资料的整理。这些资料集中了调查前目的地区人们对旅游资源的掌握和了解情况，是许多人在若干年里对旅游资源认识的积累，也是一笔巨大的财富。在整理过程中要把相关旅游资源挑选出来，并把各个资料里对其特征、开发利用情况等的文字描述以及图片归在一起。随着时间的推移和记载人员的不同，这些旅游资源的情况有真有假、有粗有精，需要在第一手资料的调查过程中对其去粗取精，去伪存真，并充实旅游资源的内容。

（2）野外实地勘察。野外实地勘察是一种最基本的调查方法，调查人员直接接触到旅游资源，可以获得宝贵的第一手资料和感性认识，调查的结果也翔实可靠。实地勘察包括观察、踏勘、测量、登记、填绘、摄像等工作，要做到勤于观察、及时记录、及时填图、现场摄录。这项工作非常辛苦，非常费时、费钱、费力，需要调查者有体力、耐力和毅力，但也很有乐趣，可以挑战自我、挑战自然、发现新资源，有一种挑战之美、发现之美，所谓"苦中有乐"。

（3）访问座谈。访问座谈是旅游资源调查的一种辅助方法，它有利于扩大旅游资源的信息、发动群众的感性认识，可以弥补调查人员时间短、人手少、资金不足、对当地情况不明等缺陷,为实地勘察提供线索和重点信息,提高勘察的效率和质量。访问座谈包括走访与开座谈会两种方式,对象应具有代表性,如行政人员、老年人、青年及学生、学校文史教师以及从事历史、地理研究的人员等等。

(4) 发放调查表格。发放调查表格也是一种重要的方法,可通过行政等渠道分发表格请有关单位和部门填写。因为相关单位和部门可能已经对旅游资源进行过某些方面的详细调查,拥有许多详细的资料,可以直接利用,从而节省大量的人力、时间和财力。

3. 文件编辑阶段

(1) 完成旅游资源分布图的编制,将初步填绘好的旅游资源分布草图经编辑、转绘,最后形成旅游资源现状分布图。编辑时要选择合适的比例尺和拟定形象直观的图例。

(2) 编写旅游资源调查报告,建立旅游资源档案。报告中应该包括旅游资源调查的范围、对象、时间、组织、方法;旅游资源的分布、类型、数量、特征、开发利用情况、保护情况、开发利用条件和简单的评价;对旅游资源开发利用的有关建议等内容。

## 三、旅游资源的分类

为了使旅游资源便于归档、查找、管理和对比,需要将旅游资源分门别类。对旅游资源进行科学的分类,也是认识旅游资源、开发利用旅游资源的客观需要。旅游资源的分类是根据其存在的同质性和异质性,按照一定的目的、一定的需要,将其进行合并归类的一个科学区分过程。旅游资源有很多种分类方案,如分为自然旅游资源和人文旅游资源;分为可再生旅游资源和不可再生旅游资源;分为有形旅游资源和无形旅游资源;分为动态旅游资源和静态旅游资源;分为未开发的旅游资源和已开发的旅游资源;分为原生性旅游资源和萌生性旅游资源;分为观赏性旅游资源、运动性旅游资源、购物性旅游资源以及特殊旅游资源等等。采用哪一种旅游资源分类方案其实并不重要,重要的是分类方案中应该能够反映旅游资源的特征,能够包含所有在实际调查过程中将会遇到的旅游资源类型,否则将会有一部分旅游资源无法落实到旅游资源分类调查表上,造成不必要的遗漏和麻烦。需要注意的是,随着人们旅游兴趣的转移和扩大,对旅游资源的认识也在不断变化,可能会有一些新的旅游资源类型出现。

表5-1是原国家旅游局拟订的旅游资源分类方案,根据需要可进行充实和调整。

**表 5-1　旅游资源分类表**

| 主类 | 亚类 | 基本类型 |
|---|---|---|
| A 地文景观 | 地质过程形迹 | 断层、褶曲、节理、地层剖面、生物化石 |
| | 造型山体与石体 | 凸峰、峰林、独立山石、造型山、象形石、奇特石、岩壁陡崖 |
| | 自然灾变遗存 | 滑坡体、泥石流、地震遗迹、山崩堆积、冰川活动遗迹 |
| | 沙石地 | 沙丘地、沙地、戈壁、沙滩、砾石滩 |
| | 岛礁 | 岛屿、礁 |
| | 洞穴 | 地下石洞、堆石洞、穿洞与天生桥、落水洞与竖井、人工洞穴 |
| B 水域风光 | 河段 | 峡谷、宽谷、河曲 |
| | 湖泊与池沼 | 湖泊、沼泽与湿地、潭池 |
| | 瀑布 | 瀑布、跌水 |
| | 泉 | 单泉、泉群 |
| | 冰雪地 | 冰川、冰盖与冰原、积雪地 |
| C 生物景观 | 树木 | 树(森)林、独树、丛树(林) |
| | 花卉地 | 花卉群落 |
| | 草原与草地 | 草甸、草原与草地 |
| | 动物栖息地 | 水生动物栖息地、哺乳动物栖息地、鸟类栖息地、爬行动物栖息地、蝶类栖息地 |
| D 自然要素 | 天象与气象 | 彩虹、极光、佛光、霞光 |
| | 天气与气候 | 云海、雾区、雾凇、雨凇、海市蜃楼、极端气候显示地 |
| | 水文现象 | 海潮、波浪 |
| | 自然现象与自然事件 | 动物活动事件、植物物候景观、特殊自然现象、垂直自然带 |
| E 遗址遗物 | 史前人类活动遗址 | 文化层、文物散落地、事件发生地、惨案发生地 |
| | 居住地遗址 | 原始村落或活动地、洞居遗址、地穴遗址、古崖居 |
| | 生产地遗址 | 矿址、窑址、冶炼场址、工艺作坊址 |
| | 军事遗址 | 长城、城堡、烽燧、战场遗址、地道遗址 |
| | 商贸遗址 | 海关遗址、古会馆、古商号 |
| | 科学教育文化遗址 | 古书院学堂、科教实验场所遗址、园林遗址 |
| | 交通通信遗址 | 古驿(邮)道、废驿(邮)站、古栈道 |
| | 水工遗址 | 废港口、古运河、古水渠、古井、古灌区、废堤坝、废提水工程 |

续表 5-1

| 主类 | 亚类 | 基本类型 |
|---|---|---|
| F 建筑与设施 | 军事设防构筑物 | 军事指挥所、地道、地穴、军事试验地 |
| | 宗教与礼制活动场所 | 寺院、宗祠、坛、祭祀地 |
| | 艺术与附属景观建筑 | 塔、塔形建筑物、殿厅堂、楼阁、石窟、摩崖字画、雕塑、牌坊、戏台、碑(林)碣、阙、廊、亭、榭、表、舫、影壁、经幢、广场、喷泉、观景地、地方标志建筑 |
| | 归葬地 | 陵寝、陵园、墓、悬棺 |
| | 交通设施 | 桥、车站、航空港、港口 |
| | 水工设施 | 水利枢纽、运河、堤坝、渠道、灌区、提水设施 |
| | 传统乡土建筑 | 特色聚落、民居、传统街区 |
| | 科学教育文化艺术场所 | 研究所、实验基地、学校、幼儿园、图书馆、展览馆、博物馆、文化馆、书画院、科技馆、纪念地 |
| | 厂矿 | 厂矿、作坊、农场、渔场、林场、果园、牧场、茶园、花卉园、苗圃、饲养场 |
| | 社会福利设施 | 养老院、福利院 |
| | 游憩场所 | 主题公园、动物园、植物园、歌舞场所、影剧院、游乐园、狩猎场、漂流活动、俱乐部、度假村、疗养院、洗浴按摩场所 |
| | 体育健身运动场所 | 体育中心、球场(馆)、棋牌馆、游泳场(馆)、田径场(馆)、健身房(馆)、雪场、冰场(馆)、垂钓场(馆)、水上运动场、动物竞技场、极限与探险运动场 |
| | 购物场所 | 店铺、市场、商品街 |
| G 旅游商品 | 地方旅游商品 | 名优百货、菜系肴馔、名点饮品、海味山珍、干鲜果品、名烟名茶、药材补品、雕塑制品、陶瓷漆器、纺织刺绣、文房四宝、美术作品、纪念制品 |
| H 人文活动 | 人事纪录 | 人物、事件 |
| | 文艺团体 | 剧团、歌舞团、曲艺杂技团 |
| | 民间习俗 | 礼仪、民间演艺、特色饮食风俗、民族节日、宗教活动与庙会、民间赛事、民间集会 |
| | 现代活动 | 旅游节、文化节庆活动、商贸节庆活动、体育赛事活动 |

## 四、旅游资源调查表

旅游资源调查表是调查时用来进行记录的表格。一项规范的旅游资源调查应该把旅游资源的基本情况填写在调查表里,并作为材料存档。一份典型的旅游资源调查表应该包括旅游资源名称、分布地点和所属单位、所属的基本类型、调查方法、所用仪器设备、调查人、调查时间、资源的特征描述、开发现状、开发条件、开发前景、开发存在的困难和问题等等内容。表5-2是一份典型的旅游资源调查表。

表5-2  旅游资源调查表

序号:

| 旅游资源名称 | | | | | | |
|---|---|---|---|---|---|---|
| 所属类型 | 编码 | | 大类 | | 编码 | 基本类型 |
| 所属单位 | | | | | 邮政编码: | |
| 分布地点 | 经纬度: | | | | 海拔高度: | |
| | 相对位置 | | | | | |
| 调查手段 | 调查方法 | | | 仪器设备 | | |
| 照片说明 | (典型照片) | | | | | |
| 拍摄时间: | | | | | | |
| 拍摄人: | | | | | | |
| 特征描述: | | | | | | |
| 开发保护现状: | | | | | | |
| 开发条件: | | | | | | |
| 开发前景: | | | | | | |
| 存在问题及困难: | | | | | | |
| 周边环境概况: | | | | | | |
| 资料来源(目录): | | | | | | |
| 调查小组名称及主要成员: | | | | | | |
| 填表人:         校核人:            填表时间:  年  月  日 | | | | | | |

## 第三节 旅游资源评价

通过调查所得到的旅游资源,必须经过开发才能成为旅游吸引物,才能接待旅游者,而旅游资源的开发是建立在旅游资源评价的基础上。旅游资源评价就是探讨旅游资源旅游价值的高低(不能与其他价值如历史价值、考古价值等混为一谈),确定其开发、保护的重点和级别,评价旅游资源要不要开发、怎样开发、开发顺序、开发规模、开发重点、开发给什么人等等问题。这些问题关系到旅游资源开发的成败,关系到旅游吸引物吸引力的大小,并最终影响到经济、环境和社会效益。旅游资源评价是制订旅游规划的前提。

对于一个国家、一个地区甚至一个风景区来说,会有许多旅游资源,这些旅游资源有的好,有的次之,有的不那么好。为了实行旅游资源的有效配置和计划开发,就必须对资源进行评价,决定什么资源优先开发,什么资源组合开发,什么资源需要保护起来暂不开发。

### 一、旅游资源评价的对象

旅游资源评价是对一定空间范围内旅游资源进行评价,按照评价对象的空间范围大小和层次,有区域旅游资源评价、旅游地(点)旅游资源评价和位址旅游资源评价。区域旅游资源评价是以更小的区域和旅游地(点)为评价对象,即对旅游资源进行整体评价,也即评价各个区域和旅游地(点)的价值大小并进行排序,确定开发的重点和开发顺序。旅游地(点)可能包含有许多旅游资源,它们分别属于旅游资源分类表中的不同类型,例如泰山就包含有许多自然和人文类的旅游资源,因此其旅游资源评价是以景区、景点甚至景物为对象,评价它们的价值大小,确定开发利用和保护的重点,其评价的重点是在单个旅游资源上,继而上升到对景区、景点的评价,即整体和单体评价相结合。位址旅游资源评价是对每一个旅游资源进行评价,即单体评价。因此,对于区域旅游规划来说,采取旅游资源的整体评价;对于旅游地规划来说,采取旅游资源的整体和单体评价相结合;对于位址规划来说,采取单体旅游资源评价。只有这样才对旅游规划具有指导意义,否则就没有指导意义,在区域旅游规划中对单体旅游资源进行评价对规划没有太多的指导意义,这是许多规划者所忽视的。

从旅游资源评价的目的来看,有旅游资源特征评价、旅游资源开发评价和旅游资源吸引力评价。旅游资源特征评价是就旅游资源本身的特征进行评价,而不考虑外界条件,这有利于评价旅游资源本质特征,对于那些价值高而暂时难以开发的旅游资源比较有利,主要用于旅游资源的保护上;旅游资源开发评价不仅考虑了旅游资源的本质特征,还考虑了其开发的外界条件(如交通、市场、资金等),偏向于旅游潜力评价,常常与旅游资源特征评价结合在一起;旅游资源吸引力评价是对旅游资源进行综合评价,它一般是以旅游地为评价对象,综合考虑了旅游资源的本质特征、设施的完备性、所在区域的形象(如自然条件、居民态度、社会状况等)与可进入性(交通、市场、价格等,决定了进入方便与否)等因素,偏向于就目前的现状进行评估,也常与旅游资源特征评价结合在一起。就旅游资源特征评价来说,其结果可能较高,但开发条件较差,开发评价的结果不一定高,其吸引力评价结果也不高。已经开发好的旅游地,可进入性强,设施完备,吸引力评价结果较高,但再开发的潜力已很小,开发评价的结果就差些。很多情况下,常把开发评价和吸引力评价混为一谈。进行旅游规划需要的是旅游资源特征评价和开发评价,为了避免评价过程过于繁琐,可以将这两个评价结合在一起。

## 二、旅游资源评价的方法

旅游资源评价分定性评价和定量评价。定性评价是选取一些定性指标,抽象地用好坏、强弱、优差等评价用语来判定价值大小,需要评价者有丰富的经历和经验进行客观地评判。由于旅游资源的价值在许多方面很难用具体数字来表达,如美不美、古不古、奇不奇,但可用诸如非常美、很美、美、比较美、一般等定性用语,所以定性评价是一个很切合实际的方法。但是这样的评价结果比较抽象,难以反映资源价值之间的局部差别,难以在不同类型的旅游资源之间进行比较。定量评价是选取一些定量指标,比较精确地用数量的大小来判定旅游资源价值的大小。定量的数据来源于两个方面,其一是资源本身具有一些数量指标,如气候数据、海滩环境和质量数据等;其二是将定性指标定量化,赋予一定的分值,如非常美赋予 9 分,很美赋予 7 分,美赋予 5 分,比较美赋予 3 分,一般美赋予 1 分等,该定量数据要能体现定性指标的差别。由于旅游资源的差别很大,各类旅游资源很难用统一指标进行对比,所以在实际应用时往往采用定性和定量相结合的方法。

在定性和定量相结合的方法基础上,还会用到一些其他的方法。一是体验性评价法,即根据评估者(旅游专家、旅游者)的旅游经历,亲身体验对某一(系列)旅游资源的感受,然后就这些感受进行评估。定性评价一般就是用体验性评价来获得结果,一些定量数据也是用这种方法获得分值。因此在旅游资源评价之前一定要求评估者进行实地考察,或者有这种经历,以获得感性的体验。二是对比法,即根据替代性原理对比周围及其他地区相同或相类似的旅游资源价值,客观准确地评判被评价资源的价值,不能对旅游资源价值盲目夸大或缩小。三是多因素综合评价法,即评价时根据评价目的选择评价因素和因子,然后就这些因素和因子逐项进行评价,得出数量结果,经汇总后就得到总的评价结果。

1. 定性评价

定性评价需要选取几个评价标准,然后逐项评价。如黄辉实(1990)从两方面来评价:一是从资源本身来评价,选取美、特、奇、名、古、用等六个指标;二是从资源所处的环境来评价,选取气候、土地、污染、资源联系、可进入性、基础设施、社会经济环境等七个指标。卢云亭(1988)提出一套旅游资源评估体系,概括为三大价值(旅游资源的历史文化价值、艺术观赏价值、科学考察价值)、三大效益(经济效益、社会效益、环境效益)、六大条件(地理位置及交通条件、景观地域组合条件、旅游容量条件、市场客源条件、投资条件、施工条件)。

2. 定量评价

(1) 指数评价法

旅游资源的指数评价法分为三个步骤:①调查旅游资源的开发利用现状、吸引力及外部区域环境,要求调查内容有准确的统计定量资料;②通过实地询问旅游者,调查分析其旅游要求,主要内容有游客需求量、旅游者人口构成、逗留时间、旅游花费、需求结构、需求的季节性等;③总评价的拟定,即在前两步的基础上建立旅游资源特质、旅游需求与旅游资源之间的若干量化模型。旅游资源的评价指数为

$$E = \sum_{i=1}^{n} F_i M_i V_i$$

式中,$F_i$——第 $i$ 项旅游资源在全部资源中的权重;

$M_i$——第 $i$ 项旅游资源的特质与规模;

$V_i$——第 $i$ 项旅游资源的需求指数;

$n$——资源总项数。

最后,可以根据调查结果和评价指数确定旅游资源的旅游容量、密度、节律性和开发序位。

## (2) 多因素综合评价法

多因素综合评价法是通过对旅游资源的各种特征进行综合考虑,揭示旅游资源的差异性。它的基本思路是依据旅游资源评价的目标和原则,以一定空间范围的旅游资源作为评价单元,选择对旅游资源差异性产生作用的因素和因子作为鉴定指标,并赋予相应的参数,然后用适宜的模型将其归并,即划分旅游资源的级别。多因素综合评定法采用累加公式,即加权分值和公式。

假定旅游资源评价中选取 $m$ 个因素,每个因素中又包含 $n$ 个因子,旅游资源评价的某个因素的评价值等于各个因子的分值累加之和。假设

$W_{ij}$——第 $i$ 个因素中第 $j$ 个因子的权重;

$F_{ij}$——第 $i$ 个因素中第 $j$ 个因子的分值;

$P_i$——第 $i$ 个因素的评分值;

$W_i$——第 $i$ 个因素的权重。

若设 $P$ 为旅游资源的总评分值,则该旅游资源的总分值可由各因素的分值累加之和求得,即

$$P_i = \sum_{j=1}^{n} W_{ij} F_{ij}$$

$$P = \sum_{i=1}^{m} W_i P_i$$

根据上式可以算出各个评价单元的总分值,按分值的大小可以划分旅游资源的级别。下面我们通过一个例子来具体讲述这种方法。

**学生考核成绩的计算**

多因素综合评价法在我们的生活和工作中经常会用到,比如计算学生的考核成绩就采取这样的方法。一般我们设置学生的平时考核成绩占总分的30%,学生的期末考试成绩占总分的70%,如果张三平时成绩为80分,期末成绩为90分,则张三的总成绩为80×30%+90×70%=87(分),最后将87分记入张三的成绩册里。这里,评价对象是张三,评价因素只有两个(平时成绩和期末成绩),30%和70%分别是两个评价因素的权重(总和是1),80和90是两个评价因素的各自得分,87是最终评价结果(各因素权重乘以得分之和)。用这个方法可以对所有学生的最终成绩作出评价。对所有的人来说,评价因素是相同的,各评价因素的权重也是相同的,只是每人的各评价因素的相应得分不相同,因此各人的总分也就不相同,最后可以根据总分划分成绩的等级(见表5-3)。用多因素综合评价法对旅游资源进行评价,原理与此雷同。

表 5-3 学生考核成绩的评定

| 评价对象 | 评价因素 | 权重(%) | 得分 | 总分 | 等级 |
|---|---|---|---|---|---|
| 张三 | 平时成绩 | 30 | 80 | 87 | 良好 |
| | 期末成绩 | 70 | 90 | | |
| 李四 | 平时成绩 | 30 | 60 | 53 | 不及格 |
| | 期末成绩 | 70 | 50 | | |
| 王五 | 平时成绩 | 30 | 90 | 94.2 | 优秀 |
| | 期末成绩 | 70 | 96 | | |
| 赵六 | 平时成绩 | 30 | 75 | 64.5 | 及格 |
| | 期末成绩 | 70 | 60 | | |

(≥90分,优秀;≥80分,良好;≥70分,中等;≥60分,及格;<60分,不及格)

## 三、多因素综合定量评价法

### 1. 旅游资源的评价程序

旅游资源评价是一项技术性比较强的工作,且工作过程严谨,必须遵循一定的程序。整个工作程序大致分为四个阶段(见图5-1):

第一阶段:评价准备、工作方案制订和资料收集阶段。这一阶段主要是掌握旅游资源的总体情况,制订工作方案,选择评价指标体系,设计各类表格,商请有关部门提供评价所需要的资料,确定评价因素和因子的权重,组织人员进行旅游资源调查(这一过程可与旅游资源的调查结合起来)。

第二阶段:旅游资源的级别划分及确定阶段。这一阶段主要是整理资料,计算各个评价因素的分值和旅游资源的总分值,划分旅游资源的级别,聘请专家论证评价结果,对评价结果提出修改意见,工作组对评价结果进行修改检查。本阶段将各种资料、各种信息综合加工形成评价成果,是旅游资源评价的关键阶段。

第三阶段:报告编写与成果验收阶段。这一阶段是将前面的工作过程转化为文字资料,编写出技术报告,提请主管部门进行成果验收。

第四阶段:成果应用和更新阶段。从旅游规划的角度来看,旅游资源的评价结果主要是为了旅游资源的保护、开发和利用,作为开发利用的依据,并在一定时期后对评价结果进行更新。

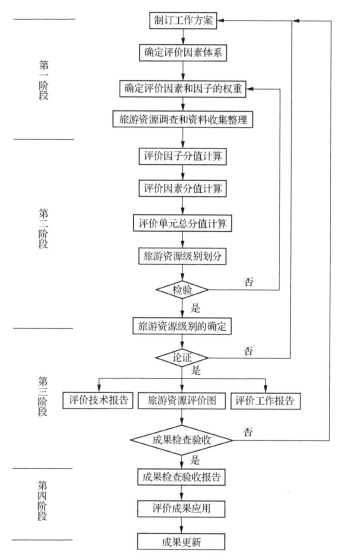

图 5-1 旅游资源评价工作程序图

## 2. 评价因素指标体系

多因素综合评价需要选取合适的评价因素和因子。由于影响旅游资源价值的因素和因子很多,其中有些因素和因子是有用的,有些因素和因子则是无用的,为了简化评价工作,必须对这些因素和因子进行选择。选择的原则如下:①影响大的、对旅游资源的级别有重要作用的因素和因子;②覆盖面广,适用于各个旅游地旅游资源评价的因素和因子;③指标值有较大的变化范围,能够体现各个旅游地旅游资源差别的因素和因子。

关于旅游资源的评价因素指标体系目前还没有一个统一的意见,对于发达程度不同的国家或地区、对于不同类型的旅游资源,都会有不同的评价因素和因子。一般来说,旅游资源的评价因素可以归为三个方面:①旅游资源本身特征;②旅游资源所在地区的特征和条件;③区位特征(即可进入的方便程度)。

表5-4是几种旅游资源评价因素的指标体系,各个指标体系之间具有较大的差别,而且这些指标体系都不能作为普遍适用的指标体系。

表5-4 几种旅游资源评价因素的指标体系

| 大类 | T. Var. 模型 | 台湾模型 | 楚义芳模型 | 傅文伟模型 |
|---|---|---|---|---|
| 旅游资源 | 自然美<br>气候<br>建筑与艺术<br>节日<br>地方特征<br>展览<br>对旅游者态度<br>历史纪念物<br>宗教<br>历史声望 | 地形与地质<br>水体<br>气象<br>动物<br>植物<br>古迹文化<br>容纳量 | 地形与地质<br>水体<br>气候<br>动物<br>植物<br>文化古迹<br>民情风俗<br>景点集中度<br>景区容量 | 美学观赏价值<br>康娱价值<br>科学文化价值<br>资源要素种类<br>资源规模度<br>资源特殊度<br>资源组合条件<br>资源集聚度<br>空气容量<br>气候条件<br>植被条件<br>环境稳定性<br>灾害性自然及天气情况<br>危害性动植物情况<br>卫生健康标准 |
| 区域特征 | 运动设施<br>教育设施<br>健康休息设施<br>夜间娱乐<br>购物设施<br>基础设施<br>食宿设施 | 生态系<br>土地利用<br>主要结构物<br>公共设施<br>游憩相关设施<br>气候<br>人为因素 | 自然生态<br>用地条件<br>城镇分布<br>基础设施<br>旅游设施 | 区域开发总体水平<br>开放意识与社会承载力<br>城镇依托及劳动力条件<br>交通等基础设施条件<br>物产和物质供应条件<br>资金条件<br>建设用地条件 |
| 区位特征 | — | | | 可及性<br>与其他旅游地关系 | 客源地区区位条件<br>区域人口出游水平<br>与相邻旅游地关系 |

日本学者铃木忠义(1969)就评价日本风景旅游资源的方法进行研究时,选取了眺望点的有无、旅游资源的种类、山之资源、水之资源、海之资源、温泉、历史

之资源、文化与民俗之资源、每日之资源变化、四季之资源变化、气象之变化、资源之连续性、资源之密度、固有性、路标、景观的一致性、自然之等级、人文之等级、客层之分布、眺望性、地方色彩、资源内涵、停留时间、徒步观览、宁静、优美程度、诗情感、感激性、有故乡感、神秘性、辽阔度、朴素性、古老风格、雄伟感、规模大小、意外性共36个评价因子。原北京旅游学院相关学者也提出了一套旅游资源评价体系：① 吸引力评价，包括观赏价值、文化价值、科学价值、旅游项目相对于游览内容的丰富程度、环境评价、季节差异、特殊价值、容量；② 开发条件评价，包括地区经济条件、可进入性、依托城市情况、通信条件、地方积极性、已有服务设施情况；③ 效益评价，包括目前年均接待游人量、开放所需的投资量、投资来源、客源预测、社会效益。

### 3. 因素权重的确定

评价因素的权重是该因素对旅游资源价值影响程度的体现。影响旅游资源价值的因素很多，但对旅游资源的价值影响程度不一样，只有通过因素权重的科学确定才能正确地揭示旅游资源价值的差异。因素权重一般应满足下列要求：①权重值的大小与因素对旅游资源的影响成正比，权重值越大，因素对旅游资源价值的影响也越大；②各因素权重值在0~100或0~1之间，各因素权重值之和应等于100或1。

因素权重确定一般有两种方法——特尔菲测定法与层次分析法。

**特尔菲测定法**是一种常用的技术测定方法，它能客观地综合多数专家经验和主观判断，对大量非技术性的无法定量分析的因素作出概率估算，并将概率估算结果告诉专家，充分发挥信息反馈和信息控制的作用，使分散的评估意见逐渐收敛，最后集中在协调一致的评估结果上。影响旅游资源价值的因素分自然、人文、社会、经济、环境等各个方面，有定性的，也有定量的，必须把定性定量因素统一量化，纳入同一评价体系。特尔菲测定法可以满足这种要求，用此法确定因素的权重，行之有效，简单实用。

用特尔菲测定法确定权重按以下步骤进行：

第一步：挑选专家。特尔菲测定法中挑选出合适的专家是非常重要的，其主要要求如下：

（1）专家总体的权威性程度要高，保证测定的结果合理，同时也便于成果的推广和应用；

（2）专家的代表性应广泛，通常专家应对旅游资源有一定程度的熟悉，尤其旅

游资源涉及很多的学科和部门,被邀请的专家应是相关学科和部门的学者与人员;

(3) 专家应有充足的时间保证,有热情,能够积极配合;

(4) 专家的人数要适当(以 20~25 人为宜),人数超过一定的范围对结果准确度的提高并不一定有益,反而增大了数据收集和处理的工作量,延长评定周期。

第二步:评估意见征询表的设计。特尔菲测定法的征询表格没有统一的规定,但要求表格的每一栏目紧扣测定因素,力求达到测定因素和专家所关心的问题一致;表格简明扼要,填写方式简单。

第三步:专家征询和轮询的信息反馈。特尔菲测定法因素征询、因素评估、轮询信息反馈到再征询一般要达 3~4 轮。

第四步:权重测定结果的数据处理。每轮征询之后,需进行数据处理。在旅游资源评价因素的权重测定中,只要求出各因素所有专家打分的均值和方差,用均值代表最可能的权重值,用方差表示不同意见的分散程度,根据均值和方差就可以了解总体意见的趋向和分散程度,以便将结果反馈给专家。专家们可以根据前一轮所得出的均值和方差修改自己的意见,从而使均值逐渐接近最后的评价结果,而方差则越来越小。一般在收到专家填写的征询表后,要检查填写的表格是否符合要求,然后才能进行数据处理。计算均值和方差的方法如下:

$$E = \sum_{i=1}^{m} a_i/m$$

$$\delta^2 = \sum_{i=1}^{m} (a_i - E)^2/(m-1)$$

式中,$E$—均值;$\delta$—方差;$m$—专家总人数;$a_i$—第 $i$ 位专家的评分值。

实际操作时一定要让专家了解特尔菲测定法的特点和实质、轮询和反馈的作用以及均值和方差等统计量的意义,从而提高测定的精确度。

特尔菲测定法简单易行,对许多非技术性问题反应敏感,能对多个相关因素的影响作出判断,因而是一种值得推广的权重值测定方法。

**层次分析法**简称 AHP 法,亦称多层次权重分析决策方法。这种方法把定性和定量结合起来,具有高度的逻辑性、系统性、简洁性和实用性,是针对大系统、多层次、多目标规划决策问题的有效决策方法。

层次分析法的基本原理就是把所要研究的复杂问题看作是一个大系统,通过对系统的多个因素的分析,划分出各因素间相互联系的有序层次,上一层次的元素对相邻的下一层次全部或部分元素起支配作用,从而形成一个自上而下的逐层支配关系;然后请专家对每一层次的元素进行较客观的判断,相应地给出相对重要性的定量表示;进而建立数学模型,计算出每一层次全部或部分元素的相对重要性权重值并加以排序;最后根据排序结果进行规划决策和选择解决问题的措施。

(1) 数学模型

假设对某一规划决策目标 $u$,其影响元素为 $P_i(i=1,2,3,\cdots,n)$,$P_i$ 的重要性权数为 $w_i$,且 $w_i>0$,$\sum_{i=1}^{n}w_i=1$,则

$$u = w_1P_1 + w_2P_2 + \cdots + w_nP_n = \sum_{i=1}^{n}w_iP_i$$

由于各因素 $P_i$ 对目标 $u$ 的影响程度即重要性权数 $w_i$ 不一样,故将 $P_i$ 两两比较(由专家进行比较),可得到 $n$ 个因素对目标 $u$ 的重要性权数比构成的矩阵 $A$,即

$$A = \begin{bmatrix} w_1/w_1 & w_1/w_2 & \cdots & w_1/w_n \\ w_2/w_1 & w_2/w_2 & \cdots & w_2/w_n \\ \vdots & \vdots & & \vdots \\ w_n/w_1 & w_n/w_2 & \cdots & w_n/w_n \end{bmatrix} = (a_{ij})_{n \times n}$$

$$AW = \begin{bmatrix} w_1/w_1 & w_1/w_2 & \cdots & w_1/w_n \\ w_2/w_1 & w_2/w_2 & \cdots & w_2/w_n \\ \vdots & \vdots & & \vdots \\ w_n/w_1 & w_n/w_2 & \cdots & w_n/w_n \end{bmatrix} \begin{bmatrix} w_1 \\ w_2 \\ \vdots \\ w_n \end{bmatrix} = n \begin{bmatrix} w_1 \\ w_2 \\ \vdots \\ w_n \end{bmatrix} = nW$$

矩阵 $A$ 称为判断矩阵,满足下列性质:

① $a_{ii}=1(i=1,2,\cdots,n)$;
② $a_{ij}=1/a_{ji}(i,j=1,2,\cdots,n)$;
③ $a_{ij}=a_{ik}/a_{jk}(i,j,k=1,2,\cdots,n)$。

其中,性质③称为 $A$ 的完全一致性条件。

由上式可知,通过求解矩阵的特征向量可求得目标 $u$ 的 $n$ 个因素重要性权数 $w_i(i=1,2,\cdots,n)$,即由 $AW=\lambda_{\max}W$ 求出正规化特征向量而得到。在 $AW=nW$ 中,$n$ 为 $A$ 的一个特征根,$W=(w_1,w_2,w_3,\cdots,w_n)^T$ 是 $A$ 对应于 $n$ 的特征向量。

当 $A$ 为一致时,就有 $\lambda_{\max}=n$。但一般 $A$ 不一定一致,当 $\lambda_{\max}$ 越接近 $n$,得到的解就越接近正确的排序,专家的判断就越可靠,由此所获得的因素权重值就越精确。

为了测试判断的一致性或可靠性,建立一致性指标

$$CI = \frac{\lambda_{\max}-n}{n-1}$$

来检查专家判断的一致性。当判断矩阵满足完全一致性时,$CI=0$。当 $n>2$ 时,

$CI$ 与平均一致性指标 $RI$ 的比值称为随机一致性比例,记为 $CR=CI/RI$($RI$ 值见表 5-5)。当 $CR<0.1$ 时,一般认为判断矩阵有满意的一致性,否则就必须把判断矩阵反馈到专家手里重新调整。

表 5-5 1~10 阶判断矩阵的值

| 矩阵阶数 $n$ | 1 | 2 | 3 | 4 | 5 | 6 | 7 | 8 | 9 | 10 |
| --- | --- | --- | --- | --- | --- | --- | --- | --- | --- | --- |
| $RI$ | 0.00 | 0.00 | 0.58 | 0.90 | 1.12 | 1.24 | 1.32 | 1.41 | 1.45 | 1.49 |

(2)层次分析法的步骤

①构造层次分析图。层次分析法首先要将选择的平均因素构造成一个多层次的指标体系,层次分析图通常是由最高层(评价目标层)通过中间层(评价因素)到最低层(评价因子层)构成。图 5-2 所示为旅游地评价因子模型。

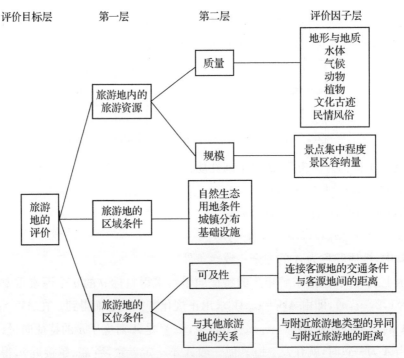

图 5-2 旅游地评价因子模型

②构造判断矩阵。这是层次分析的关键一步,假定因素 $A_k$ 与下层次 $P$ 中因素 $P_1,P_2,\cdots,P_n$ 有联系,则将 $P$ 中因素两两比较,构成如表 5-6 所示矩阵($n\times n$):

表5-6 判断矩阵构造

| $A_k$ | $P_1$ | $P_2$ | ... | $P_j$ | ... | $P_n$ |
|---|---|---|---|---|---|---|
| $P_1$ | $p_{11}$ | $p_{12}$ | ... | $p_{1j}$ | ... | $p_{1n}$ |
| $P_2$ | $p_{21}$ | $p_{22}$ | ... | $p_{2j}$ | ... | $p_{2n}$ |
| ⋮ | ⋮ | ⋮ | | ⋮ | | ⋮ |
| $P_i$ | $p_{i1}$ | $p_{i2}$ | ... | $p_{ij}$ | ... | $p_{in}$ |
| ⋮ | ⋮ | ⋮ | | ⋮ | | ⋮ |
| $P_n$ | $p_{n1}$ | $p_{n2}$ | ... | $p_{mj}$ | ... | $p_{m}$ |

表5-6中,$p_{ij}=P_i/P_j$表示对$A_k$而言第$i$个因素与第$j$个因素重要程度之比,相对重要性的比例标度见表5-7。

表5-7 相对重要性的比例标度

| 相对重要性比例 | 定义 | 解释 |
|---|---|---|
| 1 | 等同重要 | 两因素对旅游资源贡献相同 |
| 3 | 一个因素比另一个因素稍微重要 | 经验和判断稍微偏爱一个因素 |
| 5 | 一个因素比另一个因素明显重要 | 经验和判断明显偏爱一个因素 |
| 7 | 一个因素比另一个因素强烈重要 | 一个因素强烈地受到偏爱 |
| 9 | 一个因素比另一个因素极端重要 | 对一个因素的偏爱程度极端 |
| 2,4,6,8 | 上述两相邻判断的中值 | — |
| 上述非零数的倒数 | 如一个因素相对于另一个因素有上述的数目(例如5),那么,第二个因素相对第一个因素就有倒数值(1/5) | — |

③请专家填写判断矩阵。将构造好的判断矩阵交给专家,请专家各自填写判断矩阵(不允许面对面讨论,以避免专家之间意见不一、相持不下以及权威专家对他人产生影响)。因判断矩阵中$p_{ii}=1$,$p_{ij}=1/p_{ji}$,专家在填写判断矩阵时只填写矩阵对角线的上半部分或下半部分即可。专家填写的判断矩阵必须通过一致性检验才能用于求算权重,因此专家填表时要防止出现判断矛盾和因素重要性权数出入过大等问题。

④层次单排序。层次单排序是求单目标判断矩阵的权重,即根据专家们填写的判断矩阵,计算就上一层某因素而言本层次与其有关的元素重要性次序的权数。由$PW=\lambda_{max}W$可求出正规化特征向量$W$,$W$的分量$w_i$即是相应元素的单排序的权数。

⑤一致性检验。层次单排序后须检验判断矩阵的一致性。

⑥层次总排序。层次总排序就是利用层次单排序结果计算出各层次的组合权值。对于最高层下面的第二层,其层次单排序即为总排序。层次总排序是从上而下逐层进行的,其结果仍需进行一致性检验。

(3) 特征值与特征向量计算方法

计算特征值与特征向量一般有三种方法,即几何平均法、算术平均法和逐次逼近法。前两种方法是近似计算法,只需手算或使用小型计算器即可;后一种方法是一种通用的计算方法,精确度较高,适合计算机计算。一般来说,计算判断矩阵的最大特征值和相应的特征向量并不需要很高的精度,因为判断矩阵本身已经带有不少误差。下面简单介绍一下前两种方法。

①几何平均法。其计算步骤如下:

步骤一:计算判断矩阵 $P$ 的各行各因素的乘积,即

$$R_i = \prod_{j=1}^{n} p_{ij} \quad (i=1,2,3,\cdots,n)$$

步骤二:计算 $n$ 次方根,即

$$\overline{w}_i = \sqrt[n]{R_i}$$

步骤三:对向量 $\overline{W} = (\overline{w}_1, \overline{w}_2, \cdots, \overline{w}_n)^T$ 进行规范化,即

$$w_i = \frac{\overline{w}_i}{\sum_{i=1}^{n} \overline{w}_i}$$

步骤四:计算 $P$ 的最大特征值 $\lambda_{\max}$,即

$$\lambda_{\max} = \frac{1}{n} \sum_{i=1}^{n} \frac{\sum_{j=1}^{n} p_{ij}}{w_i}$$

②算术平均法。其计算步骤如下:

步骤一:将矩阵 $P$ 每一列规范化,即

$$\overline{p}_{ij} = \frac{p_{ij}}{\sum_{i=1}^{n} p_{ij}} \quad (i,j=1,2,\cdots,n)$$

步骤二:按行加总,即

$$\overline{w}_i = \sum_{j=1}^{n} \overline{p}_{ij} \quad (i=1,2,\cdots,n)$$

步骤三:加总后再规范化,得到特征向量 $W$ 的分量 $w_i$(方法同①中步骤三);

步骤四:计算 $\lambda_{max}$(方法同①中步骤四)。

(4) 层次分析法判断矩阵评分调查表设计

判断矩阵评分调查表与特尔菲测定法权重调查表一样,也要求通俗易懂、科学准确,使填表者一目了然。首先要构造旅游资源评价因素层次体系图,然后根据图中的层次结构可设计出旅游资源平均因素重要性比较表、旅游地的区域条件重要性比较表(如表5-8和表5-9所示)等。专家可只填写表格对角线的上方空格,对角线下方空格可以不填。

表5-8 旅游资源平均因素重要性比较表(楚义芳模型,1989)

| 旅游资源评价 | 旅游地的旅游资源 | 旅游地的区域条件 | 旅游地的区位特征 |
|---|---|---|---|
| 旅游地的旅游资源 | | | |
| 旅游地的区域条件 | | | |
| 旅游地的区位特征 | | | |

表5-9 旅游地的区域条件重要性比较表(楚义芳模型,1989)

| 旅游地的区域条件 | 自然生态 | 用地条件 | 城镇分布 | 基础设施 | 旅游设施 |
|---|---|---|---|---|---|
| 自然生态 | | | | | |
| 用地条件 | | | | | |
| 城镇分布 | | | | | |
| 基础设施 | | | | | |
| 旅游设施 | | | | | |

4. 因素分值的确定

确定评价因素的作用分值是根据所选定因素和因子体系对各因素因子资料进行整理、分析、计算的过程,也是设定各因素因子评分标准的过程。

(1) 分值计算原则

多因素综合评价法将因素定量化,计算因素作用分值时需遵循下列原则:①得分值与旅游资源价值的优劣程度成正相关,即旅游资源价值越高,得分值也越高,级别也就越高。②分值采用0~100的封闭区间,保证计算出的总分值不会太大或太小。如果权重采用0~1区间,则分值宜采用0~100区间;如果权重采用0~10区间,则分值宜采用0~10区间;如果权重采用0~100区间,则分值宜采用0~1区间。这样保证总分值在0~100区间。③得分值只与因素指标的显著作用区间相对应,因为某一因素指标值在某些区间上的变化对旅游资源价值的优劣无显著作用。

(2) 分值计算方法

对于旅游资源的影响因素作用分值,通常有如下三种计算(赋值)方法:

①对于无法定量的因素,首先划分因素影响的等级,然后就各个等级赋予相应的分值(见表5-10)。

表5-10 定性因素评分的一种实例(日本)

| 文化、民俗资源分级 | 评分值 | 资源连续性 | 评分值 |
|---|---|---|---|
| 无 | 0 | 无 | 1 |
| 几乎无 | 1 | | |
| 有一些 | 2 | 良好 | 2 |
| 尚优异 | 3 | | |
| 相当优异 | 4 | 非常好 | 3 |
| 非常优异 | 5 | | |

②对于可分级的定量因素,按照不同的级别赋予分值(见表5-11)。

表5-11 海水浴场适宜性评估(美国)

| 决定因素 | 评估标准 | 分值 | 决定因素 | 评估标准 | 分值 |
|---|---|---|---|---|---|
| 水质 | 清澈 | 5 | 颜色与混浊度 | 清明 | 3 |
| | 混浊 | 4 | | 稍混浊 | 2 |
| | 污染 | 1 | | 混浊 | 1 |
| 危险性 | 无 | 5 | 1.5米深水域距海岸 | >30.5米 | 3 |
| | 有一点 | 4 | | 15.25~30.5米 | 2 |
| | 有一些 | 1 | | 9.15~15.25米 | 1 |
| 水温 | >22.2℃ | 5 | 海滩状况 | 良好 | 5 |
| | 19.4~22.2℃ | 4 | | 一般 | 4 |
| | <19.4℃ | 1 | | 差 | 1 |

③对于有系列量值的一组相同因素,可以采用下式求算分值(即假定量值最大者赋予100分,其他不同量值与它进行比较,赋予相应的分值):

$$f_i = 100 b_i / b_{max} \quad (i=1,2,\cdots,n)$$

式中,$f_i$—某量值的作用分;$b_i$—某量值;$b_{max}$—最大量值。

例如,某地区的若干旅游地容量及相应的得分值如表5-12所示。

表 5-12　相对分值计算

| 旅游地序号 | 1 | 2 | 3 | 4 | 5 |
|---|---|---|---|---|---|
| 旅游地容量(平方米) | 8000 | 9000 | 8500 | 10000 | 7000 |
| 得分值 | 80 | 90 | 85 | 100 | 70 |

### 5. 评价方法的简化

上述评价方法不仅繁琐，而且费时、费力，许多人的数学知识还达不到要求，并且由于评价者对因子和因素的选取不同、权重和分值各异，造成五花八门的评价结果，无法统一，因此有许多人在寻求一种所有人都能够操作的简化方法，即将上述的评价方法简单化，并将评价因子和因素统一起来，使评价结果具有可比性。具体的简化过程如下：

第一，将评价的因子统一起来，每一因子的级别确定出来；

第二，通过专家将各因子的权重计算出来，对各因子的不同级别定出分值；

第三，将各因子的权重乘以分值，得出各因子的不同级别的得分（在实际应用中就省去了数学计算过程）。

应用时，只需要把旅游资源对照各个评价因子，看看这个因子处在哪一个级别，记下这个级别的得分。最后把该资源在所有因子上的得分加起来，即为该资源的总得分。有了简化评价方法，任何人都可以利用它进行旅游资源的评价。但是，过于统一的评价方法，一方面抹杀了各个评价者的创造性，另一方面也难以应对千变万化的客观情况。

表 5-13 是一种简化的评价方法，是原国家旅游局拟订的旅游资源评价标准，还有待进一步完善和补充。

表 5-13　旅游资源评价赋分标准

| 一、旅游资源共有因子综合评价赋分值 ||||
|---|---|---|---|
| 评价项目 | 评价因子 | 评价依据 | 赋值(分) |
| 资源要素<br>(70分) | 观赏游憩使用价值<br>(25分) | 有极高的观赏价值、游憩价值、使用价值，全部具有或有其中一项 | 20~25 |
| | | 有很高的观赏价值、游憩价值、使用价值，全部具有或有其中一项 | 13~19 |
| | | 有较高的观赏价值、游憩价值、使用价值，全部具有或有其中一项 | 6~12 |
| | | 有一般的观赏价值、游憩价值、使用价值，全部具有或有其中一项 | 1~5 |

续表 5-13

| 一、旅游资源共有因子综合评价赋分值 ||||
|---|---|---|---|
| 评价项目 | 评价因子 | 评价依据 | 赋值(分) |
| 资源要素(70分) | 历史文化科学艺术价值(15分) | 同时或其中一项具有世界意义的历史价值、文化价值、科学价值、艺术价值 | 13~15 |
| | | 同时或其中一项具有全国意义的历史价值、文化价值、科学价值、艺术价值 | 9~12 |
| | | 同时或其中一项具有省级意义的历史价值、文化价值、科学价值、艺术价值 | 4~8 |
| | | 历史价值或文化价值或科学价值或艺术价值具有地区意义 | 1~3 |
| | 珍稀奇特程度(10分) | 有大量珍稀物种,或景观异常奇特,或此类现象在其他地区罕见 | 8~10 |
| | | 有较多珍稀物种,或景观奇特,或此类现象在其他地区很少见 | 5~7 |
| | | 有少量珍稀物种,或景观突出,或此类现象在其他地区少见 | 3~4 |
| | | 有个别珍稀物种,或景观比较突出,或此类现象在其他地区较多见 | 1~2 |
| | 规模、丰度与概率(15分) | 独立型单体规模、体量巨大;复合型旅游资源单体结构完美、疏密度良好;自然景象和人文活动周期性或频率极高 | 13~15 |
| | | 独立型单体规模、体量较大;复合型旅游资源单体结构很和谐、疏密度良好;自然景象和人文活动周期性或频率很高 | 9~12 |
| | | 独立型单体规模、体量中等;复合型旅游资源单体结构和谐、疏密度较好;自然景象和人文活动周期性或频率较高 | 4~8 |
| | | 独立型单体规模、体量较小;复合型旅游资源单体结构较和谐、疏密度一般;自然景象和人文活动周期性或频率较小 | 1~3 |
| | 完整性(5分) | 形态与结构保持完整 | 4~5 |
| | | 形态与结构有少量变化,但不明显 | 3 |
| | | 形态与结构有明显变化 | 2 |
| | | 形态与结构有重大变化 | 1 |

续表 5-13

| 一、旅游资源共有因子综合评价赋分值 ||||
|---|---|---|---|
| 评价项目 | 评价因子 | 评价依据 | 赋值(分) |
| 开发潜力<br>(30分) | 知名度和影响力<br>(10分) | 在世界范围内知名,或构成世界承认的名牌 | 8~10 |
| | | 在全国范围内知名,或构成全国性的名牌 | 5~7 |
| | | 在本省范围内知名,或构成省内的名牌 | 3~4 |
| | | 在本地区范围内知名,或构成本地区的名牌 | 1~2 |
| | 美誉度<br>(10分) | 有极好的声誉,受到80%以上游客和绝大多数专业人员的赞誉 | 8~10 |
| | | 有很好的声誉,受到70%以上游客和大多数专业人员的赞誉 | 5~7 |
| | | 有较好的声誉,受到60%以上游客和多数专业人员的赞誉 | 3~4 |
| | | 有一定的声誉,受到50%以上游客和多数专业人员的赞誉 | 1~2 |
| | 市场前景<br>(5分) | 在世界范围内有吸引力,产品面向国内外市场 | 4~5 |
| | | 在全国范围内有吸引力,产品面向国内市场 | 3 |
| | | 在本省范围内有吸引力,产品面向本省市场 | 2 |
| | | 在本地区范围内有吸引力,产品面向本地区市场 | 1 |
| | 适游期和<br>使用范围<br>(5分) | 适宜游览的日期每年超过300天,或适宜于所有游客使用和参与 | 4~5 |
| | | 适宜游览的日期每年超过250天,或适宜于80%左右游客使用和参与 | 3 |
| | | 适宜游览的日期每年超过150天,或适宜于60%左右游客使用和参与 | 2 |
| | | 适宜游览的日期每年超过100天,或适宜于40%左右游客使用和参与 | 1 |

续表 5-13

| 评价项目 | 评价因子 | 评价依据 | 赋值(分) |
|---|---|---|---|
| 二、附加值 | | | |
| 附加项目 | 名誉称号 | 世界遗产主体(不超过 4 个实体) | 5 |
| | | AAAAA 旅游区(点)主体(不超过 3 个实体) | 5 |
| | | AAAA 旅游区(点)主体(不超过 2 个实体) | 4 |
| | | AAA 旅游区(点)主体(不超过 1 个实体) | 3 |
| | | 国家重点文物保护单位 | 4 |
| | | 国优产品 | 4 |
| | | 国际性现代活动 | 3 |
| | 可进入性 | 周围 10 千米范围内无地面公路、水上交通 | —2 |
| | | 周围 50 千米范围内无地面公路、水上交通 | —3 |
| | | 周围 100 千米范围内无地面公路、水上交通 | —4 |
| | 污染与环境保护 | 有严重安全隐患,或已受到严重污染 | —5 |
| | | 有明显安全隐患,或已受到中度污染 | —4 |
| | | 有一定安全隐患,或已受到轻度污染 | —3 |
| | | 已有工程保护措施 | 3 |

6. 旅游资源级别划分

经过上述各个步骤的计算,得出各旅游资源或旅游地的总分值,现在根据总分值划分旅游资源和旅游地的级别。级别的数目根据旅游资源和旅游地的性质、数目多少、规模大小以及地域组合的复杂程度来确定。一般来说,旅游资源和旅游地的级别数目为 3~5 级,如我国把风景名胜区分为国家级、省级和地市级等 3 级,美国把海水浴场、滑雪旅游资源也分为 3 级。

划分级别首先要确定总分值的划分区间,每一个总分值区间对应一个级别。总分值区间的划分有总分数轴法、总分频率曲线法、多元统计聚类判别法等。

(1) 总分数轴法是把总分值看成一维变量,绘制在数轴的上方,并按分值在数轴上方的分布状况划分级别界限,得出总分值区间,以此为标准划分旅游资源和旅游地的级别。总分值在数轴上分布密集的部分为同一级别,分布稀疏的部分为分界线,并按总分值区间的多少确定级别的多少。

(2) 总分频率曲线法是以总分值为样本,对其进行频率统计。即绘出直方图和相应的频率曲线,结合旅游资源和旅游地的实际情况选择若干个频率曲线突变处作为级别分界线。

划分旅游资源和旅游地级别是旅游规划中的重点和难点之一。所划分的旅游资源、旅游地级别结果是进行开发规划的基础和依据,因此需要检验和论证,若符合实际情况,则可应用于规划中;若与实际情况有差别,则需要进一步修改或重新评价。

由于旅游资源和旅游地在不断地开发和利用,以及旅游者兴趣会发生转移,其级别在稳定中存在变化,因此需要定期对评价成果进行更新。

## 第四节 旅游的适宜性评价

### 一、适宜性评价的概念

前述的旅游资源评价是针对旅游资源的潜力进行评价,主要考察的是资源的吸引力和开发前景。随着旅游的不断发展,各个旅游资源也不断被开发利用,而一些新的旅游活动也不断出现,从旅游资源的角度去评价已经不能完全满足现实的需要,我们还需要从旅游活动的角度对更广泛的资源进行综合评价。这就是旅游的适宜性评价。

旅游的适宜性评价,可以是对一块土地适合做什么旅游活动开展评价,也可以是对一项旅游活动需要什么条件的土地空间开展评价。随着全域旅游的开展,我们可能更需要适宜性评价,因为有许多旅游活动并不需要多好的旅游资源,只需要合适的场地,比如骑行、步行、养老地产、野营等等。我们需要更多了解一项旅游活动应具备哪些条件,如地形、空气、水资源、交通、成本、土地政策等等,然后找到合适的场地。

旅游的适宜性评价来源于土地的适宜性评价。土地适宜性评价是针对某种特定的用途而对区域土地资源质量的综合评定。在现有的生产力经营水平和特定的土地利用方式条件下,将土地的自然要素和社会经济要素相结合作为鉴定指标,通过考察和综合分析土地对各种用途的适宜程度、质量高低及其限制状况等,从而对土地的用途和质量进行分类定级。旅游的适宜性评价正是土地特定用途的适宜性评价。

## 二、适宜性评价方法

旅游适宜性评价可以从两条路径开展,一是从土地用途出发,分析地理空间内适合开展哪些旅游活动,二是从旅游活动项目出发,分析某项旅游活动适合在哪里开展,然后再综合。这两条路径实际上是互逆的过程。

从土地用途出发,首先将规划区划分成许多小的地理空间。可以按照地形地貌等划分,把相同特征的连片空间划在一起,如一处湖泊、农田、山地等等;也可以直接划分方格,如1平方公里为一个方格,把规划区划分成若干方格。然后对每个划分的地理空间进行特征描述,如旅游资源状况、地形状况、水文状况、植物状况、人文状况等;还要重点关注一些限制性因素,包括各种地质灾害、法律禁止项目、风俗等。接着根据地理特征,探讨每个地理空间可以开展哪些旅游活动并分别进行标注(如果是用GIS软件,包括前述的地理特征全部写在属性表格里)。接下来依适合开展旅游活动的数量多少和质量高低来评价各地理空间的利用价值高低。一般适合开展活动多、活动质量高的空间,其利用价值就高。最后对适合开展同类旅游活动的空间进行归并,如果空间是相连的可以合并,全面了解规划区内适合开展的旅游活动的总体状况,找到旅游发展的方向。比如大部分土地适合开展水上活动,那发展各项水上旅游活动将是未来旅游发展的主要方向;如果大部分土地是山岗地,则适合开展乡村旅游。

土地的旅游适宜性评价也可以利用上一节介绍的评价方法对每个地理空间进行评价。

从旅游活动项目出发,首先要了解项目对土地的要求,如地形、面积大小、水资源、地质、交通、人口、经济等;然后找到符合要求的场地,围绕场地划出适宜的空间范围;接着把规划区内所有适宜的区域范围划出来并标示在地图上,再用同样的方法把各旅游活动的适宜区域范围划出;最后把各旅游活动的适宜区域范围叠加,则适宜旅游活动多的区域范围价值就高。

# 第六章　旅游市场调查和预测

## 第一节　市场原则

市场是联系销售和购买某些商品的中间过程。市场一般有三种理解，一是传统的观点，即市场指买卖双方交换产品所有权和使用权的场所，或者说是产品或劳务实际发生转换的地方，有更多地理方面的含义；二是现代经济学的观点，即市场是指买者和卖者之间对一个特定产品交易和处理的网络，包括无数影响市场的变项；三是从卖方的角度出发，市场即是产品实际的和潜在的购买者，这些人可能是已经发生的实际购买者，也可能是需要诱发的购买者，可能存在于一个场所，也可能分散在几个场所，形成同类的一群人。

旅游市场一般是从第三种理解出发，它可以用于地域方面，指旅游者产生的地方，即客源地，如欧洲市场、美洲市场、日本市场等；也可以超越地理的界限，指各种同类的旅游者，包括旅游者及中间商，如青年市场、老年市场、学生市场等。旅游产品的整个销售和购买过程，可以是旅游者自己与旅游生产经营者直接进行交换；也可以是旅游者把货币交给中间商，由中间商将旅游者带到目的地，中间商与旅游生产经营者进行交换，待旅游者离开目的地这个交换过程算是基本完成。通过中间商的交换只是整个市场交换的一部分，旅游者还有其他消费支出。

研究旅游市场，是为了全面清楚地了解和掌握市场情况，制订有效的市场营销策略。市场分析和营销策略的研究是旅游市场学的任务。旅游市场学研究的内容主要有目标市场选择、市场调研分析、市场预测、市场营销策略等。旅游市场研究对于旅游规划具有重要意义。

在自由竞争的市场经济条件下，旅游业已由卖方市场转向买方市场。简单地说，不是生产什么就得买什么，而是需要什么就提供什么，这点在旅游业经营中表现得尤为突出，因而在旅游开发和规划中对此应予以重视。旅游开发规划的市场导向越来越受到规划者的重视和提倡，把旅游的市场需求列为规划出发点之一。

前述旅游规划的理论基础主要是从供给方面出发的，而市场原则是从需求出发的。将人们的需求和爱好反馈到供给上来,通过旅游开发和规划提供他们所需要的或者是对他们有吸引力的旅游产品。要完成市场原则对旅游规划的指导,首先是要进行目标市场的选择。目标市场可细分为一级市场、二级市场和三级市场等,也可以称为第一目标市场、第二目标市场和机会市场。陆林(1993)曾对黄山的境外客源市场进行过研究,确立其第一目标市场为我国的台湾、港澳及邻国日本;第二目标市场为东南亚各国、美国;其余为机会市场。

市场调研是一项比较繁杂的工作,需要了解的主要内容有客源地的经济、客源的收入水平状况、客源与目的地的关系、客源的年龄结构、不同年龄层客源的爱好、客源地的传统和习惯、客源地文化层次及不同层次的喜好、客源的宗教和种族、客源地与目的地距离等等。旅游市场的调研可以在客源地(即目标市场)进行,也可以在目的地进行。市场预测不仅要注重现实的需求,更需要注意潜在的需求。

市场原则对于旅游规划的意义可以归纳为三个方面:一是发展战略的制定;二是旅游项目的设置;三是基础设施与旅游设施的规划和建设。由此可见,市场导向在三个层次的规划中均具有指导意义。依据市场原则所进行的旅游规划和旅游开发增加了目的地的吸引力,因为它是针对目标市场;反过来,又增加了市场营销的物质基础,有助于制订营销策略,因为营销的对象是经过规划的旅游产品。下面简单论述一下这三个方面的指导意义。

(1) 发展战略的制定。旅游发展战略的制定所依据的因素很多,市场便是其中一个。市场的研究与反馈是目的地推出其"拳头产品"的物质基础,以利于市场营销。通过市场研究目的地的优势产品在同类产品中的地位和知名度,如果知名度很高,有很强的吸引力,那么这种优势产品可以作为"拳头产品"来开发和规划;如果知名度不高,或者竞争力不强,则不宜作为"拳头产品"来开发,而是另外寻求"拳头产品"。寻求"拳头产品"一是从地域分异规律出发,在已有的自然和人文的旅游资源中产生,例如前述潮汕地区的"拳头产品"——潮汕文化;二是根据区位特点人为创造"拳头产品",例如深圳的"锦绣中华",就是因为游客大部分来自毗邻的香港。

(2) 旅游项目的设置。旅游项目是旅游地规划的一项内容。项目规划要考虑的两个因素是资源条件和游客。游客的旅游兴趣有很多,如观光、寻古、求知、探亲访友、探险、商务、疗养、娱乐等等,不同兴趣要求有不同的项目设置。如老年人喜静,年轻人好动;收入多的消费高,收入少的消费低;有喜好新奇的,有喜欢归宿感的;有身体状况好的,有身状况欠佳的;有外国人,也有本国人;等等。所有这些在规划中都必须考虑,因为旅游产品的购买者是游客。一个好的旅游项目既是吸引人们的因素,也是市场营销的基础。

(3)基础设施与旅游设施的规划和建设。旅游者的特征对基础设施与旅游设施的规划和建设有影响。就收入来说,收入高的旅游者要求住高档宾馆,乘坐飞机,进行高层次娱乐(如打高尔夫球)等;而收入中等或低收入的旅游者要求则低得多,他们一般选择中低档宾馆,乘坐火车、汽车,娱乐消费少。再就索道建设来说,主要是针对年龄大的、身体欠佳和时间较紧迫游客,或满足滑雪运动和登山"瓶颈"地段的需要等等。

市场导向虽对旅游规划非常重要,然而我国是社会主义国家,强调社会主义精神文明建设,在旅游规划中有的旅游项目是不能迁就某些旅游者的需求的,例如不能将旅游地规划成赌博的场所、吸毒的场所、性服务的场所及其他犯罪行为的场所。旅游规划应努力使其规划对象朝着遵循社会道德、健康向上的方向发展。

## 第二节 旅游市场调查

在旅游规划过程中,必须坚持以市场为导向这一原则。而坚持市场导向,就必须了解市场,必须进行旅游市场的调查、细分和预测。

旅游市场调查必须从实际出发,有计划、有步骤、有针对性地进行。要运用科学的方法和手段实行旅游市场的调查和预测,并据此对旅游市场进行科学的分析。弄清市场状况,是旅游规划的有机组成部分和前提条件。

### 一、旅游市场信息的重要性

市场信息是有关市场发展变化趋势、市场活动、市场营销管理的各种消息、情况、资料和指令的统称。在激烈竞争的市场环境中,不掌握足够的和准确的市场信息,企业将寸步难行。对于旅游企业来讲,掌握市场信息尤其重要。

首先,市场经济的大环境要求企业重视市场信息。在市场经济条件下,企业依法享有完全的经营自主权,企业的产供销、人财物各个方面都要通过市场,受市场制约和调节。市场信息成为企业经营决策不可缺少的重要依据。

其次,国际旅游市场的复杂性要求重视市场信息。国际旅游市场的环境十分复杂,客源输出国的市场环境与目的国的市场环境存在明显差异,只有了解客源国市场的特点,才能做出符合实际的开发决策。一个目的国的目标市场往往不止一个国家或地区,而是有若干个不同的目标市场,每一个目标市场就意味着一个不同的市场环境,要同时适应不同市场环境的需要,离开准确的市场信息是寸步难行的。市场信息还具有时效性,如果不能及时地对市场信息进行处理,不仅可能丧失宝贵的市场机会,甚至可能在过时信息的误导下做出错误的决策,给旅游开发造成不必要的损失。

再次,旅游需求的多样性和激烈的市场竞争也要求重视市场信息。旅游消费是一种文化含量极其丰富的高层次消费,并且消费的个性特征日益明显。旅游企业不仅要了解旅游者显而易见的现实需要并尽力满足之,更要分析、掌握旅游者的潜在欲望和心理动机,这样才能保持和扩大市场,争取竞争的主动权。现代市场竞争的一个新趋势是从价格竞争转向非价格竞争,即不能单凭降价来争夺市场了,而是要综合运用产品特色、名牌效应、广告促销等多种手段去开拓市场、占领市场。这样,不仅要了解顾客的需要及其对市场营销刺激的反应,而且要了解竞争对手的情况,因此市场信息便成为开发、经营决策不可缺少的依据。

## 二、旅游市场调查的内容

旅游市场调查的内容和详细程度随着规划的层次和类型的不同而有所差别,但基本上可以从如下几个方面来进行。

1. 对自费旅游者的调查

(1) 在客源地

①人口总数;

②人口结构(按年龄、职业、性别、收入、信仰等等);

③家庭收支情况(尤其是可支配收入、旅游消费率);

④旅游动机;

⑤出游方式;

⑥旅游期望;

⑦城市化发展水平。

(2) 在目的地

①对旅游目的地的形象认识;

②对旅游目的地的满意程度;

③对宣传、广告和公共关系的反应;

④旅游花费；

⑤停留时间；

⑥旅游动机及旅游方式；

⑦对旅游目的地的意见和建议。

2．对非自费旅游者的调查

(1) 社会经济情况

①国民经济各项指标；

②国民经济增长速度。

(2) 企(事)业单位情况(公务员、教师和企业领导人员是关键)

①企(事)业单位数量、规模；

②企(事)业单位增长速度、盈利能力、福利情况、职工数量等等。

(3) 社会福利情况

包括各种资助、赞助、奖励等等，主要是针对老年和少年、低收入者。

3．外部环境

①客源地社会风俗和传统习惯；

②客源地旅游的流行时尚；

③客源地的政策导向；

④客源地政治倾向和宗教信仰。

4．旅游市场竞争与合作

(1) 主要的竞争者

①竞争对手的优势和劣势；

②竞争的主要表现；

③竞争对手的旅游价格策略；

④竞争对手的市场经营策略。

(2) 主要的合作者

①合作者的优势和劣势；

②可以合作的方面；

③合作者的市场情况；

④进行合作的方式和策略。

### 三、旅游市场调查方法的类型

市场调查是运用科学的方法和手段系统地、有目的地搜集、分析和研究市场信息,并作出评价,提出建议,为旅游产品的开发和营销决策提供依据的活动。根据市场调查的不同内容、方法和目的,可将其分为三类:

(1) 探讨性调查。探讨性调查主要用来搜集初步资料,通常在两种情况下较多采用。一种情况是市场现象较复杂,实质性问题难以确认,为了确定调查的方向和重点,首先采用探索性调查帮助明确和寻找实质性问题。比如,某种产品销售额下降,是价格原因、产品质量原因、市场服务原因或是其他原因,企业一时无法做出判断,这时可先运用探索性调查寻找基本原因,如果确认是产品的原因,则可进一步对该产品进行深入调查。另一种情况是当企业提出某些新的设想和构思时,可借助于探索性调查帮助企业进一步确认这些设想和构思是否可行。

探讨性调查往往是通过第二手资料来获得素材,常常为下面的描述性调查和因果性调查做准备。

(2) 描述性调查。描述性调查是对市场的客观情况(包括历史情况和现状)如实进行记录和反映,是旅游市场调查中广泛应用的调查方法。描述性调查可以分析旅游者社会、人口方面的属性,如年龄、收入、性别、受教育程度等,还可以对旅游市场里各种消费类型作出粗略估计。描述性调查首先需要大量搜集相关市场信息,其中应当包括各种相关数据,然后对调查资料进行分类、分析、整理并形成调查报告。描述性调查一定要客观、公正、实事求是,并且一定要有定量分析。

(3) 因果性调查。因果性调查主要是为了掌握有关市场现象之间的因果联系,既可用于了解已经发生的市场现象之间的因果关系,也可用于某项市场试验。比如,为了试验广告效果,可以先有计划地改变广告内容、广告频率和广告时间,然后搜集有关销售额、品牌知名度、市场占有率等资料,从而掌握广告对促销的影响。在使用因果调查法时要预防片面性,因为同一种现象或结果可能由多种因素的变化引起,而这多种因素中有主要因素、次要因素、真实因素、虚假因素,调查人员要注意分析和鉴别。

### 四、旅游市场调查的方法与技巧

进行一次市场调查,除了要事先拟订一个周密的调查计划,还要有恰当的方法和技术做保证。市场调查人员面临的信息资料有原始资料和二手资料两种。原始资料是指调查人员为本次调查目的而直接从调查对象处搜集的信息资料,二手资料是指前一次或由他人所收集、整理并存放于某处的信息资料。调查人员应当首先从搜集二手资料入手,只有当二手资料不能满足调查目的需要时才需着手搜集原始资料。这样做的好处,第一是搜集资料所需时间短;第二是搜集资料所耗费的人力、财力、物力少;第三是有助于更精确、更有针对性地搜集原始资料。但是二手资料也有如下一些不足之处:所收集的资料往往不能很好地满足调查的目的,对解决问题不能完全适用;缺乏时效性,过时的资料比较多;缺乏精确性和可靠性。

1. 二手资料的搜集

二手资料的主要来源有以下几个方面:

(1) 内部来源。包括各种会计、统计报表,企业内部的有关记录、凭证和各种经营指标,以前的研究报告。

(2) 政府来源。由政府发布的有关信息、文件、统计公报等。

(4) 报刊书籍。包括各种相关的报纸、杂志、手册、年鉴、书籍、企业名录以及有关机构公布的资料。

(5) 商业资料。包括由企业发布的信息资料,企业咨询机构出售的信息资料和研究报告。

二手资料往往具有一定的局限性,不能直接原封不动地加以利用。对二手资料进行评估时,应掌握三条标准:

第一,公正性。资料应客观公正,不带偏见和恶意。发布资料的机构越具权威性,其资料一般就越客观公正。

第二,时效性。应当注意查看资料是否过时,统计口径是否可比。

第三,可靠性。大多数统计资料是采用抽样调查的方法得到的,抽取的样本是否具有典型性、代表性,抽取样本的数量是否充足,都对资料的可靠性有影响。

2. 原始资料的搜集

由于二手资料往往难以满足调查的全部要求,因此必须有针对性地搜集原始资料(第一手资料)。原始资料包括以下几个方面的内容:①人口统计、社会经济特征;②对旅游目的地和旅游产品的态度和观点;③对旅游目的地和旅游产品的认识了解程度;④旅游的动机和行为。原始资料精确可靠,但是耗用的成本和人力较多。原始资料的搜集方法主要有以下四种:

(1) 观察法。它是由调查人员在现场观察有关参与者及其环境达到调查目的,观察的对象可以是产品、顾客、竞争对手环境等等。观察得到的第一手资料比较生动、直观、可靠,但此方法也有一定局限性,它一般只能看到表层现象,很难对深层因素进行分析,比如顾客的职业、文化水平、心理动机等就很难通过观察法去了解。

(2)会议法。它是通过召开调查会的形式搜集原始资料。采用会议法应注意会议的准备必须充分完善,与会者的水平和素质是开好会议的基本保证,而对会议内容的认真记录核实是取得可靠资料的依据。

(3)调查法。它是运用最多,适应面最广的市场调查方法,可以用来搜集各种市场信息资料,比如顾客的行为、动机、态度、意见,竞争对手的动态,市场的热点问题,企业的广告效果,各销售渠道的状况等等。调查法最适合于描述性调查,其具体的调查方法有三种:

①电话访问。此法获得信息最迅速、最及时,反应率较高,可以及时澄清疑难问题。但此法也有局限性,一是谈话时间有限,不能提太多问题;二是访问对象仅限于方便电话接听的人士。

②发放问卷,包括邮寄问卷、街头发放、上门发放三种形式。此法送达率较高,成本较低,比较容易被调查对象所接受。但此法的最大局限在于反应率无切实保障,问卷的回收率比较低,一般不会超过40%。

③人员访问,包括预约访问和街头采访。由于采用面谈方式,因此此法最灵活,内容可多可少,既可以深入交谈,也可以察言观色,随时调整访问内容。但此法成本最高,最费时间和人力。

(4)实验法。它是将选定的刺激因素引入被控制的环境中,进而系统地改变刺激程度,以搜集和测量调查对象的反应。有时可根据需要,将调查对象分成若干小组,然后分别给予不同程度的外部刺激变数,以便进行分析对比。特别是当对同一现象存在不同解释的时候,运用实验法可以找出真实的原因。因此,实验法适合于因果调查。比如,为确定某项产品的价格,可以进行这样的实验:在两处环境基本相同的销售点以两种价格同时销售该产品,然后统计两处的销售量,若两处对比销量相差不大,说明价格不是影响该产品销量的主要因素,反之则说明价格对该产品销量有重要影响。这种结果若在一段时间内持续稳定,则可证明它是可靠的。

## 五、全域旅游规划中的市场调查

大众化旅游的出现带来了全域旅游发展的理念。大众化旅游不仅游客人数多、人均出游频率高,而且自由行、自驾游的比例高,随着科技的发展,可以有多种手段开展旅游市场调查。

(1) 车尾调查

汽车的车尾能提供三方面的信息,这些信息可以代表游客的基本信息,一般停车场、高速公路出入口和道路上的视频监控设备都可以对车尾信息进行识别分析。

一是车牌照,反映了汽车的来源地,可以代表游客的来源地。这项调查已经是一项常规调查,大部分风景区都会对其停车场的汽车牌照进行调查,分析客源地情况及大致比例。

二是旅游路径。现在停车场几乎都能自动对车牌进行扫描识别,如果各个停车场的数据能够联网,则可以分析出一辆车的行动轨迹,以及在每个停车场的停留时间;再辅助一些路段的视频监控设备对车牌的识别数据(这个技术要求高),就能完整地分析一辆车的行动轨迹。

三是汽车的品牌、型号。不同品牌和型号的汽车有不同的价格水平,反映了驾乘人的财富水平,进而反映了他们的旅游消费偏好。比如调查发现,无车的游客比较喜欢住快捷酒店,开 A 级车的游客比较喜欢住快捷酒店、中低档酒店,开 B 级车的游客比较喜欢中高档酒店、民宿,开豪华车的游客比较喜欢高档或超高档酒店、精品民宿等等。

(2) 移动通信调查

目前,几乎每个游客都拥有手机。手机在移动过程中会不断地与附近的移动通信基站建立联系,让基站分配信道,以便能与别人通话和上网,因此在基站里留下位置和时间信息。通过移动通信的基站数据可以分析以下三个方面的信息:

一是客源地。根据手机 SIM 卡的登记地和手机识别码对应的销售地区,可以推测游客来源地(虽有误差,但大概率还是对应的)。通过单一的基站数据可以分析这个基站附近活动的游客来源,一般适合于风景区的游客情况分析;移动通信公司利用更广泛的基站数据,可以分析一个旅游区域的游客情况。一般由某家移动通信公司利用其基站数据进行分析,也有由第三方公司获得各家移动通信公司授权,对基站数据进行综合分析。

二是旅游路径。根据各基站获得的数据能得到一部手机移动的轨迹,可以代表拥有这部手机的游客的移动路径,包括位置和停留时间。利用基站定位技术还能即时找到手机的大致位置(误差可以达到 50 米以内),这对救援和找人是极为有用的。

三是游客量。根据前述的汽车数量估算游客量,误差比较大,因为每辆车的载客量不同,而用一部手机对应一个游客来估算游客量,则误差相对要小许多。但也存在一个游客拥有两部手机或使用双卡手机,使得数据有重复。

(3) 手机 APP 数据

现在移动通信已发展到第四代、第五代(4G、5G)阶段,智能手机使用很普遍,应用在智能手机上的 APP 也很多。这些 APP 后台可以调用手机的 GPS 或北斗定位传感器,搜集手机的位置信息并回传到服务器。

手机 APP 数据由于跨各移动通信公司,数据更为准确,有的 APP 数据还可以取代移动通信的基站数据。一般地,某种手机 APP 的使用者越多,其提供的数据误差越小,越接近真实。目前来说,微信和 QQ 这两个 APP 提供的数据是比较理想的。

(4) 搜索引擎数据

搜索引擎有两种,一种是关键词搜索,比如人们常用的百度搜索、搜狗搜索、谷歌搜索等等;另一种是地图位置搜索,通过给定关键词或位置搜索出相关内容。像百度,已经把两种搜索互联互通。由于搜索引擎每天的诉求量特别大,可以形成大数据,通过这些数据能够挖掘出有用的旅游需求规律。

搜索引擎数据可以分析客源地和目的地之间的相互关系。无论用手机还是电脑都可以识别搜索者的位置,而其搜索的内容则认为是目的地。这些信息都会记录在服务器里,因此通过搜索数据,可以知道一个目的地被哪些地方的人关注,数量是多少;也可以知道一个地方的人对哪些旅游场所感兴趣,数量是多少。

搜索引擎数据只表示人们的关注程度,不代表最后实际到访的游客数量。这里有个转化率问题,即 100 个搜索者,最后实际上有多少人去了。转化率可以通过调查得到。

需要说明的是,人们只对不熟悉的情况进行搜索,对熟悉的情况就较少搜索,甚至不搜索,因此短途旅游、周边旅游、一日游等情况下搜索的就很少。

(5) OTA 预订数据

随着互联网和移动互联网的发展,人们越来越多地通过网络预订门票、酒店、机票等等,而提供旅游预订服务的基本上是 OTA(线上旅行社)。

预订数据较之搜索数据要精确,即那些预订了门票、酒店、机票等的游客基本是确定要去目的地的,因此可以了解一个地方的人喜欢到哪些地方旅游,或到一个地方来的游客都是从哪里来的,能得到一定的比例关系。

需要指出的是,预订的游客只占总游客量的一部分,不代表全部,只表示一种相对的状态。预订量的增加也不表示到来的游客量会增加,只能说明通过网络预订的人越来越多,许多线下的客人转移到线上了。

## 第三节　旅游市场预测

市场预测是对未来市场需求的估计,分长期预测、中期预测和短期预测。市场预测的方法很多,可以分为定性预测和定量预测两类。加拿大学者史密斯又把预测方法分为四类,即趋势外推模型、结构模型、仿真模型、定性模型。这里笔者介绍几种简便易行的方法。

(1) 分析性预测。从总数预测部分值,例如根据预期的旅游者到达总数(一个国家或一个地区),应用自己市场在历史上占总数的百分比,得到自己市场到达的旅游者数字。

(2) 对比法。估计将来的发展状况与过去的某一段时间或其他国家(地区)的某一段时间发展状况相同(似),则可以用它们的增长率来代替将来的增长率,估计旅游增长情况。

(3) 特尔菲法。特尔菲法是专家意见法中的一种,具体内容详见上一章。

(4) 购买者意向调查法。市场是由潜在购买者组成的,预测实际上就是估计在给定条件下潜在顾客的可能行为。对于购买动机、购买对象、购买数量、购买时间、购买地点等问题,只有购买者自己最清楚,因此购买者意向调查是市场预测的重要方法之一。

使用购买者意向调查法需具备三个起码条件:第一,购买意向是明确清晰的;第二,这种意向会转化为购买行为;第三,购买者愿意将其购买意图如实告诉调查者。由此可知,这种方法适合对不太长时间内的高消费市场、耐用品市场、工业品市场进行预测。因为对这些产品的购买意图往往是购买者经过慎重考虑后决定的,且受外部因素的影响而发生变化的可能性相对较小。

对购买者购买意向的调查多采用"购买概率调查表"。如表 6-1 所示,首先在表中对调查对象提出一个购买意向性问题,比如"明年您是否打算去中国旅游",然后由调查对象在表中做选择性回答,最后根据每一种可能性的比重和总人口算出购买量。

表6-1 购买概率调查表

| 明年您是否打算去中国旅游? | | | | | |
|---|---|---|---|---|---|
| 0.0 | 0.2 | 0.4 | 0.6 | 0.8 | 1.0 |
| 不可能 | 可能性很小 | 可能性平平 | 很可能 | 非常可能 | 肯定 |

(5) 销售人员综合意见法。当企业难以接近消费者或其他调查对象时,可采用销售人员综合意见法进行市场预测。假如要对某项产品今后一定时间内的销售量进行预测,可以邀请若干名销售人员进行调查。具体方法如下:

首先,请三位销售人员分别进行预测,并计算出各自的期望值(见表6-2)。

然后,将三位销售人员期望值相加计算平均值,再以此平均值为预测结果。即
$$(730+900+570)/3=733(单位)$$

在本例中,733可作为预测结果。

表6-2 销售人员综合意见法

| 销售人员 | 预测项目 | 销售量 | 出现概率 | 销售量×概率 |
|---|---|---|---|---|
| A | 最高销售量 | 1000 | 0.3 | 300 |
| A | 最可能销售量 | 700 | 0.5 | 350 |
| A | 最低销售量 | 400 | 0.2 | 80 |
| A | 期望值 | | | 730 |
| B | 最高销售量 | 1200 | 0.2 | 240 |
| B | 最可能销售量 | 900 | 0.6 | 540 |
| B | 最低销售量 | 600 | 0.2 | 120 |
| B | 期望值 | | | 900 |
| C | 最高销售量 | 900 | 0.2 | 180 |
| C | 最可能销售量 | 600 | 0.5 | 300 |
| C | 最低销售量 | 300 | 0.3 | 90 |
| C | 期望值 | | | 570 |

(资料来源:林南枝、陶汉军,《旅游经济学》,南开大学出版社,1994)

(6) 权重法。该方法以越接近下一年时权数越大,对算术平均数加以修匀。

如表6-3所示,要求2020年的旅游收入,有

表 6-3  旅游收入表

| 年份 | 2016 | 2017 | 2018 | 2019 |
|---|---|---|---|---|
| 旅游收入（万元） | 4500 | 5000 | 5200 | 6000 |
| 权数 | 0.1 | 0.3 | 0.4 | 0.5 |

2020 年旅游收入 = 4500×0.1+5000×0.3+5200×0.4+6000×0.5
　　　　　　　  = 7030(万元)

（7）一元线性回归。该法认为两个变量之间呈直线关系，可通过确定一个与两个变量最合适的直线方程来描述它们的关系和变化趋势。其一般方程式为

$$y = ax + b$$

式中，系数 $a$ 和截距 $b$ 是常数，$x$ 和 $y$ 是变量。如果知道 $a$ 和 $b$，就可以利用该公式进行预测。

可利用一组相关数据，根据最小二乘法算出常数 $a$ 和 $b$。

设有一组数据 $(x_i, y_i)(i=1,2,\cdots,n)$，则

$$\bar{x} = \frac{\sum_{i=1}^{n} x_i}{n}, \quad \bar{y} = \frac{\sum_{i=1}^{n} y_i}{n}$$

$$a = \frac{\sum_{i=1}^{n}(x_i - \bar{x})(y_i - \bar{y})}{\sum_{i=1}^{n}(x_i - \bar{x})^2}, \quad b = \bar{y} - a\bar{x}$$

$$r = \frac{\sum_{i=1}^{n}(x_i - \bar{x})(y_i - \bar{y})}{\sqrt{\sum_{i=1}^{n}(x_i - \bar{x})^2 \sum_{i=1}^{n}(y_i - \bar{y})^2}}$$

这里 $r$ 为一元线性回归的相关系数，表明两个变量之间的相关性大小，相关系数越大，表明 $x$ 和 $y$ 之间关系越密切。

（8）多元线性回归。假设一个因素的变化与多个因素的变化有关，则可以用多个相关因素的变化来预测这一个因素的变化，如此就用到多元线性回归。其基本方程式为

$$y = a_0 + a_1 x_1 + a_2 x_2 + \cdots + a_n x_n$$

式中，$a_0, a_1, a_2, \cdots, a_n$ 为常数，$x_1, x_2, \cdots, x_n$ 为相关变量。如果算出常数，就可以利用相关变量的变化趋势对因素的变化进行预测。

设 $y, x_1, x_2, \cdots, x_n$ 各有 $k$ 个数据，即 $y=(y_1, y_2, \cdots, y_k)$，$x_1=(x_{11}, x_{12}, \cdots, x_{1k}), \cdots, x_n=(x_{n1}, x_{n2}, \cdots, x_{nk})$。构造矩阵

$$Y=(y_1, y_2, \cdots, y_k)^T, \quad A=(a_0, a_1, \cdots, a_n)^T$$

$$X = \begin{bmatrix} 1 & x_{11} & \cdots & x_{n1} \\ 1 & x_{12} & \cdots & x_{n2} \\ \vdots & \vdots & & \vdots \\ 1 & x_{1k} & \cdots & x_{nk} \end{bmatrix}$$

则 $A=(X^T X)^{-1} X^T Y$。

例如，表6-4反映了若干城市的旅游收入、总人口、工农业总产值情况，用它可以建立模型。

表6-4 若干城市的旅游收入、总人口和工农业总产值统计表

| 城市序号 | 旅游收入 $y$(百万元) | 总人口 $x_1$(万人) | 工农业总产值 $x_2$(亿元) |
|---|---|---|---|
| 1 | 6825 | 1298.00 | 437.26 |
| 2 | 512 | 119.80 | 1283.48 |
| 3 | 1902 | 344.28 | 1128.33 |
| 4 | 146 | 235.56 | 600.58 |
| 5 | 2824 | 163.79 | 783.15 |
| 6 | 37 | 76.72 | 65.26 |
| 7 | 52 | 17.81 | 441.26 |
| 8 | 56 | 30.66 | 242.33 |
| 9 | 187 | 15.92 | 23.98 |
| 10 | 1065 | 345.08 | 371.98 |
| 11 | 107 | 6.70 | 324.40 |
| 12 | 173 | 28.00 | 262.11 |
| 13 | 771 | 75.00 | 1508.16 |
| 14 | 192 | 12.47 | 1072.27 |

根据表中的数据，有

$$Y=(6825, 512, \cdots, 192)^T$$

$$X = \begin{bmatrix} 1 & 1298.00 & 437.26 \\ 1 & 119.80 & 1283.48 \\ \vdots & \vdots & \vdots \\ 1 & 12.47 & 1027.27 \end{bmatrix}$$

$$A = (X^T X)^{-1} X^T Y = (-172.2415, 5.1075, 0.3636)^T$$

则有 $y = -172.2415 + 5.1075 x_1 + 0.3636 x_2$。

(9) 指数模型。该模型认为未知量 $y, t$ 之间存在着指数关系，其基本方程是

$$\frac{dy}{dt} = ky$$

解该微分方程得

$$y = ae^{kt} \quad (a, k \text{ 是常数})$$

再取对数可得 $\ln y = \ln a + kt$，就化为一元线性回归模型。

(10) 引力模型。该模型利用的是距离衰减原理，即旅游地和客源地之间的旅游供需相互作用量随二者之间距离的增加而减低。引力模型的基本方程式为

$$F = G x_1^\alpha x_2^\beta / d^\gamma \quad (G, \alpha, \beta, \gamma \text{ 是常数})$$

式中，$F$ 为旅游地和客源地之间的作用量，可以认为是到旅游地的游客人数或旅游地的收入；$x_1, x_2$ 为旅游地和客源地各自的一个变量（对游客量有影响）；$d$ 为旅游地和客源地之间的距离。该式取对数后可得与多元线性回归模型相同的方程式。

# 第四节　旅游市场细分和目标市场选择

通过旅游市场调查和预测，会获得大量市场信息。在此基础上，需要对旅游市场进行细分，进而选择恰当的目标市场，再针对目标市场进行旅游开发。

## 一、旅游市场细分

旅游市场是一种"异质市场"，旅游者需求有很大的差异性。旅游市场是各种欲望、需要、情趣、爱好的混合体，有时又是各种欲望、需要、情趣、爱好的矛盾统一体。在这种情况下，很少有一个旅游供给者的产品能满足所有旅游者的需要。对应整个旅游市场，无论在质和量的方面，任何一个旅游接待国或旅游供给者都远远没有达到全部满足的能力。供给者只能识别出旅游者在需求上的差别，把需求基本相同的旅游者尽量划分为同质市场，或是把整体旅游市场划分为不同类型的细

分市场,以便制定自己的目标市场,调整、集中自己的供给能力,最大强度地满足这些旅游者的需要。

所谓旅游市场细分,就是根据影响旅游市场需求的某些变数,把整体旅游市场划分成若干个具有不同需求的细分市场。这些影响旅游需求的变数包括年龄、性别、职业、国籍、收入、兴趣和购买方式等诸多因素,它们的差异性和变化性的特点导致旅游需求的多样性。根据某些影响因素,可将整个旅游市场进行细分,其中每一个细分市场都具有相同或相似需求的购买者群体。

旅游市场需求的差异性、多样性是市场细分的客观基础,旅游企业和开发者要想在市场上取得成效,首先必须寻找和确定自己的目标市场,准确地进行市场定位。因此,旅游市场细分的意义可以从以下几个方面体现出来:

(1) 有利于发现市场机会。通过旅游市场细分,可以根据旅游需求的差异性把旅游者区分为不同的群体,进而从中发现哪些顾客群的需求没有满足或没有充分满足,这些没有满足或没有充分满足的市场需求对于企业来讲就意味着市场机会。在激烈的市场竞争中,谁能准确把握旅游者的需求并尽力满足之,谁就能在竞争中求得发展。

(2) 有利于制订和调整市场经营计划。市场细分是制订和调整市场经营计划的依据和前提。只有通过市场细分,准确把握市场特点,才能有针对性地制订和调整市场经营计划。

(3) 有利于提高市场占有率。在旅游市场激烈竞争和旅游需求不断变化的市场环境中,旅游企业不可能同时满足所有的市场需要,也不可能在所有的市场上开展竞争,与其分散力量,四面出击,不如针对目标市场的特点集中力量占领之,进而逐渐扩大市场范围,提高市场占有率。这一切都离不开准确地进行旅游市场细分。

(4) 有利于提高经济效益。准确地进行市场细分和选择目标市场,将有利于旅游企业有针对性地开展市场竞争,从而合理地运用资源,以尽可能少的投入取得尽可能高的经济效益。

## 二、旅游市场细分的主要依据

如前所述,影响旅游市场需求的因素是多方面的,而这些因素就是旅游市场细分的依据。通常,可以从地理、人口、行为和心理等方面对旅游市场进行细分。

地理细分是旅游市场细分中常见的一种方法。由于旅游者非当地居民,旅游市场通常是在距离旅游目的地较远的地区,因此区分清楚不同地区旅游者的需求差异是成功进行旅游市场营销的重要条件。就我国客源市场而言,日本游客、欧美游客、东南亚游客等对我国的旅游需求、市场规模均存在较大差异。日本、美国是我国传统的客源市场,这两个国家的客源规模始终领先于其他国家,为我国的一级客源市场(近年俄罗斯来华旅游者人数猛增,虽然人数超过美国,但其消费能力远不及美国,属特殊现象,不宜划入一级市场),欧洲各国,如德国、英国、法国等近年来华旅游人数也有较大增长。东南亚的菲律宾、泰国、新加坡、马来西亚等国来华旅游者人数也在迅速增长,而且,由于他们与我国在地理、文化上的密切联系,该地区是一个颇具潜力的市场。在进行地理细分时,不仅要弄清不同国家游客来华旅游的规模,还要区分不同国家游客对我国旅游产品的特殊要求,以及来华旅游者在该国的具体地理分布,这样才能制定具体有效的旅游市场营销战略和策略。

人口细分主要是根据旅游者的年龄、性别、职业、收入、文化程度、宗教信仰、民族习惯、家庭结构等因素来划分旅游市场。上述各项人口因素,对旅游市场细分都有重要价值。比如我国把来华旅游者按照年龄分成四个不同的细分市场,即16岁以下、17～30岁、31～50岁、51岁以上。以1992年统计资料分析,当年来华外国旅游者中,这四个年龄组的游客所占比例分别是3.9%、26.2%、44.1%和25.8%。这种市场构成提示我们:第一,目前旅华游客仍以中老年人为主,我们必须针对他们的年龄特点提供符合其需要的旅游市场产品和服务;第二,青少年旅游市场蕴藏着很大潜力,应当大力开发。再比如,人们的宗教信仰、民族习惯、文化传统等因素是开发旅游产品及进行市场促销时必须认真对待的。

行为细分主要是根据旅游者的旅游动机、旅游方式、购买时机、购买方式、购买状态、对企业和产品的态度等方面来划分旅游市场。旅游动机是人们产生旅游需求,选择具体的旅游目的地和旅游产品的内在驱动力。比如,有的旅游者对中国悠久的历史文化感兴趣,有的对多姿多彩的自然风光情有独钟,有的则渴望了解当代中国普通人的生活情景。旅行方式则有团队和散客两种基本形式。购买时机是指在某一特定市场上,购买旅游产品相对集中的时间。购买方式是指通过什么渠道购买。购买状态是指潜在旅游者通过了解旅游目的地情况,评价旅游目的地是否符合其需要之后,其购买意图已经明确或者正考虑是否购买的一种状态。此外,旅游者是长期选择某一家旅游企业,通过它实现旅游目的,还是随意选择一家旅游企业,这涉及旅游者对旅游企业的忠实程度。

心理细分主要是根据生活方式、性格特征以及价值观等因素来划分旅游市场。人们的追求、行为方式总是自觉或不自觉受某种思想观念的支配,而人的心理特征就是支配人们行为的一个重要方面。比如,人们的性格特征是决定人们旅游需求的一项内在因素。一般来讲,性格外向的人生性好动,旅游的欲望比较强烈,旅游需求内容也独具特点;而性格内向的人则喜欢平静,喜欢单独行动,追求旅游生活的质量,而且对各种来自外部的宣传促销的刺激比较冷静,他们比性格外向者更相信自己的判断,行动上更加谨慎。由于人们的心理特征与先天因素和后天的社会环境有密切关系,因此需结合其他因素(如人口因素)对旅游市场进行细分。

### 三、目标市场选择

旅游市场的细分是以每一个细分市场上不同的需求差异为基础,其目的是从中选择一个或若干个细分市场作为目标市场,进而以有针对性的旅游开发、市场营销组合去满足目标顾客的需要。

选择目标市场必须对细分市场加以评定,常用的评定标准有以下几种:

(1) 市场规模大小。细分市场的规模和购买力是可以测算的。市场规模的大小并不是唯一标准,必须连带其利润的大小。即使是一个规模较小的细分市场,如果购买频率高、利润大,总的利润率还是高的。

(2) 可进入性。选定的细分市场必须能通过广告和其他促销手段进入,同时通过分配渠道进入也很重要。

(3) 稳定性。细分市场的稳定性表现如下:一是有在一段适当的时间内保持不变的特征;二是构成一个细分市场的个体倾向于保持与该群体的联系;三是该细分市场的规模保持相对不变。

(4) 同质性。细分市场相对来说是一个同质的群体,他们是基于某一特征而被区分开来的,如是否到过某个目的地就可以分为两个群体。

在选择目标市场的过程中,旅游企业应采用适当的策略。目标市场选择策略有三种:第一种是无差异市场策略(无差异覆盖策略)。这种目标市场策略是把整个市场看作是一个有相同或近似需求的大的目标市场,并以相同的或单一的旅游产品以及市场营销组合去满足该市场的需要。第二种是差异性市场策略(差别覆盖策略)。这种目标市场策略是在细分市场的基础上,根据目标市场的特点分别制定出有针对性的不同旅游产品和市场营销组合,尽可能满足目标顾客的特殊需要。差异性市场策略较好地适应了旅游需求多样化的趋势,有利于旅游企业吸引更多的旅游者,强化了旅游产品和旅游目的地的形象与市场竞争力,进而可以更多地促进销售。第三种是密集性市场策略(集中覆盖策略)。这种目标市场策略是在市场细分的基础上,从中选择一个或少量几个作为旅游目的地的目标市场,以便旅游企业能够集中全部力量,在有限的人、财、物投入中取得较高的市场占有率。

上述三种目标市场策略各有特点,旅游企业选择哪种目标市场策略不是随心所欲的,必须考虑有关因素。这些因素主要包括旅游者需求的特点、旅游企业自身的条件和竞争实力。目标市场选择或者市场定位是否准确恰当,对旅游企业的市场经营具有重大影响。

## 第五节 短期旅游预测

第三节里介绍的是对旅游市场长时间的预测,周期基本都是一年以上。随着科技的发展,现在可以对较短时间的客源情况进行预测,并且准确性更高。在更长的时间尺度上,回看各时段的短期预测及实际观测数据,则可以做长期预测。目前我国各地建有智慧旅游系统,可以进行短期预测,还可为旅游应急预案提供依据。

### 一、月度预测

一般游客有出游打算,会提前1~2个月做计划。做计划的第一步就是广泛收集信息,比较分析之后选定旅游目的地,然后进行预订。而收集信息,现在人们主要是利用搜索引擎在浩瀚的互联网和电子地图上进行搜索,此外,也有不少人通过在线旅行社(OTA)进行搜索。上述搜索引擎有两种,一种是关键词搜索,即通过输入关键词搜索所需的信息内容;二是地图位置搜索,即通过给定关键词或点击地图位置搜索具体位置及周边旅游场所,并获得相关内容网页的链接。

根据提供搜索服务的公司数据库记录可以了解某个旅游目的地或旅游场所(比如南京或夫子庙)的搜索次数,利用每日搜索次数的变化可以知道人们对其关注度的变化并画出变化曲线,还能根据搜索者的IP地址知道是哪些地方的人在搜索,其占搜索者的比例如何。关于这些数据,百度指数可以提供。

与之对照的是在旅游目的地或旅游场所对到来的游客进行调查,其重点是客源地及其比重,从而基本可以得出转化率。今后利用搜索数据量乘以转化率,大致可以估算将要到来的游客量。需要进行长期的数据积累以获得越来越精确的转化率,从而提高预测的准确度。

## 二、周内预测

一般预订会在 1~2 周内发生,否则可能无法成行,因为临行前再预订门票、酒店、机票等是有风险的。尤其一些热门旅游目的地的酒店和火车票、飞机票需要更早预订,热点景区的门票也需要更早预约。

可通过在线旅行社及一些自有网站进行预订(如火车票在 www.12306.cn 上预订);现在许多旅游接待单位都建有自己的网站或小程序,也可通过它们进行预订;另外,目前电话预订依然占较大比重;也有少数人到现场给别人进行预订。

一般确定去旅游才会预订,所以预订数据代表真实的需求。预订数据清晰地表明了需求者的状况,尤其是出发地、年龄、性别等,因此可以了解一个地方的人喜欢到哪些地方旅游,或一个地方来的游客都是从哪里来的,从而建立起客源地和目的地的函数关系。

预订的游客只占总游客量的一部分,不代表全部,并且只表示一种相对的状态。而根据现场调查找出预订量和游客量之间的关系,对未来估算游客量会有较大帮助。

## 三、数小时内的预测

现在利用各地建设的智慧旅游系统可以预测从几分钟到几小时后的游客情况,但前提是事先了解游客的行进路线。有三种常见的预测方法:

(1) 根据导航数据预测。导航不仅可以指路,还可以提供道路情况,如限速、交通事故、拥堵情况、探头分布等,所以许多开车自驾的游客喜欢打开电子地图进行导航。游客在地图上设置了终点位置,地图会自动生成路径,游客选择其中一条路径开始导航,这样起始点和终点及路径就形成了。通过这些导航数据,可以了解一段时间之后某些路段或终点的车辆及游客量的变化情况。

(2) 根据道路交通监测数据预测。许多交通要道上架设有视频监控,可以监测到各个卡点的交通流量。通过对各个卡点流量数据的积累,探索它们之间的函数关系,则能够根据某个卡点(如高速公路出口)的监测数据预测出其他热点卡点的交通流量。

关于交通监测,还有一种有效的数据是各个停车场的停车数据。现在停车场基本使用自动识别系统,保留有车牌号、停留时间等信息,通过探索各个停车场之间的相关关系,根据某个停车场的情况可以预测其他停车场的情况。

（3）在旅游地（风景区）里各个路段上架设视频监控，自动识别游客人数。根据长时间的数据积累，建立各个监测点之间的函数关系，利用某个位置（如入口）的游客数量可以预测其他位置游客量的变化。

## 四、现场即时数据

现场即时数据的获得对以后的预测有决定性的作用，因此有必要对现场即时数据进行长期的监测和积累。该数据的获得方法前已述及，包括手机基站数据、视频监控数据和第三方APP后台数据。

# 第七章 旅游容量及供求平衡

## 第一节 旅游容量

### 一、旅游容量的概念体系

旅游容量也称旅游环境容量、旅游承载能力,是旅游规划尤其是旅游地和旅游点规划中一项重要的内容。旅游容量的实际意义体现在两个方面:一是在旅游地和旅游点的规划和管理中作为一种强有力的工具,保护旅游环境免遭退化或破坏;二是作为一种管理工具,在客观上保证旅游者在游览时的旅游质量。

旅游容量是一个概念体系,而不是一个一般化的概念。旅游容量包含有许多种具体的容量,根据各种容量的属性,可以将旅游容量分为基本容量和非基本容量两大类(保继刚等,1993),也可以将旅游容量分为旅游资源容量和社会经济容量。

1. 基本容量

基本容量也可分为旅游资源容量和社会经济容量。

(1) 旅游资源容量

①旅游资源空间容量:是指在保证旅游资源质量的条件下,一定的时间内所有游览空间容纳游客的能力。

②旅游心理容量:是指旅游者在某一游览空间进行某一项旅游活动时,在不降低旅游质量的条件下,该游览空间所能容纳的游客量。旅游心理容量也称感知容量,其基本空间单位取决于旅游者所认可的个人空间。个人空间是旅游者在进行旅游活动时认为可以接受的最小空间范围,一旦个人所占有的实际空间小于这个空间范围,就会感到拥挤、压抑、受到侵犯,导致不安、不快,从而使旅游质量降低。个人空间与旅游者、游览空间面积、旅游活动的性质有关。如老年人希望个人空间大些,在海滩时人们希望个人空间大些,等等。

旅游心理容量的测算方法同旅游资源空间容量,但结果比空间容量要小得多。

③旅游生态容量:是指在一定时间内可游览空间范围的旅游环境(包括旅游资

源)不致退化的前提下,旅游场所能容纳的游客量。测算旅游生态容量是一个很复杂的问题,具有很大的不确定性,因为旅游生态容量取决于自然生态系统自我恢复能力和人工处理与恢复能力,但自然生态系统自我恢复能力很难测定。旅游生态容量可用以下公式简单表示:

$$旅游生态容量 = \frac{自然生态系统自我恢复能力 + 人工处理与恢复能力}{人均产生污染量}$$

(2) 社会经济容量

①旅游社会容量:是指旅游接待地区的人口构成、宗教信仰、民俗风情、生活方式和社会开化程度所决定的当地居民可以承受的旅游者数量。太多的旅游者会给当地居民的生活带来诸多不便,如嘈杂、拥挤、污染、地价和物价的上涨等都会造成当地居民的不满,而使他们产生抵制旅游者的情绪和行为。

②旅游经济发展容量:是指在一定时间和区域范围内经济发展程度所决定的能够接待的旅游者数量。它包含了五方面的因素:一是设施容量,即基础设施和旅游专门设施的接待容纳能力(西方有学者将设施容量同旅游资源空间容量统称为物质容量);二是投资和接受投资用于旅游开发的能力;三是当地产业中与旅游相关的产业所能满足旅游需要的程度及区域外调入的可能性和可行性;四是发展旅游业造成某些产业萎缩,它们之间的比较利益怎样;五是区域所能投入旅游业的人力资源状况。

需要指出的是,按照水桶原理(由许多小木片箍成的水桶,它的容量由最短的那根木片决定),旅游基本容量的大小取决于上述容量中最小的那一个。

2. 非基本容量

非基本容量是基本容量在时间和空间上的具体化与外延。

(1) 旅游合理容量和极限容量(最大容量)

旅游合理容量也称旅游最佳容量和旅游最适容量,它往往与旅游心理容量和旅游生态容量有关,但由于对旅游心理容量和旅游生态容量的研究还没有达到能够给旅游规划人员提供一套合理容量建议值的地步,所以目前所采用的旅游合理容量值主要是经验数据。

旅游极限容量是最大的旅游承受能力。可游览空间范围接待的容量达到极限容量时称之为饱和,所以极限容量值也称为饱和点。极限容量影响到旅游地的功能分区、设施的规模和等级、管理和保护的措施等方面,所以它是一个很重要的指标。

(2) 既有容量和规划容量

既有容量是目前具有的接待容量,又称实际容量、已开发容量;规划容量是指可游览空间范围内在未来某时可能容纳和接待能力,又称期望容量。

(3) 瞬间容量和时间段容量

瞬间容量又称即时容量、瞬时容量,是指在某一时刻所能容纳的游客数。在同一可游览空间范围内,尽管极限容量没有发生变化,但是任意两个不同时刻的实际瞬间容量往往不同,例如高峰时刻与一般时刻、白天与晚上、淡季与旺季等。

时间段容量是在某一时间段内所能容纳的旅游者人数,它与瞬间容量有某种函数关系,但不是简单的相加。时间段容量随时间段的长短不同而有差异,具体来说有日容量、周容量、月容量、季容量和年容量。

(4) 与旅游活动空间范围有关的容量

与旅游活动空间范围有关的容量包括景点容量、景区容量、旅游地(点)容量、区域旅游容量等。景点容量是指旅游活动的基本单元(景点)的容纳能力;景区容量是所有景点容量和景点之间的道路容量之和;旅游地容量是各景区容量与景区之间道路容量之和;区域容量包含了旅游中心城镇的接待容量部分值,要大于区域内所有旅游地(点)容量之和。

## 二、旅游资源空间容量的计算

(1) 基本空间标准(单位规模指标)。测量旅游容量,必须要有一个同旅游地承受旅游活动相对应的适当的基本空间标准,即单位利用者(一般指人或人群,也可以是旅游者使用的载体,如车、船等)占用的空间规模或设施量,如人均占有面积。各国(地区)以及不同的旅游活动方式会有不同的基本空间标准(见表 7-1 和表 7-2)。

表 7-1 旅游设施基本空间标准(欧美)

| 旅游活动 | 场所 | 基本空间标准 |
| --- | --- | --- |
| 住宿 | 普通旅馆<br>海滨假日旅馆<br>山区旅馆 | 10~35 平方米/人<br>15 平方米/人<br>19 平方米/人 |
| 饮食 | 超过 500 床位,旅馆外餐饮用地 | 24 平方米/人 |
| 娱乐 | 海滨胜地<br>山区滑雪旅游地<br>室外电影场<br>夜间俱乐部 | 0.1 平方米/人<br>0.25 平方米/人<br>最多 1000 人/场<br>最多 1000 人/处 |
| 开敞空间<br>(户外娱乐和赏景用) | 海滨或乡村旅游地<br>滑雪旅游地 | 20~40 平方米/床<br>5~15 平方米/床 |
| 行政和服务中心 | 集中服务(洗衣和食物处理等)<br>行政、健康与卫生服务 | 最少 0.3 平方米/床<br>0.2 平方米/床 |

表 7-2 旅游场所基本空间标准(日本)

| 场所 | 最大日集中率(%) | 同时滞在率(%) | 平均停留时间(小时) | 基本空间标准 | 备注 |
|---|---|---|---|---|---|
| 动物园 | 2.0 | 40 | 2.5 | 25 平方米/人 | 上野动物园 |
| 植物园 | 3.5 | 40 | 2.5 | 300 平方米/人 | 神代植物园 |
| 高尔夫球场 | 1.5 | 100 | 5.0 | 0.2~0.3 公顷/人 | 9~18 孔,228 人/日 |
| 滑雪场 | 5 | 100 | 6.0 | 200 平方米/人 | 日高峰率75%~80% |
| 小游艇码头 | 3.5 | 90 | 4.0 | 2.5~3 公顷/只 | 25 平方米/只 |
| 汽艇码头 | 3.5 | 90 | 4.2 | 8 公顷/只 | 系留水域 100 平方米/只 |
| 海水浴场 | 5 | 100 | 6.0 | 20 平方米/人 | 沙滩 |
| 划船池 | — | — | 1.5 | 250 平方米/只 | |
| 野外比赛场 | — | — | 2.0 | 25 平方米/人 | |
| 射箭场 | 5 | 40 | 2.5 | 230 平方米/人 | 富士自然休养林 |
| 骑自行车场 | — | — | 2.0 | 30 平方米/人 | |
| 钓鱼场 | — | — | 5.3 | 80 平方米/人 | |
| 狩猎场 | — | — | 6.0 | 3.2 公顷/人 | |
| 牧场、果园 | 3.7~10 | 50 | 3.0 | 100 平方米/群人 | 以葡萄园为例 |
| 徒步旅行 | — | — | 3.5 | 400 平方米/人 | |
| 郊游乐园 | 4.5 | 90 | 4.0 | 40~50 平方米/人 | |
| 游园地 | 3.5 | 70 | 3.2 | 10 平方米/人 | |
| 露营地 | 3.5 | 100 | — | 150 平方米/人 | 汽车露营 650 平方米/台 |
| 别墅 | 4.0 | 100 | — | 700~1000 平方米/户 | |

(2)线性容量(道路容量)。与游览线路的长度、旅游者的人均占有长度等因素有关,其计算公式为

线性容量=游览线长度/人均占有长度

(3)瞬间容量。计算公式为

$$C=Ar/C_0$$

式中,$C$——瞬间容量;

$A$——可游面积;

$r$——单位利用者容纳的人数,如每车、船容纳的人数(若无利用载体,则为1);

$C_0$——基本空间标准(单位规模指标)。

(4)周转率。是旅游地每日可游时间与旅游者平均逗留时间的比值,说明每日可接待的旅游者的批数,其计算公式为

周转率＝每日可游时间/游人平均逗留时间

如果能够区分一些逗留时间不同的旅游者群体(如过夜与不过夜)，而每一群体的逗留时间基本相同，则

$$周转率 = \sum_{i=1}^{n} \frac{p_i s_i}{t_i} \quad (\sum_{i=1}^{n} p_i = 1)$$

式中，$p_i$——第 $i$ 群体占总旅游者的百分比；

　　$s_i$——第 $i$ 群体所游览空间的可游时间；

　　$t_i$——第 $i$ 群体的平均逗留时间。

(5) 日容量。要计算一个景点的日容量，需要知道该景点的可游览时间，但每个景点的可游览时间不一样，不能等同于旅游地的开放时间。如旅游地开始放行游览时，靠近入口的景点有游客，而靠近出口的景点则没有游客；在靠近结束游览时间时，靠近入口的景点没有游客，而靠近出口的景点有游客。景点的实际可游览时间要从每日的营业时间里扣除没有游客的时间，这个需要观测。

每个景点的可游览时间大致可以用下式算出：

景点日可游览时间＝旅游地日开放时间－旅游地平均停留时间
　　　　　　　　　＋该景点平均停留时间

则景点日容量为(线路容量与此同)

景点日容量＝可游面积÷基本空间标准×周转率

其中

周转率＝景点日可游览时间/游人平均逗留时间

(6) 年容量。计算公式为

年容量＝全年可游天数×平均日容量

(7) 瓶颈容量(卡口容量)。在旅游地中造成瓶颈的往往是那些旅游者必去的，而又对容量具有决定作用的空间范围(如景点、景区、线路等)。按照木桶原理，瓶颈容量可以作为总容量的衡量标准。

(8) 旅游地容量。旅游地容量不仅受到旅游资源的空间容量限制，还与旅游地的旅游专门设施和基础设施的接待能力有关。计算旅游地容量不但需要将所有景点容量和线路容量测算出来，非游览活动的容量也要测出。

旅游地瞬间容量表示旅游地同时可以容纳多少游客，这对容量预警有重要作用。如果旅游地内实际游客数量(滞在量)接近旅游地瞬间容量，则要启动应急预案，防止事故发生。有时游客滞在量没有超过旅游地瞬间容量，也有可能局部景点和线路上发生超容量现象，导致事故发生。旅游地瞬间容量计算公式为

旅游地瞬间容量＝所有景点容量＋所有游览线路容量
＋所有非游览区(接待区)容量

而游客滞在量计算公式为

游客滞在量＝累计进入的游客量－累计出来的游客量

旅游地日容量是一个比较难测定的数据，过去常用求和的方法计算，导致数据量很大，超出实际很多。实际上应该用求小的方法计算，算出所有景点和线段日容量，找到其中最小的那个值即为旅游地日容量。如果明确知道卡口在哪里，只要算出卡口容量即可。旅游地日容量公式为

旅游地日容量＝min{景点日容量，线段日容量}

## 第二节　旅游设施容量

### 一、旅游设施容量的计算

（1）住宿。提供住宿的床位(客房)多少决定了其接待能力。每张床位按每天接待一个人算，一年最大可能的接待能力为365人，则所有床位接待能力为总床位数乘以365，即

最大接待能力＝总床位数×365

实际上最大的接待能力往往很难达到。出于安全考虑，一般客房按间销售，许多时候一间客房并没有住满，会有床位空置，这里就存在一个利用率，同时还要考虑平均客房出租率(开房率)，所以

平均接待能力＝总床位数×365×利用率×平均客房出租率

有些情况下，游客人数很多，超过最大接待能力，通过挖掘潜力，还可以额外增加一些床位，如加床、将办公室和餐厅等临时改成客房等补充住宿设施，但其潜力也是有限的。此时

极限接待能力＝总床位数×365＋补充住宿

有的住宿设施使用时间可能不足365天，如野营地、季节性较强的度假村等，则要将一年365天换成实际平均使用的天数(营业天数)。

通过调查旅游目的地所有能够提供给旅游者的床位数，可很方便得到住宿的接待能力(供给量)。

如果能够估计到需住宿的旅游者人次和平均逗留天数(过夜数),则能够估计出旅游目的地所需的床位数,即

$$床位数 = \frac{估计需住宿的旅游者人次 \times 平均逗留天(夜)数}{365 \times 平均客房出租率}$$

精确计算可以用下式:

$$R = \frac{t \cdot p \cdot l}{s \cdot n \cdot o}$$

式中,$R$—平均每夜客房需求数;

$t$—游人总数;

$p$—有住宿需求的游人占总游人的百分比;

$l$—平均逗留天(夜)数;

$s$—每年旅馆的营业天数;

$n$—每个客房平均住客数,即用任何一段时间内的游人数除以游客人天数;

$o$—预测平均客房出租率。

一些旅游地区淡旺季比较明显,为了解决旺季供求矛盾,除了其他的手段(如提高价格、实行分流等),提供补充住宿也是一种很好的方法。补充住宿包括住在亲朋好友家里、租用私人住房、住野营帐篷等。许多国家补充住宿床位往往占总住宿床位较大的比例,如联合国经济合作与发展组织统计(1976)的欧洲几个旅游发达的国家住宿床位构成如表7-3所示。

表7-3 欧洲七个旅游较发达的国家旅游住宿构成

| 国别 | 住宿床位数(万张) | 其中 | | | |
|---|---|---|---|---|---|
| | | 旅馆、饭店床位 | | 补充住宿床位 | |
| | | 床位数(万张) | 占总数(%) | 床位数(万张) | 占总数(%) |
| 意大利 | 413.9 | 150.7 | 36 | 263.2 | 64 |
| 英国 | 333.9 | 137.4 | 41 | 196.5 | 59 |
| 法国 | 255.8 | 85.7 | 34 | 170.1 | 66 |
| 西班牙 | 225.4 | 97.0 | 43 | 128.4 | 57 |
| 西德 | 195.7 | 97.9 | 50 | 97.8 | 50 |
| 奥地利 | 119.5 | 62.5 | 52 | 57.0 | 48 |
| 瑞士 | 104.6 | 27.6 | 26 | 77.0 | 74 |

(2)交通。交通运输能力要求旅游者能够进得来,出得去。交通运输能力的多少是指到达或路过旅游目的地的所有交通工具在一定时期内所能运载的旅客人

次。对于交通比较发达的地区,很难衡量其运载旅客能力的大小,因为可能有游客自备车、旅行社自备车等,以及当地居民也会使用其服务,这些较难衡量。而对于交通比较不发达地区或有定期往返交通工具的地区则较易衡量。需要注意的是,旅游交通估计要考虑往返。

通常,一次旅行过程中,交通工具的每个座位(铺位)接待一名旅客,则该交通工具座位(铺位)的多少就是它接待能力的大小。如一辆50座的定期往返汽车,若每天往返一次,则接待能力为每天50人次,年接待能力为$50 \times 365 = 18250$(人次)。

(3)饮食。饮食接待能力与饮食服务提供的方式有关,如同样的餐厅面积,快餐店由于人们就餐时间短,可以多接待一些人;餐馆由于人们就餐时间长,接待的人就少一些。一般地,饮食接待能力取决于营业总面积、人均就餐所需面积、营业时间、人均就餐所需时间等因素,有时还取决原材料供应。由于每人每天就餐2~3次,还要考虑这个数字,即得饮食接待能力。实际上,人们就餐的时间比较集中,尽管营业时间较长,但有些时间并没有人去就餐。

一般旅馆的住宿面积和餐饮面积有一定的经验关系(见表7-4)。

表7-4 美国几个大旅馆体系的餐饮分类面积表

| 项 目 | 定额 平方米/人 | 300间客房 单位 | 300间客房 平方米 | 500间客房 单位 | 500间客房 平方米 | 1000间客房 单位 | 1000间客房 平方米 |
|---|---|---|---|---|---|---|---|
| 咖啡馆 | 1.6 | 120 | 192 | 200 | 320 | 300 | 480 |
| 餐馆 | 1.8 | 120 | 216 | 150 | 270 | 250 | 450 |
| 西餐厅 | 2.2 | — | — | — | — | 150 | 330 |
| 风味餐厅 | 2.0 | 80 | 160 | 80 | 160 | 2×80 | 320 |
| 小餐厅 | 2.0 | — | — | 2×30 | 120 | 3×30 | 180 |
| 屋顶餐厅 | 2.0 | — | — | 120 | 240 | — | — |
| 夜总会(可跳舞) | 2.2 | — | — | — | — | 250 | 550 |
| 门厅酒吧 | 1.4 | 40 | 56 | 60 | 84 | 80 | 112 |
| 鸡尾酒吧 | 1.4 | 80 | 112 | 100 | 140 | 160 | 224 |
| 风味酒吧 | 1.4 | — | — | — | — | 40 | 56 |
| 快餐酒吧 | 1.6 | 30 | 48 | 40 | 64 | 80 | 128 |
| 游泳池酒吧 | 1.4 | — | — | 12 | 17 | 12 | 17 |
| 衣帽间 | 0.07 | 320 | 23 | 610 | 42 | 1200 | 84 |
| 公共卫生间 | 5.4/格 | 8格 | 43 | 12格 | 65 | 2×12格 | 130 |
| 净面积 | — | — | 850 | — | 1522 | — | 3061 |
| ×20% | — | — | 170 | — | 308 | — | 612 |
| 设计面积 | — | — | 1020 | — | 1830 | — | 3670 |

(资料来源:丁文魁,《风景科学导论》,上海科技教育出版社,1993)

(4) 供水、供电。供水常与住宿和饮食联系在一起,因设施的种类、级别和气候的不同而不同。一般旅馆要求每个床位每天供水 150~200 升,最低也要达到 50 升(供水标准也可按表 7-5 采用定额方式)。旅馆的用电量很大,一般级别的旅馆要求每个床位平均每天供电 0.5 千瓦(杭州市旅游规划中提出的供电标准为每床位 2 千瓦)。

表 7-5 旅游供水定额

| 项目 | 定额[升/(人·日)] |
|---|---|
| 国外游人 | 150~500(武夷山:300;黄山与峨眉山:高山 500,低山 1000) |
| 国内游人 | 100~150(武夷山:150;黄山:120~300;峨眉山:60~100) |
| 不住宿游人 | 30~50(茶室、餐厅,为住宿游客的三分之一) |
| 职工居民 | 150~200(按国家规定生活用水标准) |
| 休养所 | 150~200 |
| 普通疗养院 | 250~300 |
| 疗养院(泥疗) | 400~500 |
| 疗养院(水疗) | 大于 600 |
| 消防用水 | 每 5000 立方米的房屋体积 5 升/秒(按有关规范) |
| 苗圃、花圃 | 0.5~1 立方米/(亩·日) |

(资料来源:丁文魁,《风景科学导论》,上海科技教育出版社,1993)

(5) 排水、排废。排水、排废的目的在于尽快排除污水、垃圾等,给游人一个清洁、卫生、舒适的环境。其排除能力与设施和劳动力有关。

(6) 停车场。停车场很重要,若场地不足,会对客房出租率和餐馆就座率产生限制作用。国外一般标准为旅馆按 2~4 间客房提供一个汽车空位。我国私人小汽车拥有率相比国外发达国家要低,故停车场地可以相应减少。

对于旅游地和旅游点来说,凡是有车可达的均需要开辟停车场,其面积可用下式计算:

$$A = \frac{r \cdot g \cdot m \cdot n}{c}$$

式中,$A$—停车场面积(平方米);

$r$—高峰时游人数(人);

$g$—各类车的单位规模(见表 7-6);

$m$—乘车率,一般可取 80%;

$n$——停车场利用率；

$c$——每辆车容纳人数（人）。

表7-6　各类车的单位规模

| 车的类型（人数） | 小汽车<br>（2人） | 小旅行车<br>（10人） | 大客车<br>（30人） | 特大客车<br>（45人） |
| --- | --- | --- | --- | --- |
| 单位规模（平方米/辆） | 17～23 | 24～32 | 27～36 | 70～100 |

## 二、旅游供给总量的衡量

旅游供给量的大小是以旅游接待能力来衡量的，接待能力既包括物质方面的设施（旅游设施）和场地容量的接待能力，也包括劳动力（旅游服务）的接待能力。由于旅游服务需要有凭借物，所以考察接待能力主要还是考察旅游设施的接待能力。接待能力又分直接接待能力和间接接待能力，直接接待能力是那些直接为旅游者提供服务的单位或设施的接待能力，而间接接待能力是通过直接接待单位或设施为旅游者提供间接服务的单位或设施的接待能力。因此，考察旅游供给量的大小主要以直接接待能力为依据，以间接接待能力为参考。但当间接接待能力不足（尤其是供给不足，如供水不足）时会影响直接接待能力（如宾馆用水不够），从而成为旅游供给量的制约因素，此时就需要考虑间接接待能力。

参与旅游供给的直接单位或设施有多种，任何一种单项旅游产品的接待能力大小都会影响整个供给量的大小。但供给总量并非是由各单项旅游产品的接待能力简单相加，而是符合水桶原理，即旅游供给量取决于接待能力最小的那种单项旅游产品（这种单项旅游产品常称为瓶颈）的供给量（接待能力）。一般来说，旅游供给量取决于这种单项旅游产品的最大可能接待能力。例如，当旅游交通成为瓶颈时，旅游供给量就取决于旅游交通的最大可能输送游客的能力。需要注意的是，旅游供给量是指接待能力，而不是指已经接待的游客量。

并非所有单项旅游产品都能成为瓶颈。由于旅游基本需求弹性小，所以满足旅游基本需求的单项旅游产品会成为瓶颈，如住宿、交通、饮食和旅游资源，至于旅游购物、娱乐及其他辅助服务比较难以成为瓶颈（除非在特定情况下）。一般而言，住宿和交通成为瓶颈的可能性最大。

## 第三节 旅游供求平衡

### 一、旅游供给

#### 1. 旅游供给的组成

旅游供给从狭义上来看是旅游经济部门在一定时期内以一定的价格向旅游市场提供的旅游产品的数量;从广义上来看是旅游经济部门和非经济部门提供的旅游产品的数量,因为有些旅游产品的组成内容(如旅游资源、基础设施、咨询服务等)可能来自非经济部门。旅游供给应从广义角度来理解,即凡是能够提供给旅游者的服务及其凭借物都是旅游供给的内容。旅游供给主要是旅游目的国(地)所提供的,但也有一些服务是在客源国(地)和联结客源国(地)、目的国(地)的线路上所提供的。

旅游供给提供的是旅游产品,而旅游产品主要由服务组成,所以旅游供给所提供的也主要是旅游服务,但是提供旅游服务必须凭借各种实物(如旅游资源、旅游设施及一定的旅游商品)才能实现。旅游供给并非只提供一种单项旅游产品,而是各种产品的综合,是一系列满足旅游需求的服务。这些综合服务的完成还必须依靠其他服务的支持,即间接供给的支持。因此,旅游供给同旅游产品有相同的组成成分。

旅游供给总的来说可以分为实物和服务两大部分,但服务离不开实物,实物也只有与服务结合起来才能形成供给。

(1) 旅游资源与游览服务

一般地,旅游资源需开发成旅游吸引物后才能提供给旅游者。旅游资源组成了旅游供给的首要内容。如果没有旅游资源,旅游设施就没有存在的必要,旅游供给也就无从谈起。旅游供给中的旅游资源要求特色鲜明、内容丰富,要有名、古、特、奇、美、用等特征,给旅游者以知识、情趣、享乐、新奇、独特的感受。

(2) 旅游基础设施及服务

旅游基础设施是指一些公用设施,如道路交通设施、给排水设施、电力设施、电讯设施、废物处理设施等等。这些设施保证了旅游服务的顺利提供,并且对于旅游活动和旅游专门设施与服务有重要影响。

（3）旅游专门设施及旅游服务

旅游专门设施多样，旅游服务内容丰富，它们同旅游资源一起构成了旅游供给的主体，直接为旅游者服务。

①交通运输设施，如轮船、飞机、火车、出租汽车、缆车、索道等等，为旅游者的旅行提供服务。这类服务要求方便、快速、准确、安全、舒适。

②住宿接待设施，如宾馆（饭店）、汽车旅馆、度假村、野营地、公寓及私人出租房屋等，为旅游者提供住宿服务。这类服务要求清洁卫生、安静舒适、方便安全。

③饮食设施，如餐馆、快餐店、咖啡馆、酒吧以及旅馆内附设的餐厅、酒吧间等，为旅游者提供饮食服务。这类服务要求清洁卫生、美味可口，满足旅游者物质和文化需求，并获得色、香、味、美的感受。

④娱乐设施，如游乐公园、游乐场、夜总会、歌舞厅等，以及一些具有娱乐性的旅游资源，它们有的构成旅游资源，有的是为了丰富旅游者的生活，为旅游者提供娱乐服务。这类服务要求给人以快乐、情调、刺激的感受。

⑤购物设施，如工艺美术商店、古玩店、百货商店、购物中心以及旅馆中附设的商店等等，向旅游者提供纪念品、工艺美术品、饮食品、旅游用品（包括旅游者生活用品）等旅游商品。旅游商品要求具有纪念性、艺术性、礼品性、实用性。

（4）其他服务

其他服务包括商业性服务和非商业性服务，如导游、翻译、预订、咨询、出入境等方面的服务，这类服务要求热情、周到、礼貌、有效率。

## 2. 旅游供给的特点

旅游供给是旅游产品生产者的行为，这种行为涉及国家和社会的各个方面，但主要的行为者是旅游业，它们的活动构成了旅游产品的直接供给。从直接供给角度来看，旅游供给具有以下特点：

（1）综合性

综合性贯穿于旅游经济各个运行环节，旅游产品、旅游需求、旅游消费、旅游供给都具有这一特征。因为旅游供给提供的是旅游产品，而旅游产品具有综合性，所以旅游供给也具有综合性，即提供完整的旅游产品。旅游供给的综合性体现在有直接供给，也有间接供给；有基本供给，也有非基本供给；有物质产品的供给，也有精神产品和服务的供给；有旅游经济部门提供的，也有其他经济部门和非经济部门提供的；等等。

（2）服务性

旅游产品是以服务为主的无形产品,旅游供给提供的也主要是旅游服务,因而它具有服务性的特征。在旅游供给中,即使有了旅游资源和旅游设施,没有旅游服务的提供,仍然形成不了有效的供给。服务与凭借物共同作用才能形成有效的供给。

(3) 不易改变

为了满足旅游者的需求而开发的吸引物和旅游设施很难改变用途以适用其他需求。如将自然资源开发成旅游吸引物之后,其土地和设施很难改作其他用途;又如建造一个游乐场所,若要改变其功能几乎不可能,除非废除它。因为一些旅游资源和设施很难改作他用,使得旅游供给具有较小的弹性,这就要求开发前需进行周密的计划和规划,尽力去适应旅游产品的敏感性。

(4) 不能运输

旅游供给所提供的旅游产品不能运输、不能贮存,必须在其存在时就消费掉,因此旅游供给具有不可运输性。旅游企业的服务多数不能"送货上门",而是"等客上门",这使得旅游企业的声誉和对外宣传就显得更为重要。

(5) 互相补充、互相制约

旅游产品的各组成成分之间既有共生关系,也有冲突关系,这两种关系决定了提供单项旅游产品的各旅游企业之间具有相互补充、相互制约的作用。当单项旅游产品之间具有共生关系时,企业之间就存在互相补充的作用;当单项旅游产品之间具有冲突关系时,企业之间就存在相互制约的作用。

但是,旅游供给不具有季节性,或者季节性不强,这与旅游需求不同。因为旅游供给是指提供服务的能力,这种能力很难随季节发生变化,尤其对旅游设施来说更是如此,像旅馆、餐馆、交通等设施的接待能力几乎全年都是一样的。

3. 旅游供给的弹性

旅游供给规律与其他商品供给规律相同,即在其他条件不变的情况下,当旅游产品的价格呈上升趋势时,旅游供给量便会增加;当旅游产品的价格呈下降趋势时,旅游供给量便会减少。这是因为在市场经济条件下旅游经营者以盈利为主要目的,在价格上升时会获取更多的利润,于是会有更多的企业和个人加入这一行业,或者是已有的经营者扩大经营规模,最后导致旅游供给量的增加。如果不在市场经济条件下,则不一定会出现这一供给规律。

旅游供给规律表明旅游供给同旅游价格呈同向变化,这种旅游供给随旅游产品价格变化而发生相应的变化称为旅游供给价格弹性。由于旅游产品价格综合反映了许多影响旅游供给的因素,在此就不考虑其他因素下的旅游供给弹性,所以旅游供给价格弹性可简称为旅游供给弹性。

旅游设施和旅游服务构成了供给的主要部分,因此旅游供给对旅游设施具有很强的依赖性,旅游设施的状况基本可以反映旅游供给能力的大小。旅游设施具有很大的刚性,设施的扩大需要一定时间的建设期,而设施的减少则要受到成本和改造的限制,因此旅游设施在短时期内变化是非常困难的,由此决定了旅游供给在短期内变化也是比较困难的。另外,对提供旅游服务的从业人员进行补充和培训也需要一定的时间。所以,从一个较短的时期内来考察,旅游供给量受旅游价格变化的影响很小,旅游供给缺乏弹性。

## 二、旅游需求

### 1. 旅游需求的定义及分类

需求是指人们在一定条件下对某事物渴求满足的欲望,是人们行为产生的原动力。旅游需求是人们为了满足观光游览、度假、疗养、宗教、探亲访友、修学、考察等愿望而产生的,是对一定数量和质量的旅游产品的需求。从经济角度看,旅游需求是在一定时期内和一定的价格水平上,具有旅游欲望的人们愿意而且能够购买的旅游产品的数量。旅游需求可以理解为某一地区(国家)的人们对外出旅游的需求量,即可能产生的旅游人次;但一般把旅游需求理解为对某一旅游产品或某一旅游目的国(地)所需求的数量。

旅游需求通常是对完整旅游产品的需求,即对一次旅游经历过程中所有服务的总和的需求。人们外出旅游并非仅仅是为了去某饭店住宿,或者是为了乘坐某一种交通工具,而是为体验和获得去某地的旅游经历。人们为了其旅游的目的,保证旅游活动顺利进行,对许多单项旅游产品有需求,这些单项产品共同构成一个完整的旅游产品,仅凭某一个单项旅游产品是不能完成一次旅游经历的。虽然人们常常是冲着某一个单项旅游产品(如观光、娱乐、购物、乘坐新型交通工具等)而来的,但是还需要许多配套服务(即其他单项旅游产品)才能实现愿望。因此,旅游需求多指对总体旅游产品的需求。

旅游需求可分为潜在的旅游需求、可能的旅游需求和实际的旅游需求。旅游需求产生的最基本条件是旅游动机、支付能力和闲暇时间,任一因素的缺乏都会使人们不能外出旅游。潜在的旅游需求是指由于某一个或几个因素的缺乏而不能外出的需求,但是经过一段时间后将会具备出游的各个条件。可能的旅游需求是对某一产品或目的地的最大可能的需求,是指所有能够购买这一旅游产品或到达目的地的旅游者人次,与旅游者的产生有很大的关系。实际的旅游需求则是由于种种原因所造成的实际购买量。对某一目的地来说,实际到达的旅游人次才表明是旅游的实际需求。可能的需求往往比实际的需求大许多,而当条件具备时,潜在的需求会成为可能的需求和实际的需求。因此,在一定的时期内,旅游产品的经营者应重点开发可能的需求,通过有效的市场营销策略,尽可能多地使可能的需求转换为实际的需求。

旅游需求是构成旅游市场的基础。没有旅游需求,旅游业就无从谈起,旅游市场也就不存在,旅游产品的价值就无法实现。旅游需求是旅游产品开发的依据。任何一个国家或地区在发展旅游业时,都必须以对该国或该地区旅游产品的需求预测为依据,有针对性地开发旅游产品和进行市场促销,合理地控制和规划旅游业的发展规模和速度,以实现旅游业的最佳效益。

2. 旅游需求规律

虽然旅游需求的产生和变化受多种因素的制约和影响,但对旅游需求最活跃的、最经常的、具有决定性影响的因素还是旅游产品的价格和人们的收入状况。

旅游需求同价格的关系与其他商品的需求与价格的关系是一样的,即在不考虑其他因素的前提下,旅游需求量同旅游产品价格成反方向变化,当旅游产品价格上升时,旅游需求量就减少;当价格下降时,需求量就上升。旅游需求与价格之间之所以具有这种的关系,主要原因如下:首先人们的购买能力是有限的,价格上升时,一些人可能无力购买,造成需求量减少;价格下降时,一些原来无力购买的人又可以购买,造成需求量增加。其次,旅游产品是一种高档消费品,与其他的商品具有冲突关系,当旅游产品价格上涨时,人们可能转而购买其他的商品,使旅游需求量减少;当价格下跌时,人们会减少对其他商品的购买,转而购买旅游产品,使旅游需求量增加。

旅游需求同可自由支配收入之间也有着密切的关系。一般来说,如果不考虑其他因素的变化,人们可自由支配收入增加,对旅游产品的需求也随之增加;可自由支配收入减少,旅游需求也随之减少。总之,旅游需求同可自由支配收入之间呈同向变化的关系。

3. 旅游需求弹性

旅游需求受多种因素影响,其中任何一项因素的变化都会引起旅游需求量的相应变化。旅游需求弹性就是指旅游需求量对这些影响因素的敏感性,即旅游需求量随某一因素的变化而出现的相应变化。旅游需求弹性的大小用旅游需求弹性系数表示。由于在所有影响因素中,旅游产品的价格和人们的可自由支配收入是两个最直接、最活跃、最经常的因素,所以这里仅分析旅游需求的价格弹性和收入弹性。

(1) 旅游需求价格弹性

旅游需求价格弹性是指旅游需求量随旅游产品价格的变化而发生相应变化的关系。一般来说,旅游需求的变化比旅游价格的变化快,即旅游价格的较少变化,会导致旅游需求量的较大变化,表明旅游需求对旅游价格的变化有弹性或弹性大。旅游发展的实践表明,许多国家和地区旅游产品价格的变化都会导致来访旅游者人次的很大变化,尽管有时在人次变化上可能不大,但旅游者的停留天数却有较大变化。这些情况都说明了旅游需求价格弹性大。具有这种弹性系数的旅游产品价格下降一点就会导致旅游需求量的增加,从而使旅游收入增加。

(2) 旅游需求收入弹性

旅游需求规律表明,在其他条件不变的情况下,个人可自由支配收入增加,旅游需求也增加。旅游需求与可自由支配收入之间的关系称为旅游需求收入弹性。一般来说旅游需求收入弹性大于1,称之为有弹性。在20世纪70年代初期,国际官方旅游组织联盟(世界旅游组织前身)曾根据其成员国居民参加旅游活动的整体情况估测出旅游需求收入弹性为1.88。但各国的情况有所不同,如在整个20世纪60年代,法国居民以个人消费支出为基础的旅游需求收入弹性为2.5,而美国居民仅为1.1。

## 三、旅游供求矛盾运动

### 1. 旅游供求矛盾运动的定义

贯穿整个旅游经济运行过程的主要矛盾是旅游供给和旅游需求之间的矛盾,即旅游供求矛盾。这个矛盾带动了旅游经济中的各种矛盾,而各种矛盾的解决都是围绕着不断克服这一主要矛盾而进行的。构成供求矛盾的双方互相作用,构成了旅游经济活动的主要内容。旅游供给和旅游需求既相互对立,又相互联系,既互为制约,又互为条件,是一个不可分割的统一体的两个方面。旅游供给要通过旅游需求来实现,而旅游需求又要求旅游供给以满足。

旅游供给和旅游需求都要求对方与自己相适应。旅游需求在量方面的增加和质方面的提高,都要求旅游供给在量上和质上相应的增加和提高;反之,旅游供给在量和质方面的改变,也要求旅游需求在质和量方面的改变。旅游供给和旅游需求这种在质和量方面的适应就是旅游供求的平衡。旅游供求之所以要达到平衡,是因为双方是不可分割的供求矛盾的两个方面,需求多,要求增加供给予以满足;供给多,要求增加需求予以实现。

但在现实旅游经济活动中,旅游供给和旅游需求都受到很多外界因素的影响,使供求双方时刻处在发展变化之中,造成双方在质与量上产生差异,旅游供求变得不平衡。此时,价值规律和供求规律必然发生作用,又促使双方趋向于平衡。旅游供求的不平衡是绝对的,平衡才是相对的。旅游供求之间的这种由不平衡到平衡再到不平衡的循环往复变化过程,称为旅游供求矛盾运动。

旅游供求矛盾运动促进了整个旅游经济的发展。

2. 旅游供求不平衡产生的原因和主要表现

旅游供求不平衡产生的根本原因在于旅游供给弹性和旅游需求弹性不同,旅游供给弹性小(或称具有刚性),而旅游需求弹性大。当一个影响因素发生作用时,对旅游供给和旅游需求的影响结果可能不一致或不同步,于是供求平衡便被打破,不平衡产生。

旅游供求矛盾在旅游产品交换过程中突出表现在质、量、时间和空间等几个方面。

(1) 旅游供给结构和旅游需求结构之间的矛盾

构成旅游供给的各单项旅游产品在质和量上的关系组成了旅游供给结构,构成旅游需求的各单项旅游产品在质和量上的关系组成了旅游需求结构。旅游需求和旅游供给在质和量上相适应,即达到旅游供给结构和旅游需求结构的平衡。但在一定时期内,由于旅游供给具有刚性,旅游供给结构不易改变,而旅游需求具有弹性,旅游需求结构易受其他因素影响而发生改变,二者便由平衡走向不平衡。而旅游供给者一味追求某些类型和档次的设施也是造成不平衡的重要原因。

①供求在质量上的不平衡。旅游目的国(地)在设计其旅游供给时一般都依据对游客消费层次的调查和预测,按不同档次的一定比例建设相应数量的旅游设施和提供相应的旅游服务是旅游供给在质方面的表现。而旅游者受消费水平、时间、兴趣爱好等多种因素的影响,有着对各类型、各档次的旅游服务的需求。旅游需求内容的类型和档次与旅游供给内容的类型和档次不吻合,便是供求在质量上的不平衡。

②供求在数量上的不平衡。旅游供求在数量上的不平衡表现为旅游接待能力

同旅游者人次(或人天数)之间的矛盾,要么接待能力不足以适应旅游者到来的人次(人天数);要么旅游者到来的人次(人天数)不足,造成接待设施闲置;要么旅游者到来的人次和接待能力虽然在总量上相等,但在类型和档次方面不吻合。

(2) 旅游供给和需求在空间上的不平衡

旅游供给具有不可移动性,而旅游需求的主体旅游者却是可以移动的。旅游者根据个人爱好、交通便利程度、时间限制、气候条件、旅游资源的特征等诸多因素,可能只是去某些感兴趣的旅游目的地。在空间上表现为旅游需求集中分布于某些热点地区(点),而在冷点地区(点)分布较少,于是热点地区(点)有可能出现供给不足,而冷点地区(点)有可能出现供给过剩,从而造成了供求在空间上的不平衡。这种空间范围可以指全球,也可以指一个目的国(地)、一个风景区,甚至一个旅游设施(如旅馆、餐厅等)。

(3) 旅游供给和需求在时间上的不平衡

旅游供给时间性(季节性)不强,其接待能力全年基本都是相等的,并且提供的旅游产品不能贮存,而旅游需求具有时间性(季节性),是旅游者根据闲暇时间与气候条件来安排的。旅游者只是在某个时间段集中外出旅游,在其他时间段则较少外出旅游,于是集中出游时间段旅游供给可能不足,较少出游时间段旅游供给可能过剩,从而造成了供求在时间上的不平衡。这种时间范围突出地表现为一年中不同季节(淡季与旺季)、一周中不同时间(平时与周末),甚至有的一天(指旅游过程的一天)中也有不平衡的表现。

## 四、旅游供求矛盾的调节

### 1. 旅游供求平衡的涵义

调节旅游供求矛盾的目的在于使旅游供求达到平衡,正确认识旅游供求平衡的涵义有助于对旅游供求矛盾的调节。

对于旅游者来说,他们追求的是旅游需求的满足、旅游目的的实现;对于旅游经营者来说,他们追求的是经济利益、利润的实现。因此可以认为,旅游供求平衡应是在节约社会人力、物力和财力的前提下,旅游供给获得目标利润,旅游需求得以满足。根据这种理解,旅游供给和旅游需求并不要求在数量上有一比一的对应关系,允许有一定的浮动。例如,当旅馆的客房出租率在65%时能够实现目标利润,65%的客房出租率成为旅游供求平衡的最低值,超过65%的客房出租率同样是达到供求平衡,即平衡区间在65%~100%之间。在实际旅游活动过程中,旅游供给在数量上应略大于旅游需求,这一方面是应付旅游需求的较大弹性,不致于在旅游需求扩大时难以满足;另一方面有利于旅游供给者之间开展竞争,提高管理水平和服务质量。

由于多种原因,对各单项产品的需求量并不常常同需求总量相等,而是小于需求总量。例如,在 100 位到访的旅游者中,可能 70%有住宿需求,90%有饮食需求,80%有交通需求,100%有游览需求,50%有购物需求,即需求总量为 100 人次时,需求结构中住宿、饮食、交通、游览、购物的比例关系为 70∶90∶80∶100∶50,它要求旅游供给具有相同或类似的结构才能达到平衡。例如,当有 $m$ 人次的旅游者来访,旅游供给能力和结构应为 $0.7m∶0.9m∶0.8m∶m∶0.5m$。如果旅游交通成为瓶颈,其最大供给能力为 $n$,则旅游目的地总的供给能力为接待 $1.25n$ 人次的旅游者。旅游供给结构和旅游需求结构也并不要求完全相同,允许有一定幅度的偏差,同样认为是达到供求的平衡。

2. 调节旅游供求矛盾的方法

旅游需求弹性大,旅游供给弹性小,且供给的减少是比较困难的,所以调节旅游供求矛盾要遵循一个宗旨,即合理控制旅游供给的增长,调动各种因素刺激旅游需求的变化。当旅游供求矛盾表现得比较尖锐时需要进行调节,此时应分析清楚矛盾的主要方面,然后采取相应的措施使之与对方相适应。如果矛盾的主要方面在于旅游供给,则要求制订出一份科学的旅游规划和合理的旅游政策。例如,供给不足时,鼓励多方投资,扩大供给量;供给长期过剩时,严格限制供给量的增长,引导一些旅游设施改作他用。如果矛盾的主要方面在于旅游需求,则要求采取价格手段、宣传促销等活跃的因素来刺激。总之,进行调节要动用国家政策、价值规律、供求规律等诸多因素。

# 第八章 区域旅游规划总论

## 第一节 区域旅游规划的程序

区域旅游规划没有一个普遍适用的程序,也没有权威的领导和管理机构,显得不是那么规范。由于各国各地区政策与法规的不同,以及进行旅游规划的人员承担的任务不同,都会导致他们在进行旅游规划时采取各自的合适的程序。但是区域旅游规划的程序至少可以归纳为两个方面,其一是从旅游规划的整个过程来看,包含了区域旅游规划从准备到实施的全部过程;其二是从旅游规划的技术过程来看,包含了区域旅游规划的技术支持过程。

### 一、区域旅游规划的全过程

从区域旅游规划的全过程来看,其程序大致可以分为六个阶段(见图8-1)。

1. 拟议阶段

一个地区要发展旅游,必须先进行旅游规划。无论是发展旅游,还是进行规划,首先需要拟议一下是否有这种能力,是否有这种必要。

拟议阶段的主要工作包括:初步了解该地区旅游资源的大致情况及价值估计;对旅游市场进行概略分析和预测;发展旅游可能对该地区产生哪些积极的和消极的影响;对该地区发展旅游的能力予以分析,尤其是投资资金问题。根据以上的初步了解和分析,再结合该地区的实际情况决定是否要发展旅游,是否要进行旅游规划,如果有这种必要,则可以进入下一阶段。

在拟议阶段,许多工作是由当地政府主管部门来完成的,其中一些偏向技术性的工作,如旅游资源概查、市场分析、旅游影响等,可由主管部门聘请专家和旅游行业人士来共同进行。为了慎重起见,有可能还要进行多方、多次论证。经过多方、多次论证,一个地区的旅游发展方向基本明确,旅游开发重点基本确定,旅游开发的步骤也基本清楚。

必须明确的一个问题是,不能把旅游开发和发展的所有问题都寄托在某一个旅游规划小组身上,因为进行旅游规划之所以有必要,还在于它能将旅游开发和发展的思路系统化、文字化、政策化。旅游规划小组不仅要提出自己的意见,还要综合其他人的意见,发挥大家、集体的智慧,避免偏见和片面性,把合理的部分保留下来,不合理的部分去掉。

拟议阶段可能是一个很短的过程,表示出强烈的开发意识;也可能出于某些原因(如资金、经济基础、政府准备不足等)而成为一个较长的过程。

2. 准备阶段

经过拟议阶段,认为有必要进行旅游规划,则要着手准备,进入准备阶段。

在准备阶段,因为认识到旅游规划的重要性,首先由政府指定主管部门(如旅游局或相关的机构)负责组织规划工作,并拨付必要的经费;或由主管部门向政府提出报告或申请,要求进行旅游规划工作,并申请提供必要的经费,送政府批准。需要注意的是,一定要有负责组织规划的主管部门和负责人。

其次,组织规划小组。规划小组可以完全由旅游主管部门来组织,也可以委托其他机构来组织。如果旅游规划工作主要是委托其他机构或组织(如学校、研究所、公司等)来完成,则规划小组由双方共同组织,双方都安排一些人员进入规划小组。主管部门的参加人员主要是做一些协调工作,技术性的工作由被委托方来完成。委托方和被委托方之间需要签订一份合作协议或合同,明确双方的责任和权利,尤其是对旅游规划成果的精度要有明确的规定。

第三,提交一份旅游规划计划书。计划书的主要内容包括:完成旅游规划的基本任务和要求;旅游规划工作的进程(时间安排);旅游规划的阶段性成果与验收办法;规划工作的组织、人员、实施步骤与方法等。若是委托规划,则计划书由双方确定,并可以写进协议或合同里。

最后是技术和资料的准备。技术准备主要是培训技术人员;资料准备包括商请有关部门提供规划所需的资料(如园林、城建、环保、交通、通讯、旅游等),配备必要的设备、工作图件以及后勤组织等,保证旅游规划工作的顺利进行。

3. 调查分析阶段

本阶段是旅游规划的关键阶段,技术要求高,具体可见本节"区域旅游规划的技术过程"这部分内容。本阶段要全面完成旅游规划的技术性工作,又分为两个小的阶段,即调查次阶段和分析次阶段。它们可以同时进行,也可以单独进行,或交叉进行,但在此之前要对第二手资料进行整理与分析。

(1)第二手资料的整理与分析。首先看看资料是否充分,是否满足需要(尤其是地图),是否还有遗漏;其次将资料中与旅游有关的内容整理出来;最后分析资料,将有用的、可靠的内容保留下来(尤其要注意专业人员的权威资料和各方人士对规划的想法和建议),并对目标地区产生大致的印象。需要指出的是,在实际工作中,单靠各种介质上的资料是不够的,还要把一些人心中的看法和想法弄清楚。

(2)调查次阶段。又称野外工作(外业)阶段,主要是通过实地考察、调查、访问、座谈等等手段,对旅游资源、旅游市场、旅游产业、周边地区以及开发规划的意见和建议等情况进行必要的细致的调查,弄清楚一些情况。在规划过程中可能不止一次进行实地调查,要反复多次,直到将一些必要情况弄明白弄清楚为止。对于旅游开发规划的意见和建议可作为参考,一些好的和有一致看法的内容应被规划所采纳。

(3)分析次阶段。又称室内工作(内业)阶段,主要是对调查得来的第一手和第二手资料采用多种方法进行深入分析,如对比法、归纳法、演绎法、专家法、数学计算等等。分析的内容主要有旅游发展条件分析、旅游资源分析、旅游市场分析、与周边地区的关系分析。这些分析的结果将引导规划,是规划的依据。

**4. 概念与介绍阶段**

概念与介绍阶段又称为规划阶段,可以细分为两个次阶段。

(1)形成概念次阶段。经过调查分析,将会提出规划各个方面的设想。首先要有初步的概念,即规划的设想,这些设想可能是规划小组各个成员提出的,也可能是其他人员经过调查得来的;其次在规划小组内部对这些设想进行讨论和争辩,尤其要重视与规划委托方的讨论;最后得出在规划小组内部获得一致认同的概念(设想),并与规划委托方取得一致。

(2)介绍次阶段。将规划小组内部一致认同的概念用文字和图件表达出来,以供征询、论证、评审之需,也是下一步进行调整、修改的基础。

**5. 论证修改阶段**

初步提供的旅游规划文本和图件,首先要进行论证(初评)。论证或初评是在旅游规划地区内进行的,邀请地区内各相关部门和各级政府的一些人员对初步的旅游规划文本和图件进行评定、审查,提出不足和需修改之处,以防止出现遗漏、考虑不全、偏见以及规划的立足点偏高(偏低)等问题。

经过论证或初评,针对提出的意见对旅游规划的文本和图件进行修改。如果问题较为突出,还必须重复第三阶段的工作。

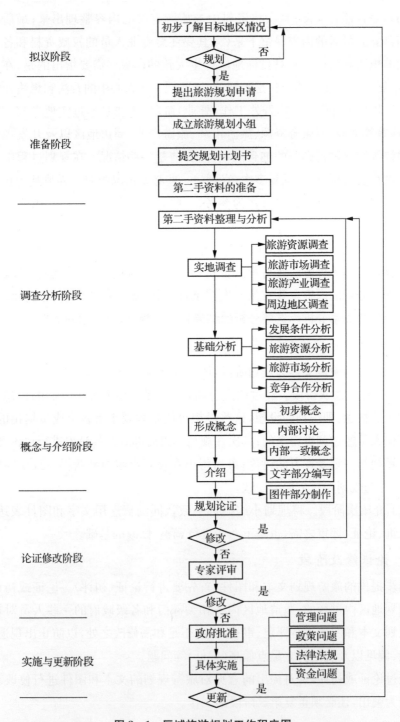

图 8-1 区域旅游规划工作程序图

若旅游规划文本和图件没有什么大的问题,经修改后可以提交评审(论证)。评审小组由该规划地区外的一些专家组成,人数以7或9人为佳。这些专家须在旅游上有一定的研究,对旅游开发规划有丰富的经验和见解,并且有时间来参加评审。这些专家还应该对规划地区的旅游资源、市场等有一个大致的了解,必要时可请评审小组对该地区进行考察。

经过该规划地区内外专家和相关行业人士的征询与评审,规划小组根据他们的意见对旅游规划的文本和图件进行不断地修改、调整、增减,形成旅游规划的最终正式成果。如果旅游规划的问题较为突出,则重复第三阶段的工作。

6. 旅游规划成果的实施与更新阶段

旅游规划成果经过规划地区的政府讨论、审议,通过后经政府批准就可以实施,对旅游开发进行指导、协调和约束,起到政策与法规的作用。实施旅游规划,政府中须存在一个行使政府职能的机构或组织来拟定旅游规划的实施计划,协调各个相关部门的工作,按规划开发、发展该地区的旅游,使之有计划、有步骤、有秩序。实施旅游规划还需制定相应的政策和法规来保障旅游的发展,并提供一定的资金进行必要的建设,从而启动旅游的发展。

旅游发展变化较快,旅游规划不可能对未来的所有问题都考虑到。随着时间的推移,旅游资源、旅游市场、当地社会经济状况、国家政策等都会发生变化,因此需要及时地对旅游规划进行更新。如果发现规划不适合于该地区的实际情况,则必须调整或重新规划。更新阶段重复上述五个规划阶段的工作,体现了旅游规划是一个不断反馈的持续过程。

上述旅游规划过程因规划目标的空间层次不同,是有差别的。国家级和省级旅游规划主要由旅游主管部门来完成,由于空间范围广大,对于旅游资源的考察和评价只能是粗略的,不可能进行的很细,其重点是放在旅游市场、旅游发展战略、旅游布局和旅游发展政策上。

## 二、区域旅游规划的技术过程

旅游规划的技术过程仅相当于规划全过程的第三阶段工作,主要探讨一些与技术有关的规划问题,以及一些技术之间的相关关系,跟全过程的程序略有差别。

国外相关资料中的旅游规划过程多是从技术性的角度来进行的。如Baud-Bovy和Lawson(1977)提出的PASOLP(products analysis sequence for outdoor leisure planning,中文意为户外休闲规划的产品分析次序)模型,是早期应用的旅游规划程序(见图8-2)。

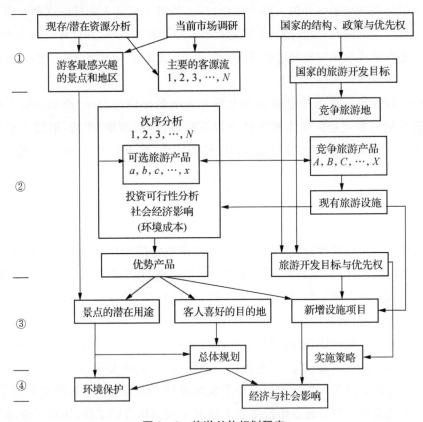

图8-2 旅游总体规划程序

在上述旅游规划图中,将旅游规划分为四个阶段:①调查与分析阶段;②旅游政策与开发次序确定阶段;③总体规划阶段;④保护法案制定阶段。由于旅游规划是一个连续的过程,上述的PASOLP模型只是系统规划的一部分。Baud-Bovy和Lawson的系统规划方法共包括四个子系统,即开发计划制订(PASOLP模型)、永久控制系统、反馈机制、重新规划程序。其基本思想是一个规划制订与实施后,通过开发效益分析与原来的开发目标进行比较,若有偏差,则通过反馈机制重新制订旅游规划或修改原规划。

Gunn(1979)将区域旅游供给规划分为五个步骤:

第一步:设定对象。旅游规划的对象包括规划的活动、面向公共和私人部门的规划文件。

第二步:研究。分物质要素的研究和项目要素的研究,其中物质要素是指自然和人文资源,项目要素包括市场、促销信息、环境基础、政府、土地、财政、管理、劳动力等。

第三步:综合结论,即由物质数据和项目数据的结论共同得出研究结论。

第四步:概念,包括物质开发的概念(可反馈至第二步中物质要素的研究)、项目开发的概念(可反馈至第二步中项目要素的研究)。

第五步:介绍,包括物质开发、项目开发、政策和组织、合适的实施步骤(分期实施)。

## 第二节　区域旅游规划的内容

目前区域旅游规划的内容还没有一个统一的标准和规范,各个编制旅游规划的单位和团体都有自己的一套编制方法与编制内容,各个国家和地区也都有自己的旅游规划内容。

就我国来说,区域旅游规划按层次可以分为国家旅游规划、省级旅游规划、市县级旅游规划,各省之间还可以有跨省旅游规划。各个层次的规划内容基本相同,但侧重点和详细程度不同。

旅游规划内容的表现形式(规划成果)可以分为两个部分,即文字部分和图件部分,其中文字部分又分文本、说明书和附件。文本是规划内容的核心之一,通过简洁明了的条文式表达方式把规划的结论表述出来,省去了大量的说明、分析和论证的文字,供决策使用。说明书是对文本进行详细的说明、分析和论证,文字材料很多,内容详尽。说明书一般用章节目的形式表达。附件是文本和说明书的补充材料,可以是针对文本和说明书中的某个专题进行更为深入的论述,也可以是摘录一些重要的文献资料来辅助说明问题。附件中的内容往往是并列的,相互之间没有太多的联系,一般用并列或罗列的方式表达。图件是规划的结果在空间上的表达,使规划更直观明了,也弥补了规划中难以用文字表述的内容。

### 一、有关的规定

原国家旅游局在1999年3月29日颁布的《旅游发展规划管理暂行办法》中第十八条规定,旅游发展规划应当包括如下基本内容:

(1) 综合评价旅游业发展的资源条件与基础条件；

(2) 全面分析市场需求，科学测定市场规模，合理确定旅游业发展目标；

(3) 确定旅游业发展战略，明确旅游区域与旅游产品重点开发的时间序列与空间布局；

(4) 综合平衡旅游产业要素结构的功能组合，统筹安排资源开发与设施建设的关系；

(5) 确定环境保护的原则，提出科学保护利用人文景观、自然景观的措施；

(6) 根据旅游业的投入产出关系和市场开发力度，确定旅游业的发展规模和速度；

(7) 提出实施规划的政策和措施。

并在第十九条中规定：旅游发展规划成果应包括规划文本、规划图表和附件；规划说明和基础资料收入附件。

## 二、旅游规划的内容提要

由于旅游规划说明书的内容最为详尽，文本其实就是将说明书的结论抽取出来，因此这里就以说明书的内容来进行说明。区域旅游规划的内容基本上涉及下面几个方面（各个地方可以根据实际情况对其进行增减）。需要指出的是，这里只是列出提要，主要的内容将在接下的两章里进行论述。

### 1. 文字部分

**A 规划部分（基础分析）**

(1) 地区概况

①地区自然概况；

②地区人文概况；

③地区社会经济概况；

④地区的沿革。

(2) 地区旅游发展现状

①地区旅游资源开发现状；

②地区旅游业现状；

③地区旅游发展取得的经验和成果；

④地区旅游发展中存在的问题。

(3) 旅游发展条件分析（现在流行用 SWOT 分析）

①区位条件分析;

②社会经济条件分析;

③人口条件分析;

④宏观政策条件分析;

⑤投资资金来源分析;

⑥旅游市场环境分析;

⑦旅游发展的趋势分析。

(4) 旅游资源的调查与评价

①旅游资源的调查方法;

②旅游资源的调查结果;

③旅游资源的评价方法;

④旅游资源的级别划分。

(5) 旅游市场调查与分析

①旅游市场的调查;

②旅游市场现状分析;

③旅游市场的潜力分析;

④旅游市场预测;

⑤旅游目标市场的选择;

⑥旅游市场的开拓与促销。

(6) 与周边地区的竞争与合作分析

①主要的竞争者;

②主要的合作者;

③比较的优劣势。

**B 规划部分(规划内容)**

(7) 总则

①规划范围;

②规划依据;

③规划指导思想;

④规划原则;

⑤规划期限。

(8) 旅游发展的战略

①旅游发展的战略定位(主题、思想);

②旅游发展的战略地位;

③旅游发展的战略目标(经济、就业);

④旅游发展的战略重点;

⑤旅游发展的战略模式;

⑥旅游发展的战略部署。

(9) 旅游发展的空间布局

①旅游布局(点、线、面);

②旅游资源的开发;

③旅游区划(功能分区)。

(10) 旅游产品开发

①专项旅游产品;

②专线旅游产品;

③节庆旅游产品;

④旅游的游程规划(一日游至多日游线路)。

(11) 旅游产业规划

①旅游饭店规划;

②旅游交通规划;

③餐饮业规划;

④旅游商品规划(工艺品、食品、用品);

⑤旅游娱乐规划;

⑥旅行社规划。

(12) 旅游市场规划

①目标市场的选择;

②市场开拓与促销。

(13) 旅游基础设施规划建议

①旅游道路规划(对外和内部交通线路);

②供、排水需求规划;

③电信需求规划;

④电力需求规划;

⑤安全保护规划。

(14) 旅游发展保障系统规划

①人力资源保障；

②旅游政策保障；

③旅游管理保障；

④旅游发展动力保障。

(15) 旅游资源与环境保护

①旅游资源保护级别与保护措施；

②旅游环境保护措施。

(16) 分期规划与优先发展项目

①分期规划；

②优先发展项目的概念性规划(一个或多个)。

(17) 规划实施

(18) 附录(一些与区域旅游规划有关的专题报告、文件、资料(包括现在的资料和历史资料)、图件等)

## 2. 图件部分

(1) 旅游区位图(1∶50000 及以下)

(2) 旅游市场现状分布图(1∶50000 及以下)

(3) 旅游资源分布图(1∶25000 及以下,以 A1 或 A0 幅面大小为佳)

(4) 旅游区划图(1∶50000 及以下)

(5) 旅游资源评价图(1∶25000 及以下,以 A1 或 A0 幅面大小为佳)

(6) 旅游市场规划图(1∶50000 及以下)

(7) 旅游空间布局图(1∶25000 及以下,以 A1 或 A0 幅面大小为佳)

(8) 旅游组织规划图(1∶25000 及以下)

(9) 旅游形象规划图(形象标志图、视觉识别图)

(10) 旅游资源与环境保护图(1∶50000 及以下)

(11) 重点旅游地概念性规划图(1∶50000～1∶5000)

Gunn(1994)认为区域旅游规划的体系可以如下所示(见图 8-3)：

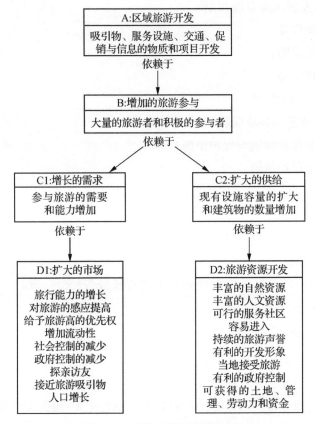

图 8-3 旅游开发的依赖体系

## 第三节 区域旅游规划基础分析

一般我们在进行旅游规划时需要对一些基础问题进行分析。尽管这些基础分析不作为规划的文本内容,但对规划来说是至关重要、必不可少的。规划的基础分析内容既可以在规划说明书里表达出来,也可以通过专题报告的形式表达。需要说明的是,以下的内容是较为常见的基础分析内容(以县级旅游规划为例),在不同的地区会增加对其他内容的分析。

### 一、了解概况

1. 规划地区基本概况

在规划时必须对规划目的地区有一个大致清晰的了解,如果不了解情况就去规划无异于瞎子摸象,不仅失去了规划的基础,还会导致规划脱离实际,可操作性差。一个规划的好坏,不仅取决于规划者的知识和智慧,更取决于规划者对目的地区了解多少、了解多深。对一个地区越了解,了解得越深,规划的内容就越全面,越具有可操作性。

规划地区概况资料基本上都是第二手资料,可以在相关的资料里找到,如地方志、统计资料、年鉴、政府报告等等。因为这些内容不是规划者的第一手资料,所以许多人认为了解一个地区概况没有必要,即使写出来也是凑规划的字数,这是一个严重的误解。

(1) 地区自然概况。主要是自然地理情况,也有人称之为地脉,包括地质、地貌(形)、气候、水文、生物、土壤等六个方面。这方面的资料有助于了解目的地区的各种自然情况,有助于发现旅游资源,也有助于利用这些地理资源。在规划布局、设施的选址、环境的保护、旅游资源的考察利用、绿化与植物的培植等等许多方面都需要这些地理情况的资料。笔者曾在安徽省和县进行过考察,根据当地的石灰岩分布和气候特征断定有较大面积的溶洞分布,后来陆续有溶洞发现的报告,只可惜都比较小,很难开发利用。

(2) 地区人文概况。主要是关于一个地区的历史文化情况,又称为文脉。文脉是指一个地方的文化脉络源流,可以从文学、文艺、民俗、建筑、生活等等方面来分析。了解一个地区的文化脉络源流特别有助于分析掌握它的人文类旅游资源,找到旅游开发的项目,恢复古代建筑,甚至可以找到用于景区和景点的名称和名字。例如,我们将安徽和县的文化归纳为文学、战争文化、宗教文化、饮食文化、民俗等几个方面;将扬州的文化归纳为饮食文化、休闲文化(沐浴文化)、园林文化、运河文化、盐商文化、扬州学派(文学和书画)、名人文化、建筑文化、宗教文化等等方面。

(3) 地区社会经济概况。主要是关于一个地区的人口、民族、经济发展、经济计划、基础设施建设、对外交往等等方面的情况。通过这些内容,一方面可以了解一个地区投资和融资的能力,以及进行基础设施建设的能力;另一方面还可以了解人员的来往情况以及大致的客源情况。如人口和企业的数量就与探亲访友和商务客源有关系。

(4) 地区的沿革。了解一个地区行政隶属和行政范围的变化情况,对于该地区景区和景点的命名很有帮助。

## 2. 规划地区旅游发展概况

在进行旅游规划之前,必须全面地了解掌握目的地区旅游发展的情况,从旅游开发(投资)、旅游业(住宿、饮食、游览、购物、娱乐、交通等等)与旅游企业、基础设施建设、收入和客源、旅游法规与管理(体制)、人力资源、价格等等方面分析其发展的过程和规律,总结发展的经验,找到发展的不足。

关于目的地区旅游发展概况的基础资料,一部分可以从旅游主管部门得到,一部分可以从其他相关部门得到,还有一部分需要进行实际调查才能得到。对得到的这些资料要进行分析整理、归纳总结,必要时还要进行计算统计,找出旅游发展的规律,尤其要找出过去旅游发展的经验和不足之处,这样进行规划就会有理有据、有的放矢、目标明确。

## 二、旅游发展条件分析

### 1. SWOT 分析

规划时必须对目的地区发展旅游的各种有利和不利的条件进行分析,规划中要充分利用有利的条件,发挥这些条件的最大效益,并避免和减小不利条件的影响。目前我国习惯借用国外的 SWOT[英文 strength(优势),weakness(劣势),opportunity(机会)和 threat(威胁)首字母的缩写]分析法,即优势机威分析法。在进行县级旅游规划时可以不必完全按照 SWOT 分析法分得那么细,因为问题并不复杂,只要分出有利条件(优势和机遇)和不利条件(劣势和威胁)就行了。

SWOT 分析常常从区位条件、社会经济条件、人口条件、宏观政策条件、投资资金来源、旅游资源条件、旅游市场环境、旅游发展的趋势、知名度、竞争等等方面来进行。对于不同的地区,这些条件的表现是不同的,并且随着时间的推移,各条件也会有不同的表现,规划时对这些条件要能看得准、看得深、看得透,而这需要规划者具有丰富的经验、深厚的知识和敏锐的目光。

### 2. 竞争与合作关系分析

任何地区的旅游发展都不是独立的,它们与周边地区存在着或多或少、或密或疏的关系,这种关系就是竞争与合作关系。竞争与合作关系表面上体现在旅游市场方面,竞争是对相同市场的争夺,合作则是对相同市场的分享,但实质是旅游资源、旅游政策、旅游交通、旅游价格、旅游项目、旅游企业、旅游形象等等因素的综合作用和影响。

在分析时要能够找出主要的竞争者和主要的合作者,分析竞争与合作发生的方方面面,并相互对比,找出双方旅游发展的优势和劣势之所在,扬长避短,发挥优势,尽量避免产生竞争,多进行合作。在分析过程中,必须对周边地区的旅游发展进行实地考察和调研,避免仅凭文献资料所带来的误差和错觉。

竞争与合作关系是相对而言的,任何两个地区之间都同时存在着竞争与合作两种关系,只不过在有些方面竞争多些,在另外方面合作多些。随着时间的推移和条件的变化,竞争与合作可以相互转化,即竞争转化为合作、合作转化为竞争,在规划中要能够找到转化的条件,并促使其变化,使竞争与合作关系朝向有利的方向发展。

### 三、旅游资源调查分析

旅游资源的调查分析主要解决两个问题,一是旅游资源的调查(包括调查方法和调查结果),二是旅游资源的评价(包括评价方法和评价结果)。

1. 旅游资源的调查

旅游资源调查主要是介绍在本次规划中用到的旅游资源调查的技术路线,包括选择的调查方法、人员配备情况、调查过程、用到的技术、用到的设备、资料的来源。如果调查的技术路线正确,则调查的结果具有一定的可信度;如果调查的技术路线错误,则调查的结果是不可信的。因此,介绍调查的技术路线既可考察规划人员对目的地区了解的程度,也能考察规划人员的能力水平和工作态度。

2. 旅游资源的评价

(1) 旅游资源评价方法

旅游资源评价必须明确介绍所选用的旅游资源评价方法、所选取的评价因子、评价过程,以此来判定评价结果的科学性和可信程度。目前我国正在制定旅游资源的评价标准,这既是好事也是坏事,它一方面有了一个能够管理的、可以比较评价结果的通用方法,另一方面将会排斥和抹杀其他的实用的评价方法,不利于评价技术的发展,因此评价标准只能作为参考,不应作为强制性的方法。另外,目前我们所能见到的许多评价方法只是对旅游资源的单体进行评价,其结果对规划布局没有多少指导作用,还必须对那些旅游资源集中分布可以形成旅游地的整体资源进行评价,甚至对一些低层次的旅游区域进行整体评价。例如进行江苏省旅游资源评价就应该对各个地区(市)的旅游资源进行整体评价,找出发展的重点和发展顺序。

(2) 旅游资源评价结果

旅游资源的评价结果是进行旅游规划的依据,该结果的好坏直接影响到规划的好坏和可操作性。首先是对旅游资源进行单体评价,对照评价方法将调查到的各单体旅游资源的得分计算出来,并划分等级;其次对旅游资源进行旅游地层次的整体评价,把那些可以形成旅游地的地方列出来,既可以将其内各单体旅游资源的得分汇总,也可以在体验的基础上用对比法把各个整体的排列顺序列出来;最后是绘制旅游资源评价图。

对于评价的结果要进行检验,最好用定性的方法,即在体验的基础上采用对比法。根据一些实地考察者的亲身体验,让他们把各单体和整体旅游资源进行两两比较,看其得分是否合理。如果不合理则需要调整评价因子和权重,甚至寻找别的评价方法。

## 四、旅游市场调查分析

### 1. 旅游市场的调查

(1) 旅游市场调查方法

旅游市场的调查需要对旅游市场的调查方法进行归纳总结,并作介绍说明。一般可以从调查方法、调查手段、调查人员、调查时间、调查过程、调查内容、调查地点、调查部门、资料来源等等方面来进行说明。调查方法的说明可以简要,也可以详细,但也有不少人不愿意将其调查方法公之于众,只说明调查方法的名称。

在调查过程中,如果有问卷调查或访谈等需要大量人力时,可以让大学里相关专业的学生参与调查,他们有活力、有理论,稍加培训即可工作,并可与教学实践相结合。否则,人手不够难以完成调查任务,或需要耗费大量的时间,难以按时完成任务。

(2) 旅游市场调查结果

在调查之前先要拟定调查计划,做好人员安排、内容分工、时间限制、问卷设置等工作;在调查过程中,要在规定的时间和既定的地点完成计划任务,并及时记录,如果是第二手资料,还要按照权威性、时效性、可用性等要求进行取舍和整理。

旅游市场调查的结果主要是文字资料和数字资料。要检查这些资料是否能够满足分析问题的需要,如果不能满足,则还需要进行补充调查。

### 2. 旅游市场现状分析

对旅游市场现状进行分析,主要是希望找出旅游发展中存在的问题,分析现状和市场需求之间的差距,从而引导旅游项目的开发和市场营销。

进行旅游市场现状分析可以从如下几个方面着手:

①细分市场分析,尤其是地理和人口细分市场分析;

②旅游动机分析;

③旅游组织形式分析;

④旅游消费分析；

⑤逗留时间分析；

⑥旅游偏好分析；

⑦游客满意度分析；

⑧营销活动及其效果分析。

### 3. 旅游市场的潜力分析

旅游市场的潜力分析就是对旅游市场进行预测。预测的结果直接用来指导规划，安排旅游活动项目，规划旅游业的规模，这就是旅游规划中的市场导向原则。

预测的方法有很多种，在实际应用时要多种方法并用，将不同方法的预测结果进行比较，并把几种结果相一致的预测方法作为所选预测方法加以利用。如果有多年的调查数据，最好在定性预测的基础上再做定量预测，此时要注意增长的极限，即增长不可能是无限的，预测的数据也不可能是无限大。

预测可以从如下几个方面变化趋势着手：

①细分市场变化；

②旅游动机变化；

③旅游组织形式变化；

④旅游消费结构变化；

⑤逗留时间变化；

⑥旅游偏好变化；

⑦旅游增长速度；

⑧国际和国内旅游发展的趋势。

## 第四节 区域旅游发展总体规划的战略

### 一、规划总则

规划总则用来说明在规划过程中一些最基本的问题，即总的原则性的问题，这些问题包括规划范围、规划依据、规划指导思想、规划原则、规划期限等。

规划范围是指规划实际所覆盖的范围或规划委托方确定的范围，一般与行政范围相一致，其数量级是平方公里。虽然在这个范围内有些地方可能目前没有旅游资源,甚至规划没有去考虑这些地方,但它们仍归总体规划的范围。规划范围的大小一方面反应了规划的层次级别,另一方面也反应编制规划的工作量大小,也是规划委托方和被委托方商定规划费用的基础。

规划依据是指规划事件和规划内容等所采用的依据,一般有国家或地方的法规、规范、标准、经济计划、土地利用规划、城市规划、高层次的旅游规划等等。

规划指导思想是指贯穿整个规划的总的指导思想,是规划目的地区将要达到的一个总的状态(目标),规划和建设都要围绕这个目标开展。一般将这项内容作为旅游规划的战略思想纳入规划的战略主题。

规划原则是指贯穿整个规划的总的指导原则,在规划中考虑问题、分析问题和解决问题都要从符合这些原则的角度去进行,都要用这些原则来约束。普遍需要遵守的原则有资源导向原则、市场导向原则、可持续发展原则、与相关规划相协调原则、因地制宜原则、三大效益原则等。

规划期限是指规划所考虑和实现的年限,一般为二十年,并划分为近、中、远期,各分期应与国民经济计划的分期相一致。

## 二、旅游发展战略的制定

旅游发展战略是整个规划的纲领,也是一个地区旅游发展的纲领,旅游规划就是对旅游发展战略的具体实现。编制一份旅游规划首先需要一个明确的发展战略的指导,发展战略是规划的中心和凝聚力,缺乏发展战略的规划将是一个无心之规划、松散之规划。

1. 制定旅游发展战略的原则

旅游发展战略的来源有两个方面,一是规划目的地区根据实际情况提出的,二是旅游规划编制人员经过分析研究提出的。不管是哪种来源,在制定旅游发展战略时都必须遵循如下几个原则:

(1) 因地制宜、实事求是的原则

应根据规划目的地的实际条件,尤其是旅游资源条件和区位条件,分析发展旅游的优势与劣势,提出突出特色、符合当地实际的旅游发展战略。制定旅游发展战略不可盲目跟风,别人提出什么战略,我也提出什么战略,这种不切实际的做法危害性很大。各地情况不同,条件差异大,发展战略也应是不一样的。

(2) 循序渐进、量力而行的原则

发展战略不是空中楼阁,而是在某一个基础平台上提出的,是根据规划目的地旅游的发展历程提出的,因此制定旅游发展战略时研究目的地旅游发展过程是非常必要的。同时,要研究当地的经济情况,让旅游发展战略与当地的人力、物力、财力、环境、历史等相适应,不可盲目贪大求高,而应积极稳妥,量力而行。

(3) 高瞻远瞩、适度超前的原则

发展战略要站得高,看得远,不能目光短浅、故步自封、裹足不前,要充分分析国际、国内和当地有利于旅游发展的趋势和发展的条件,制定出适度超前的战略。这需要规划者掌握丰富的资料,了解大量的信息,并有敏锐的感觉。

(4) 注重效益、协调发展的原则

规划战略应考虑增加经济收入、促进经济发展、改善环境、提高人民生活水平、增加就业等等方面,即通常所说的经济、社会、环境效益,并促使旅游与国民经济其他行业协调发展,互相推动,共同进步,共同繁荣。

## 2. 旅游发展战略的内容

旅游发展战略的内容包括旅游发展的战略定位、战略地位、战略目标、战略重点、战略模式、战略部署等几个方面。

(1) 战略定位

战略定位又称性质定位、主题定位、战略思想、战略主题等等,主要是确定一定时期内旅游发展的性质,即旅游发展的总目标。战略定位是其他战略内容的核心和出发点,其定位的高低直接影响其他战略内容的确定。战略定位常常被高度概括为如国际旅游城市(地区)、重点旅游城市、(某区域内)重要旅游城市等等,甚至还可以突出某一方面的特征,如国际会议旅游城市、国际购物旅游城市等等。例如对扬州就可以定位为中国历史文化名城、古代文化与现代文明交相辉映的重要旅游城市(江泽民语"把扬州建设成为古代文化与现代文明交相辉映的名城")。

(2) 战略地位

战略地位主要是指明旅游在社会经济中的地位问题,以及旅游在推动社会经济发展中的作用。对于发达地区来说,旅游的战略地位偏重于经济方面,即旅游业在国民经济中的地位,以及旅游业所带来的就业机会;而对于不发达地区,则需要旅游的经济作用和对社会的推动作用。

关于旅游业在国民经济中的地位,在我国有不少地区确立了许多不同的地位战略,主要有支柱产业(旅游业在国民经济中占有绝对的地位,如云南省和海南省等)、重点(重要)产业(旅游业在国民经济中占有重要的地位,我国许多旅游城市均是如此)、龙头产业(发挥旅游业的关联带动作用,促进地区经济和招商引资的发展)、新的经济增长点(通过旅游业的增长促进国民经济的增长)等等。

在推动社会经济发展方面,旅游的战略地位能起到促进改革开发、引进资金、转变观念、提高生活水平、改变意识、提高认识、维持稳定、保护资源、改善环境等等作用。

(3) 战略目标

战略目标是指到一定时期,一个地区旅游发展所达到的状态,用明确的定量和定性指标来界定。战略目标可以是发展所达到的状态,也可以是通过规划所控制的状态。战略目标包括经济、社会和环境三个方面的目标,但目前在我国主要是经济目标。

①经济目标:有接待人次、旅游收入、旅游增加值、外汇收入、增长率、占 GDP 比重、企业数量与规模、旅游投资、开发项目、间接效益等等方面的指标;

②社会目标:有居民收入、改善生活、促进教育、就业机会、社会治安、社会结构、基础设施、土地利用等等方面的指标;

③环境目标:有资源保护(经费与结果)、环境保护(投入与结果)、物种保护等等方面的指标。

(4) 战略重点

战略重点是指在规划期内,一个地区旅游发展最需要解决的关键性问题。每一个地区的旅游发展总会受到几个问题的制约,这些问题解决了,其他问题也就比较容易解决,因此在规划中要指明这些问题,并在相关的内容上做详细阐述,提出解决方法。

战略重点又分旅游开发建设中的重点(如重点风景区、重点建设项目等等)、旅游经济中的重点(如旅游经济结构、旅游经济运行方式、重点行业和企业等等)、旅游管理中的重点(如管理体制、法律法规等等)、旅游营销中的重点(如旅游形象、营销手段等等)和旅游保护中的重点(如重点保护对象、重要保护措施等等)。

(5) 战略模式

战略模式是指在规划期内发展旅游的方式。战略模式从不同的角度有不同的表述,常见的有常规模式(国内旅游—出国旅游—入境旅游)、非常规模式(入境旅游—国内旅游—出境旅游);渐进式发展模式、适度超前发展模式、跳跃(跨越)式发展模式;经济发达国家模式(如美国)、旅游发达国家模式(如西班牙)、发展中国家模式(如印度)、岛国模式(如斐济);另外还有诸如政府主导型、大旅游、大产业、大市场、可持续发展、品牌战略等等模式。

（6）战略部署

战略部署是指在规划期内对所有规划的内容分出轻重缓急，分阶段、分地区、分步解决这些问题。战略部署包含两个方面的含义：一是空间部署，即布局；二是时间部署，即分期规划。

## 三、区域旅游规划的重点

### 1. 区域旅游规划的潜力评价程序

区域旅游规划的重点就是寻找旅游发展的重点和突破口，以此带动整个区域旅游的发展。寻找旅游发展的重点和突破口可以有两个层次，即旅游区层次和旅游地层次，也就是说以哪个旅游区作为重点和以哪个旅游地作为重点。但最终的重点和突破口都会落实到旅游地这一层次上。选定了旅游区和旅游地就等于布局了旅游区和旅游地。

寻找旅游发展重点和突破口的过程也是旅游发展潜力评价的过程。旅游发展潜力评价是根据旅游资源、旅游市场、可进入性条件、地区社会经济发展水平等方面的因素来考察的，具体程序如图8-4所示。

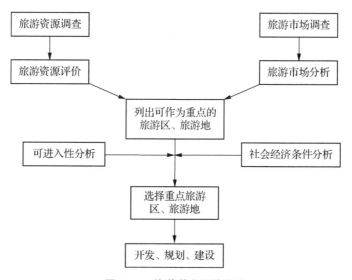

图8-4 旅游潜力评价程序

### 2. 重点旅游区的选择

针对区域旅游规划中所划分的旅游区进行对比分析，找出各个旅游区的优势和不足之处，尤其要注意它们的制约因素，进而选择出重点旅游区。重点旅游区应该是具有丰富的旅游资源、较高的市场需求、良好的社会经济保障、明显的效益(社会、经济、环境)、方便的可进入性,对规划区内的旅游发展起主导作用。其中可进入性是一个可改变的因素,如果旅游资源价值高,可以不考虑这一因素。对于具有重要旅游资源的地区,还要同规划区以外的其他地区进行对比,看看是否具备省级、国家级、世界级的价值,以便正确认识它的价值。

重点旅游区的选择,可以采用第五章中旅游资源评价的定性和定量方法,也可以采用下面的列表法(见表8-1)。列表法首先分析各个旅游区可供旅游发展的条件,然后对比分析各个旅游区之间的优劣之处,最后综合得出重点旅游区(一个或几个)。

表8-1 旅游区潜力评价表

| 对比旅游区 | 旅游资源条件 | 旅游市场条件 | 可进入性条件 | 开发资金保证 | 劳动力条件 | 社会经济条件 | … |
|---|---|---|---|---|---|---|---|
| 旅游区1 | | | | | | | |
| 旅游区2 | | | | | | | |
| ⋮ | | | | | | | |
| 其他旅游区1 | | | | | | | |
| ⋮ | | | | | | | |

(评价指标可用优、良、差来表示;双细线下为规划区外的其他可对比旅游区)

如果是多等级的旅游区划,则在同等级水平上都要选择重点旅游区。例如,在省级旅游规划中若采用旅游区—旅游亚区—旅游小区等级体系,首先找出重点旅游区,再在每一个旅游区内找出重点旅游亚区,然后在每一个旅游亚区内找出重点旅游小区,最后在每一个旅游小区内找出重点旅游地。

需要注意的是,有些被列为重点旅游区的其旅游资源并不丰富,但却具有很好的市场条件、资金条件、可进入性、劳动力条件等有利因素,此时可以选择人造模拟景观的开发策略(如深圳)。有些旅游区具有丰富的旅游资源,但是旅游业的发展需要不断提供新的旅游产品,在客源市场、资金条件等方面有充分保障的前提下,也可以采取人造模拟景观的开发策略(如苏州、无锡)。人造模拟景观需要大量的资金,开发风险大,选择这种策略时要慎重,开发项目要选准。我国在这方面有一些成功的实例,也有一些失败的教训。

### 3. 重点旅游地的选择

一个地区的旅游发展往往由一个或几个旅游地带动,甚至整个地区的经济发展都可以由这个(这些)旅游地带动,起带动作用的旅游地就是重点旅游地。如我国批准设立的国家重点风景名胜区,它们带动了当地乃至全省旅游业的发展,成为旅游发展的龙头。重点旅游地的选择是建立在旅游资源评价和开发利用条件评价的基础上,其方法同样既可采用第五章中旅游资源评价的定性和定量方法,也可以采用如表8-1所示的方法,此不赘述。

## 第五节　旅游区划

### 一、旅游区划的目的和类型

1. 旅游区划的目的

旅游区划是根据一个或几个旅游组成成分的发展共同性、结构相似性和分布统一性,将地域划分为一定等级的系统研究方法。旅游区划的理论依据是地域分异规律和劳动地域分工。

在一个规划目标地区会出现旅游资源丰富多彩、地域差异明显的现象,如何认识这一现象并进行区域划分,对于认识区域内各种旅游资源的优势、开发旅游、合理布局旅游业有着重要的意义。

旅游区划的根本目的就在于客观地了解各个旅游区划单位的性质和特征,揭示它们的内在规律,找出它们的各自优势,为扬长避短形成合理的旅游地域分工体系,为开发、利用和保护旅游资源,确定旅游发展方向、目标、战略重点、产业结构和各项旅游建设的综合布局,研究开发政策、步骤以及协调区际间和区域内的各种旅游活动,推动地区经济的合理发展提供科学依据。因此,旅游区划的任务首先就是确定各个旅游区划单位的范围和界限,其次就是认识旅游发展的优势,最后是确定它们的发展方向。

2. 旅游区划的类型

按旅游区划的性质,旅游区划有认识性旅游区划和实用性旅游区划。认识性旅游区划是根据旅游资源和旅游经济的实际情况来进行划分的;实用性旅游区划则考虑了行政的界限问题,便于实际应用。在旅游规划中,一般采用的是实用性旅游区划。

根据旅游区划的目的,可以有多种区划类型。例如,根据旅游资源的丰度和旅游资源的分布状况,有旅游资源区划;根据旅游活动的季节性,有旅游气候区划;根据旅游者的产生地,有客源地区划;根据旅游者的感受,有旅游感应区划;根据旅游经济发展状况,有旅游经济区划;根据旅游经济的发展过程,有旅游经济远景区划;根据旅游主体、客体和媒体三者之间的关系,有旅游综合区划;等等。一般在旅游规划过程中,旅游资源区划和旅游经济区划是比较实用的,也是经常应用的旅游区划方案。

## 二、旅游区

旅游区划的结果是形成了一系列等级不同、层次明显的旅游区。一般所指的旅游区是指含有若干共性特征的旅游地和旅游点与旅游接待设施组成的旅游地域综合体,它不仅包括旅游资源,也含有为旅游者实现旅游目的而不可缺少的各种基础设施。旅游区的内部具有相对的一致性和共同的联系,往往以某些旅游城镇为中心形成相对独立的旅游网络。

旅游区具有地域性、层次性、优化性。地域性指旅游区以一定的地域空间为载体,每一个旅游区都至少有一个完善或比较完善的旅游中心或旅游组织基地,并要有发达的旅游交通网络联系内外,是一个结构有序的开放系统。层次性指旅游区有不同等级层次之分,各个层次结构的旅游区的有机组合构成了一个完整的旅游区系统,这为旅游区划和旅游区分等级的研究和管理提供可能。优化性指组织建立旅游区以及旅游区的经营管理都达到最佳状态,从而可以最大限度地发挥旅游区的功能,取得最佳的效益。

## 三、旅游区划的原则

旅游区划的原则是进行旅游区划的指导思想和依据。旅游区划是根据地域分异规律和劳动地域分工来实行划分的,因此地域分异规律和劳动地域分工是旅游区划的理论基础。由这一理论基础衍生了以下几个原则:

(1) 相似性原则,包括旅游资源成因的共同性、形态的类似性、发展方向的一致性三种含义。即旅游资源类型相近的、发展方向一致的应划归在同一旅游区内。

(2) 主导因素原则。由于旅游区内一般有很多类型的旅游资源,各种类型的旅游资源在旅游区内的作用各不相同,往往是其中某一种或两种旅游资源起着主导作用,使旅游区主次分明,主题突出,有强烈的个性,制约着旅游区的属性特征、功能和开发利用方式。因此在进行旅游区划时,把起主导作用的旅游资源作为划分的主要依据。

在进行旅游区划时,还要考虑如下一些原则:

(1) 完整性原则。各个等级的旅游区都是相对独立的地域综合体,能独立承担一定的旅游职能,因此旅游区划应保证每一等级的旅游区在地域上和职能上的完整性。

(2) 层次性原则。一些旅游区划对象(如一个国家、一个省份)的国土面积很大,将它划分成几个旅游区之后,还可以把这些旅游区进一步划分成次一级的旅游区,这些次一级的旅游区还可能划分为更次一级的旅游区,形成层次分明的旅游区划等级体系。

(3) 全域覆盖原则。旅游区划要覆盖整个区划对象的国土范围,不能留有空白,即划分的旅游区在地域上是连续的。也有学者(保继刚等,1994)认为旅游区可以不连续,因为旅游资源的分布和旅游业发展的不平衡,往往有一些较大的空间不具备发展成有明显效益的旅游区。但如果是不连续的,则所划分的旅游区是一个均质区域,而不是结节区域,同时也抹杀了一些地区将来发展旅游的机会。

(4) 区域社会经济原则。即旅游区划时要综合考虑到区域社会经济背景。

(5) 与行政区相协调原则。根据实际情况划分的旅游区可能与行政区的界限有所不同,但行政区往往具有组织领导经济建设的职能,因此在确定旅游区的界限时要注意与行政区的界限相协调,这样有利于区域旅游的发展。

## 四、旅游区划的等级

关于旅游区划的等级体系,向来没有一个统一的标准,而且各个等级的名称更是五花八门。根据某些公开的旅游区划等级体系方案,大致有如下的等级体系:旅游地区—旅游洲—旅游国—旅游大区(旅游带)—旅游省—旅游区—旅游亚区—旅游小区。

上述旅游区划等级体系考虑了旅游区划的实际应用,安排有旅游洲、旅游国、旅游省。其中,旅游地区、旅游洲、旅游国是从世界范围来划分的;旅游大区、旅游省是从一个国家的范围来划分的;旅游区、旅游亚区、旅游小区是从一个省的范围来划分的。一般在进行旅游区划时没有划分到旅游地这一层次,而仅划分到比旅游地高一层次的旅游区,因为旅游地不是旅游区,它不能实现区划的全域覆盖原则。

旅游地区是旅游区划的最高等级,世界旅游组织把世界划分为六个旅游地区,即欧洲、美洲、东亚及太平洋地区、南亚、中东、非洲。旅游洲和旅游国则是按照世界各大洲和各国的实际来划分。每一旅游大区(郭来喜将其称为旅游带)包含有几个省份,认识性的区划可以不考虑各个省份的界限,如濮静娟等(1987)从旅游气候的角度把我国划分为三个旅游大区,即北方温带气候大区、南方亚热带气候大区、青藏云贵高原气候大区。旅游省按各个省份的实际界限来划分。旅游区是一个常用的概念,而省以内的区划也是常用的区划,所以将这个词放在旅游省以下一个等级,一个旅游区包含有一个或多个地区(市),如江苏省划分为太湖旅游区、长江沿岸旅游区、徐(州)连(云港)旅游区。旅游亚区包含了一个或几个县市。旅游小区常常与某一个县市相对应,甚至比县市的范围还要小。旅游地一般是在县市内,也可能跨几个县市(多为交界地带)。

旅游规划的目标区域越大、行政级别越高,区划等级就越多;反之,区域越小、行政级别越低,区划等级就越少。

旅游区划等级的名称一般采用带有空间概念的词语,如旅游区、旅游亚区、旅游中心、旅游地等,最好不要用系统、中心等这一类非空间概念的词语。每一个旅游区划的名称最好在等级名称之前加上该区划单位的方位和该区划单位特征的概括性词语,即方位(地名)+主要特征词语+旅游区划等级名称(也可以省略主要特征词语),如环太湖江南水乡旅游区。

## 五、旅游区划的方法

旅游区划的方法有两种,即从上至下的划分和从下至上的合并。从上至下的划分是从最高等级的区划单位开始,首先找出宏观上的差异,然后一步步向下细分。从下至上的合并是将规划地区划分为许多小块,首先按照某些指标把相同的小块合并,不同的小块分开,作为最低一级的区划等级;然后对这些最低级的区划再进行合并,形成高一级的区划等级;如此下去直至最高级区划等级形成。

但笔者以为,最好采用以旅游中心(旅游依托城镇或主要旅游地)为核心,按照它们的服务范围和组织范围所形成的一个完整的旅游区域(有密切的内部联系、完善的组织和旅游服务功能)来划分旅游区,如以太湖为中心的太湖旅游区、以上海、南京、杭州为中心的沪宁杭旅游区。下面是笔者所做的一个旅游区划方案,供参考。

**甘肃省旅游区划方案(黄羊山,1992年)**

(1) 陇东黄土高原古迹旅游区
① 庆阳黄土高原革命胜迹旅游亚区
② 平凉丝绸之路古迹旅游亚区
(2) 陇南高山峡谷旅游区
① 白龙江流域自然风光旅游亚区
② 西汉水流域及徽成盆地古迹风光旅游亚区
(3) 陇中黄土高原古迹旅游区
① 天水名胜古迹旅游亚区
② 定西黄土高原旅游亚区
③ 兰州黄河古迹旅游亚区
(4) 甘-临回藏风情旅游区
① 临夏回族风情旅游亚区
② 甘南草原藏族风情旅游亚区
(5) 河西走廊古迹大漠绿洲旅游区
① 武威大漠古迹旅游亚区
② 张掖古迹风光旅游亚区
③ 嘉(峪关)-酒(泉)长城古迹旅游亚区
④ 敦煌古迹大漠旅游亚区

## 第六节 旅游布局与开发

选定了重点旅游区和重点旅游地,就可以围绕它们进行旅游布局。旅游布局的重点和难点也就是对重点旅游区和重点旅游地的布局,选定它们也就是为布局它们。本节主要谈谈如何围绕重点旅游区和重点旅游地进行点、线、面的布局。

### 一、节点的形成

节点包括旅游地和旅游中心城镇两个部分。

#### 1. 旅游地的形成

旅游地的形成一般遵守如下的原则:

(1) 集中性的原则。许多旅游资源在较小的空间范围内集中,并且有很好的组合,能够保证旅游者有足够的活动内容和活动空间。

(2) 完整性的原则。许多旅游资源在空间分布上相距很近,为了保证游览活动的完整性,不能将它们分开,只能作为一个整体来开发;也有许多旅游资源因为形成原因一致,分布上比较靠近,也应将它们放在一个风景区里;还有一些地方在地理单元上就是一个整体,如一座山,无法将其分开。

(3) 历史性的原则。划分风景区应尊重历史,有些地方在历史上一直被认为是一个整体,也就不应将它们分开。

(4) 发展性的原则。一些地方可能暂时无法开发,但以后具有开发前景,考虑到风景区的未来发展,可以将它们划归于某个风景区内,或者说考虑风景区的未来发展,可以将它的范围划大些。

(5) 方便管理的原则。为了管理上的方便,风景区的大部分应尽量保持在一个行政区划内,风景区的界限也应尽量与行政区的界限保持一致。

2. 旅游中心城镇的确定

旅游中心城镇往往是在现有的城镇基础上选择的,如果需要的话,也可从无到有规划建设旅游中心城镇(一般是镇)。选择旅游中心城镇一般遵守如下的原则:

(1) 有方便的交通条件。旅游中心城镇应起到客流中心的作用和中转的作用,能够让旅游者快速方便地到达和离开。

(2) 有一定的旅游接待条件。旅游中心城镇应与其辐射范围的吸引力相适应,能够让到来的旅游者住得下、吃得好、玩得乐、购得着,能够满足旅游者多方面的需要。

(3) 与旅游地联系密切。旅游地的物质供应、人才供应、管理机构、资金来源等等都必须靠旅游中心城镇辅助。

## 二、旅游布局模式

Lue,Crompton 和 Fresenmaier(1993)提出了旅游的几个地理模式,很具有代表性。具体来说,即以下五种模式:

(1) 单一旅游地(single destination):一个非常活跃的旅游地;

(2) 沿途(en route):在到一个主要旅游地的途中有几个旅游地(点)可参观;

(3) 基地(base camp):一个基本的旅游地周围有几个旅游地(点)可参观;

(4) 区域周游(regional tour):在一个目标区域有几个旅游地(点)可参观;

（5）短途环游(trip chaining)：环绕几个旅游地（点）旅游。

上述五种模式可用图8－5来表示。

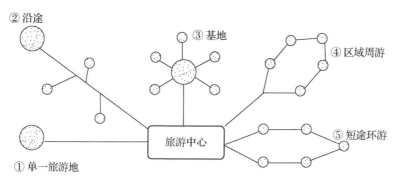

图8－5　旅游地的地理模式

参照区域和城市规划中的布局，旅游布局也可以选择如下六种模式：

（1）散体结构：分散独立布局，往往受旅游资源条件限制而采取的布局方式；

（2）线性结构：沿交通线路布局，类似于沿途布局，可以发挥重点旅游地的带动作用；

（3）团组结构：布局紧凑，多个旅游地（点）相距较近，可能没有重点旅游地，但它们组合起来吸引力比较大；

（4）核式结构：围绕一个中心布局，发挥重点旅游地的带动作用；

（5）多团组结构：对团组结构进行不同程度的重复布局，可以发挥重点旅游区和重点旅游地的带动作用；

（6）带状结构：沿一条带进行布局，带两侧旅游地（点）比较密集，跟团组结构一样不论有无重点旅游地，组合起来的吸引力比较大。

## 三、旅游线路规划

选择了重点旅游区和旅游地并不意味着已完成旅游布局，因为它们还是分散的，相互之间缺乏紧密联系，需要旅游线路将它们连接起来。所以，旅游线路规划也是旅游布局的一项重要的内容。从旅行社的角度来看，一条旅游线路上的经历就是可以销售的产品，即旅游产品的生产最终必须落实到具体的旅游线路上。但是旅行社的线路和规划中的线路是有区别的，旅行社的线路是在现有的道路基础上组合而成的；而规划中的线路则只是一个概念，可以是在现有的道路基础上规划，也可以是在没有道路的前提下根据需要进行规划，或者将现有道路改造，形成旅游线路,即规划是造线而不是组合线路。

从区域旅游的角度来说,旅游线路就是旅游者为进行旅游活动而必须经过的路线。这种旅游线路必须连接旅游区、旅游城镇和旅游地(点),实现旅游者游的愿望。旅游线路主要是为了旅行,它与旅游地内的游览线是有区别的(旅游地的对外交通线路是旅游线路,内部线路则是游览线),而与交通线路和交通工具有关。

### 1. 旅游线路的种类

旅游线路从不同的角度来看有不同的种类。

(1) 从旅游时间来看,有一日游线和多日游线(二日、三日,甚至半月、一月);

(2) 从旅游目的地选择来看,有逗留型线路(如图8-5中①②③布局模式)和周游型线路(如图8-5中④⑤布局模式);

(3) 从相互之间的联系来看,有旅游区对外线路和旅游区内线路(连接旅游区、旅游城镇、旅游地、旅游点);

(4) 从旅游交通工具来看,有航空旅游线路、航海旅游线路、内河大湖旅游线路、铁路旅游线路、汽车旅游线路、徒步旅游线路等。

### 2. 区域旅游线路规划的原则

规划旅游线路不仅是一项技术性的工作,还是一项经验性的工作。旅游线路的规划包括两方面的任务:其一是旅游线路的建设,是在没有多少线路基础的前提下提出旅游线路的选择和建设方案。这种情况往往是有新的旅游地要开发,为了对外联系而建设新的线路或将一般的道路改造成旅游线路。其二是旅游线路的组合,即将现有的旅游线路按照一定的原则进行组合。这种情况往往是旅行社来完成的,又分拼合选择式旅游线路(将整个游程设计为几种组合,游客可以自己选择和拼合)和跳跃式线路(旅行社只提供整个游程中几段线路或服务,其余由旅游者自己设计)。旅游线路的建设也包含了旅游线路的选择与组合。

区域旅游线路规划一般来说分为四个步骤:第一步,明确旅游目标市场(大小、位置);第二步,明确旅游中心城镇和旅游目的地(旅游资源价值、位置);第三步,分析旅游市场、旅游城镇、旅游地的空间关系,设计旅游线路;第四步,考察旅游线路,并选择最优的旅游线路。

区域旅游线路规划应遵循以下几个原则:

(1) 旅游线路要经过有特色的旅游地。旅游地是旅游者的最终目标,任何一条旅游线路都必须连接至少一个旅游地。一条旅游线路上所连接的旅游地特色越突出,或者有特色的旅游地越多,那么这条线路也就越有特色,越具有吸引力,越能够销售出去。

(2) 旅游线路要发挥旅游中心的聚散作用。旅游中心往往是区域内主要的城镇,它们不仅是旅游客源地之一,更重要的是旅游接待中心、旅游聚散中心,一些机场、火车站、汽车站、码头等总是布局在那里,并且有较好的接待条件和较强的容纳能力,因此旅游线路不能脱离旅游中心。受自然、经济、交通等条件的限制,一个旅游地的依托中心可能有多个,可能有的不在同一行政区内。

(3) 旅游线路要注意分流和扩散。一条好的旅游线路常常成为旅游热线,会造成某些旅游地和旅游中心城镇过热、过挤,这时就需要分流和扩散。分流是将旅游者从热点分开,在一段时间内把一部分人引到其他非热点(温点、冷点);扩散则是发挥热点的带动作用,促进周围和旅游线路上其他旅游地(点)的发展,使旅游者扩散到那里,以热带冷。分流和扩散都是将旅游者引到热点以外,都需要开发和建设新的旅游地(点),这些旅游地、旅游点可以在旅游线路两侧或是它的延伸线上,促进以点带线、以线带面的"点—线—面"开发策略。

(4) 旅游线路要考虑旅游者的旅行费用、精力和时间。旅行的费用、精力和时间统称为旅行成本,旅游者总是追求成本最小化,即尽量在旅行过程中少花时间、精力和费用。最小旅行成本的高低与旅游线路有关,而好的旅游线路人们也愿意付出较高的成本。

(5) 旅游线路要考虑旅游者的体验。一条旅游线路要让旅游者有深刻的体验,有不虚此行的感觉。好的体验一方面来自旅游地和旅游城镇的旅游活动安排,要求旅游活动内容丰富充实、新颖独特;另一方面来自旅行途中旅游活动的安排,要求掌握节奏、高低起伏、快慢结合。一般来说最精彩的活动应安排在游程的后面,并且在途中要不断掀起高潮,使旅游者渐入佳境。如果把精彩的旅游活动放在前面,将会使人对此后旅行有多余之感。

## 四、主要旅游地的概念性规划

对区域里重要旅游地的旅游资源进行开发设想,提出开发建议,即是进行概念性规划。对主要旅游地的开发建议既是对旅游地开发进行指导,也是为了使旅游地的规划与区域旅游规划保持连续性和一致性。关于旅游地的概念性规划参见第十章相关内容。

## 第七节　旅游产品及其规划

### 一、旅游产品的理解

#### 1. 旅游产品的概念

在现代旅游中,旅游产品主要是用来交换的,它由旅游经营者所提供,由旅游者所购买,是由一些异质成分组成的一种不可分割的整体综合物。

对旅游产品的概念,人们有比较一致的认识。从生产者的角度来看,旅游产品是旅游经营者凭借着旅游资源和旅游设施,向旅游者提供其在整个旅游活动过程中所需的全部服务和商品。这些旅游服务和旅游商品共同组成了旅游产品,因此旅游产品是一个整体的概念,是由多种异质成分组合而成的综合体,但主要是以服务形式表现出来的无形产品。

从消费者的角度来看,旅游产品是旅游者花费一定的时间、货币和精力所购买的对象。它不是一件件具体的物品,而是一系列不同的旅游服务和旅游商品组成的综合体,加上旅游者的感受,最终获得一次完整的经历,得到一次体验。这个体验包含旅游者从离开常居地到旅行结束归来的全部过程,所获得的是对接触过的事物、事件和服务的综合感受。这种感受可能是愉快的,也可能是平淡的,甚至是不愉快的。

旅游产品具有综合性、无形性、不可运输性、不可贮存性、生产与消费同时性、独享性、易波动性等特征。

人们的一次旅游经历便是一个单位的旅游产品,因此描述旅游产品的销售数量用所接待的旅游者人次来表示。

#### 2. 旅游产品的组成

旅游产品的组成成分非常复杂,有的是有形的物质成分(旅游商品),有的是无形的非物质成分(旅游服务)。

(1) 旅游服务:是旅游从业人员直接为旅游者提供的活劳动,不以有形的物的形式表现出来。从旅游消费形式来看,旅游服务由饮食、住宿、交通、游览、购物、娱乐(简称吃、住、行、游、购、娱)和其他服务(如金融、通讯、医疗等)七个部分组成。每个组成部分的功能都不相同,如住宿、饮食满足旅游者生活消费的需要,娱乐和游览向旅游者提供主要的旅游感受,交通为旅游者提供实现旅游活动的手段,购物满足旅游者对旅游商品的需要。

从服务的重要性来看,旅游服务分基本服务和辅助服务。基本服务有客房服务、餐饮服务、交通服务、导游服务、购物服务、娱乐服务等;辅助服务有理发、医院、洗衣、金融、保险、通讯、咨询、出入境手续、托运、签证等服务。

(2) 旅游商品:是旅游者在旅游过程中所购买的有形物品。旅游商品包括工艺美术品、纪念品、土特产品、食品、饮料、生活用品等等,满足旅游者纪念、馈赠、炫耀、收藏、生活等方面的需要。

### 3. 旅游产品的开发

旅游产品的开发是建立在旅游资源开发基础之上的,这两种开发都是为了向旅游者提供便利而进行的建设活动,二者之间没有太多的本质差别。

旅游产品的开发首先是旅游产品的设计,即要向旅游者提供什么样的经历和体验,其中提供什么样的旅游活动项目是核心内容。旅游产品开发执行的是旅游资源和旅游市场双重导向,资源和市场都可以决定提供什么样的旅游活动项目。这些活动项目目前还存在于设计人员的脑海里、图纸上和文字里。

其次是根据活动项目的要求建设旅游便利设施,而活动项目的规模、类型和档次决定了设施的规模和档次。旅游设施分为两大类:①旅游专门设施,是专门(或直接)为旅游者提供服务所凭借的物质条件,包括住宿设施、交通设施、餐饮设施、游览设施、娱乐设施、购物设施、旅行社、咨询服务处等。②旅游基础设施,是目的地城镇建设的基本设施,包括交通道路设施;水、电、气、热的供应设施;废物、废气、废水的排污处理设施;邮电通讯设施;金融保险设施;医疗卫生设施;管理设施;等等。旅游基础设施保障了旅游专门设施正常的运营。旅游设施的建设是一个巨大投资过程,开发时应与当地社会经济发展水平相适应,不能过度超前,也不能过分落后。

旅游产品开发还包括旅游线路的设计或选择。综合考虑旅游者的闲暇时间、支付能力、精力和兴趣爱好,把一些有特色的旅游活动项目组合起来,而连接这些项目所在地的线路便是旅游线路。在具体旅游过程中,还需要选择具体的旅游服务设施,如交通工具、饭店等等。

### 4. 旅游产品的生产

旅游产品的开发,好比是一家工厂设计出了新的产品,并根据生产要求建设了厂房、购置了设备、准备了原材料,但还没有生产出产品来。旅游产品的生产过程如同工厂开动机器获得产品的过程,都需要活劳动的提供和设备的运转。因此,仅有旅游产品的开发不能满足旅游者的需要,只有提供了旅游服务,旅游产品才是完整的,才能够让旅游者来消费。提供服务的过程便是旅游产品的生产过程。以旅游资源、旅游设施(它们是旅游产品生产的物质基础)为依托提供服务,是单项产品的生产,把单项产品组合起来(如旅行社所推出的旅游日程)是整个产品的生产,它们都是同时进行的。由于提供旅游服务的从业人员很多,所以一个旅游产品的生产需要许多人共同完成,正如工厂里的产品要经过多道工序一样。旅游者所需要的每一项服务都可以看成是生产旅游产品的一道工序,任何一道工序(一项服务)出现了问题都会影响旅游产品的质量。提供旅游服务的过程既是旅游产品的生产过程,也是对它的消费过程,二者统一于同一时空内,即旅游产品的生产和消费具有同时性。

从旅游产品生产的角度来说,可以定义两类旅游产品:第一类旅游产品(逗留型产品),旅游者只到一个旅游目的地,如到北京旅游、到上海旅游等,旅游产品的生产主要在这一个目的地内进行;第二类旅游产品(周游型产品),旅游者到两个及两个以上的旅游目的地,如丝路之旅、江南水乡游、上海—北京—西安游等,一个产品的生产要在多个目的地才能完成。显然,一个第二类旅游产品包含多个第一类旅游产品,是将若干个第一类旅游产品组合起来,以交通线路相串联。在组合过程中要求第一类旅游产品都是精良的,不能搞硬性搭配,把旅行时间花费在质量低劣的、旅游者不喜欢的产品上,否则会造成整个产品吸引力的下降,游客投诉也会增多。对两类旅游产品的消费,取决于旅游者的兴趣爱好、时间和支付能力。第一类旅游产品耗时短、花费少,以消遣度假、购物以及短时间的旅游活动为主;第二类旅游产品耗时长、花费多,以观光及长时间的旅游活动为主。

5. 旅游线路

在我国,几乎所有的人都将旅游线路看成是旅游产品,这是一种误解。旅游线路不是旅游产品,而是旅游产品的生产流水线。正像有形产品的生产流水线一样,在一条旅游线路上可以生产出无数个旅游产品。也就是说,一条旅游线路可以接待无数个旅游者,可以为无数人提供旅游经历。这可以从几个方面来解释:

首先,旅游产品是旅游者花费一定的时间、货币和精力所购买的服务和商品的总和,并由此最终形成一次完整的经历。旅游者的一次经历就是一个旅游产品。如果将旅游线路看成是旅游产品,那么"一条线路就是一个旅游产品",这跟"一次经历是一个旅游产品"相互矛盾。

其次，作为服务性的产品都有一个共同的基本特征，那就是生产与消费的同时性，旅游产品也不例外。如果将旅游线路看成是旅游产品，由于线路仅通行于某一时间，而旅游产品的消费则持续一段较长甚至很长的时间，因此它与旅游产品的消费不是在同一时间，这与旅游产品的基本特征是不相符的。

再者，我们也不能说旅游产品是"一次生产，多次销售"，而实际情况是旅游产品的生产流水线（旅游线路）一次开发，就可以多次生产、多次销售、多次消费。

同样地，也不能把时间问题（如一日游、二日游等等）看成是旅游产品。旅游产品在空间轴上的生产是沿线路进行的，在时间轴上的生产是按照旅游日程表进行的。无论是几日游都是不具体的，必须与空间结合起来才是明确的，如黄山四日游。我们不能把不明确、不具体的事物看成是产品。

虽然旅游线路不是旅游产品，但是就像电视机生产线一样，人们知道它生产什么、能够生产什么，一条旅游线路已经表明可以生产出什么样的旅游产品，可以向人们提供什么样的旅游经历和体验。由于旅游产品只有在人们进行旅游时才生产，当旅游产品还只是一个概念（如在宣传中提到的）时我们只能用旅游线路来表达，但绝不能认为它就是旅游产品本身。

### 6. 资源和设施是旅游产品生产的物质基础

旅游线路是旅游产品的生产流水线，旅游资源和旅游设施则是流水线上的生产工具（提供旅游服务的场所），利用它们可以生产出旅游产品（提供服务）。同旅游线路一样，资源和设施也可以提供很多次服务，接待很多顾客。因此，也可以把旅游资源和旅游设施说成是旅游产品生产的凭借物。

把旅游资源和旅游设施看成是旅游产品的组成部分是一个大错误。假如我家的电视机坏了，我可以送到修理部去修理，也可以请人员到家里来修理，如果前一种情况把修理部（服务场所）看成是这种服务产品的组成部分，那么后一种情况就会把我家也看成是这个产品的组成部分，这显然是荒谬的。类似地，也就不能把服务场所（资源和设施）看成是旅游产品的组成部分。

首先，旅游产品是旅游从业人员生产的，而旅游资源是自然赋存的，或是历史遗留下来的，或是现代建筑工人建造的，旅游设施也是由建筑工人建造的，它们都不是旅游从业人员生产的。

其次，如果把旅游资源和旅游设施看成是旅游产品的组成部分，那么旅游产品主要是有形而非无形的，这与旅游产品的无形性相矛盾。

第三，如果旅游资源和旅游设施是旅游产品的组成部分，那么旅游产品的绝大部分就早已生产出来了,这与旅游产品的生产和消费同时性不相符合。

第四,如果把旅游资源和旅游设施说成是旅游产品的组成部分,那么旅游产品的绝大部分早已存在,这与旅游产品不能贮存的特征不相符合。

## 二、旅游产品规划

旅游产品规划包括四个方面的内容,即专项旅游产品规划、专线旅游产品规划、节庆旅游产品规划、旅游的游程规划。

1. 专项旅游产品规划

专项旅游产品是围绕某一个主题而开展的旅游活动,给旅游者带来关于这个主题的旅游经历。专项旅游产品经常用主题名称直接称呼,有抽象的如观光游、修学游、访古游、农家游、都市游、乡村游、亲子游、生态旅游、商务旅游、体育旅游、会展旅游、美食旅游、探险旅游、休闲度假游、宗教旅游、产业旅游、文化旅游、购物旅游等等;也有具体的如上海游、北京游、黄山旅游、千岛湖旅游等等。

专项旅游产品可以在某一点上开展,也可以在若干个点上开展。

2. 专线旅游产品规划

专线旅游产品是沿着某条线路而开展的旅游活动,这条线路将分布于不同地点的旅游地(点)有效串联起来,让旅游者能够一次看到许多的旅游资源,有一个丰富多彩的旅游经历。专线旅游产品常常用线路的名称或主题的名称来称呼,如江南水乡游、华东游、丝绸之路游、长江之旅、上海—北京—西安游等等。必须注意的是,称呼的结尾不能用"线",而要用"游""旅""旅游"等,如华东游和华东线是两个不同的概念,前者是旅游产品,后者不是旅游产品,而是旅游产品的生产线。

专线旅游产品也可以从旅游地(点)的分布范围来进行划分,如市区旅游产品、市域旅游产品、跨地区旅游产品、省域旅游产品、跨省旅游产品、国际旅游产品等。

3. 节庆旅游产品规划

节庆旅游产品是围绕某个节庆而开展的旅游活动,实际上属于专项旅游产品,但是节庆旅游产品还具有很强的旅游宣传功能。节庆一般有四个来源:一是传统的节日,如端午节、春节、中秋节、泼水节等等;二是国家或地方法定的节假日,如五一节、国庆节、元旦等等;三是国家或地方为了纪念(庆祝)某一人物(事件)而开展的节庆活动,如孔子文化节、伏羲文化节等等;四是为了旅游和经济而开展的节庆活动,如啤酒(旅游)节、龙虾(旅游)节等等。各类节庆活动有定期的,也有不定期的;有持续时间长达几个月的,也有时间仅有一天的。每个地方每年有一两个重要的有影响的节庆活动就足够了,不宜搞的太多。

4. 旅游的游程规划

旅游的游程一般按旅游时间的长短来分,以天为单位,如一日游、二日游、三日游、七日游、十日游等等。

## 第八节　旅游产业与设施规划

### 一、旅游产业的理解

所谓产业是指同一属性的企业集合,是企业与区域经济整体之间的一种中观经济层次单位。区域经济是一个结构复杂的有机系统,大到部门,小到行业,从生产到流通、交换、服务等都可以称作产业。旅游产业就是地区内为旅游者提供服务的所有企业的集合,属于第三产业范畴,通常称为旅游业。当然,也有人对把旅游看作是一个产业持有不同的看法(戴维森,2001)。

过去我国将旅游业看成是由旅游饭店、旅游交通、旅行社等组成的产业,号称三大产业;后来加上旅游购物,称为四大产业;近年来越来越多的人意识到投资旅游资源的开发也是一大产业,称为五大产业。不管对旅游产业的看法如何,有两点是不容置疑的:一是旅游接待和旅游服务是靠旅游业来完成的,没有旅游业就不能接待旅游者;二是旅游经济效益是靠旅游业来实现的。因此,旅游业是一个地区旅游发展水平的标志,发展旅游业对于一个地区的旅游发展来说是至关重要的。

由于旅游产品是无形的产品,它不能储存,需要一边生产一边消费,所以旅游服务的提供和旅游设施是分不开的,接待旅游者必须在相应的旅游设施内完成,这些设施有饭店(旅馆)、餐馆、交通工具、购物场所、娱乐场所等等。因此,旅游业的发展水平可以通过旅游接待设施的规模和档次反映出来。

一个人要完成一次旅游经历,需要许多旅游企业为他提供各种服务,每一个旅游企业提供的服务只是这个旅游产品的组成部分,而不可能完成整个旅游产品的生产。因此旅游企业之间需要进行密切的合作,它们之间需要一个合适的比例协调发展,同时也需要按照一定的秩序运转。

## 二、旅游产业的地位和发展目标

旅游产业的地位和发展目标要服从总体的发展战略。产业的地位是指旅游业在国民经济中的地位,不仅体现在具体的经济指标上,还体现在对地区经济推动作用的大小上。发展目标则是旅游业发展的具体经济指标,包括接待游客数量、旅游收入、旅游增加值、就业人数、增长速度、劳动生产率、旅游投资、产业结构、产业规模等,再将这些指标分配到相应行业;也可将各旅游行业的经济目标汇总,形成总体目标。

确定旅游产业的地位和发展目标可以采取如下方法:

(1) 定性预测。根据过去的发展过程和发展速度,估计将来旅游发展的情况。

(2) 专家法。找一些有经验的专家,根据他们的研究和感性认识估计将来旅游发展的情况。

(3) 发展分析。根据过去旅游发展经济指标的变化,构造其发展的数学模型,利用模型估算未来的经济指标的变化。

(4) 相关分析。利用数学模型找出旅游发展的经济指标和国民经济中的一些指标之间的关系,然后根据这种关系和国民经济指标的变化来分析旅游发展经济指标的变化。

(5) 对比分析。通过与类似地区旅游发展的对比分析,估计本地区将来旅游发展的情况。

(6) 投入产出分析。根据未来旅游投资计划进行旅游投入产出分析,得出旅游经济各项指标的变化值。

## 三、旅游产业与设施规划的内容

旅游产业和设施规划的任务是根据旅游产业发展的目标,对组成旅游产业的各行业规模、档次、结构和设施的布局进行合理规划,使旅游业能够满足旅游市场的需要,旅游经济能够顺利地运行。

### 1. 旅游产业与设施规划的步骤

(1) 调查旅游产业现状。对组成旅游产业的各行业数量、档次、价格水平、收入状况、就业情况、投入情况、设施利用率、季节分布情况、空间分布情况、游客满意度等等进行调查分析,并与不同年份的情况进行对比分析。

(2) 预测需求量。首先预测游客量和需求指数,然后根据消费情况对设施的需求量进行估计。也有一些行业由于需求弹性大,无法大致估计出需求量,只能让市场这只看不见的手来进行调节,如旅游商品、旅游娱乐等。

(3) 调整产业结构。根据需求量和现状之间的差距调整产业结构,尤其是调整设施的规模和档次结构。

(4) 进行产业布局。将产业的结构落实到空间上来。

2. 需求量的预测

(1) 床位预测。床位数计算公式为

$$床位数 = \frac{游客量 \times 需求指数 \times 人均停留天数}{营业天数 \times 利用率}$$

如果考虑季节分布的不均匀,可以用下面的计算公式:

$$床位数 = \frac{游客日平均数 + 日游客不均匀分布的均方差}{利用率}$$

(2) 交通预测。对于不同的交通工具,都可以采用如下公式计算(必须根据实际情况先约定一个时间尺度):

$$座位(铺位)数 = \frac{游客量 \times 需求指数}{往返次数 \times 利用率}$$

(3) 餐饮预测。必须针对游客需求量最高的一餐(中餐或晚餐)来计算,并以椅子数来表达,即

$$椅子数 = \frac{(游客日平均数 + 日游客不均匀分布的均方差) \times 需求指数}{周转率 \times 利用率}$$

3. 旅游设施的规划布局

一般来说,只在两类地方进行旅游设施的布局,一是旅游中心城镇,中心城镇的级别越高,旅游设施的规模和档次也越高;二是旅游地的特定范围,旅游地的吸引力越大,设施的规模和档次也越高。在实际规划布局时必须考虑旅游者的到达和停留时间、土地供给能力、投资成本、环境影响等因素。

关于旅游饭店的选址问题可以参考有关文献(保继刚,1993)。其他的旅游设施可以与旅游饭店伴生布局,规模小的也可以独立布局。

# 第九节 基础设施规划

基础设施(infrastructure)又称基础结构,词义是指"基础""下部(底层)结构""永久性基地(设施)",原属军事用语。随着社会经济的发展,基础设施获得新的涵

义,泛指国民经济体系中为社会生产和再生产提供一般条件的部门和行业的总体。旅游基础设施一般指四大系统,即交通运输系统、给水排水系统、动力系统和通信系统。

旅游基础设施与工农业等生产部门相比具有以下特性:

(1) 公共性。基础设施不是为特定的部门、单位、住户、企业设置的,而是为一国或一地区社会经济整体服务的,大家共同使用,共同享受,大多由国家投资或各企事业单位联合投资建设。

(2) 两重性。基础设施既为物质生产服务,又为人们的生活服务,两者难以截然分离。

(3) 系统性。基础设施是一个有机的综合系统,是国民经济体系中的一个运转载体,是社会经济发展的支撑工程体系。各类基础设施自身形成独立的网络系统,同时又需要互相协调,形成一个有机整体。

(4) 长期性。基础设施建设一般规模较大、资金较多、难度较大、周期较长,因此消费周期长、效益回报期长。

(5) 间接性。基础设施的投资效益往往分散体现在其服务对象的效益上,这种间接效益远远超过直接效益。

由于给水排水系统、动力系统和通信系统在区域规划中就已经安排好了,区域旅游规划只需要利用其体系,所以这里只论述交通规划。

## 一、交通规划的方法

交通系统是基础设施的骨架,是国家或地区社会经济发展的先行条件。旅游交通系统规划的任务是在全国统一交通运输网指导下,根据地区旅游发展建设的需要和区内自然条件与旅游布局的特点,选择合适的交通运输方式以及各种运输方式之间进行合理分工与协作,有秩序地构筑地域综合交通网。

交通运输的基本要求是使交通流达到便捷、通畅、经济、安全。一般地域范围愈大,规划内容更为宏观,并且侧重于交通骨架、交通枢纽以及交通运输网络结构的布局。

交通规划一般先要进行旅客运输与交通网现状的调查与分析,再进行未来客运量、流量、流向预测,最后进行运输网规划。在交通规划中,主要有以下几种方法:

(1) 图上作业法。通过各种图件和照片可以了解路网现状、地理环境、经济布局,从而进行路网结构调整和初步规划选线。

（2）实地调查法。如交通线路现状和运输量的调查、腹地和吸引范围的调研、交通量实测、OD调查（起讫点调查）、居民出行调查、选线勘察等,可为现状分析和远景预测提供第一手资料。

（3）统计分析法。通过对有关资料的统计分析,可对交通现状特征分析和远景规划提供数量依据。如运用客运量历年增长法、交通线路密度法（交通线路长度与区域面积之比）等,可进行交通量和线网密度预测。

（4）计量模型法。运用经济计量学原理和计算机技术,可以建立各种数学模型进行结构分析（弹性分析、乘数分析）和经济预测。如利用线性回归分析（一元回归或多元回归）预测未来客运量,利用图论进行运网结构分析,利用动态规划求解最短距离,利用投入产出模型预测客运量,等等。

当然,除了这些方法以外,历史分析、综合分析和专家经验也是必不可少的。

## 二、铁路规划

铁路是由线路、车站与枢纽所组成的网络,是满足区内外联系的主要交通方式,也是中长线旅游的首选。由于受投资和用途的限制,旅游铁路规划往往只能在局部进行,一般是从旅游城市到热点旅游地或在旅游地内部建设,其功能主要是娱乐性的。

## 三、公路规划

公路旅游运输灵活机动,可以点到点直达,减少了运输中转环节,并且生产经营者可以随意安排,更好地满足了旅游者的要求。因此公路运输成为短途旅游的最佳客运方式,公路建设特别是高速公路建设对旅游发展的影响越来越重要。

公路按照使用任务、功能和适应的交通量分为高速公路、一级公路、二级公路、三级公路、四级公路五个等级。公路规划要充分满足旅游布局的要求,深入城乡腹地,与铁路、航空、水运有机衔接,为区域的旅游交通联系提供保证。公路路线设计应根据公路的等级及其使用任务和功能,合理地利用地形和技术标准,并考虑车辆行驶的安全舒适以及驾驶人员的视觉和心理反应,保持线形的连续性、与当地景观的协调性。

公路在选线时应尽量避免穿过地质不良地区和城镇,贯彻保护耕地、节约用地原则,少拆房屋、方便群众,并依法保护环境、保护古迹。对不同的选线方案,应对工程造价、自然环境、社会环境等重大影响因素进行多方面的技术经济论证,在条件许可时应尽量选用较高的技术指标。

## 四、水运规划

水运是由航道和港口组合在一起的交通系统,一般分为内河和海运两部分。水运一般沿可通航的大河(如长江)、海洋、湖泊开展,根据旅游客运量的大小来进行规划。

## 五、航空规划

航空是长线旅游的选择,如今越来越多的旅游者外出旅游时选择乘坐飞机。航空规划实际上就是对航空港和航线进行规划。

航空港的规划首先要从区域整体旅游需要出发,作出客运量的经济论证,可以多城市合建,以避免单一从各城市出发,造成航空港重复建设。

空运航线的开辟是主要根据国际和国内旅客运输的需要,组成以首都和大城市为中心的航空网,以及开辟省会至省内中心城市和边缘地区的地方航线。

区域旅游规划主要考虑省级以下机场的设置和地方航线的开辟。

# 第九章 全域旅游规划

## 第一节 全域旅游规划背景

### 一、全域旅游发展历程

#### 1. 全域旅游的提出

全域旅游的概念提出已久。早在2008年,浙江省绍兴市委市政府就提出"全域旅游"的发展战略,启动全城旅游区总体规划。之后,江苏省、四川省等省份结合各自的实际情况也提出了"全域旅游"的发展目标。2015年,原国家旅游局下发的《关于开展"国家全域旅游示范区"创建工作的通知》提出:"在2000多个县中,每年以10%的规模来创建。今年要推进200个县实现全域旅游,3年600个县实现全域旅游。"2016年,全国旅游会议文件《从景点旅游走向全域旅游,努力开创我国"十三五"旅游发展新局面》,将"全域旅游"的概念介绍给各级旅游企事业单位,提出旅游发展要从景点旅游模式走向全域旅游模式,实现八大转变;之后,《人民日报》也刊发了关于全域旅游的文章,全面阐述全域旅游的价值和途径。同年7月,习近平总书记在宁夏视察时对全域旅游发展理念和模式给予了"发展全域旅游,路子是对的,要坚持走下去"的高度肯定,由此表明,全域旅游的概念已经上升到国家战略层面,得到了上级领导的支持。

2017年原国家旅游局发布了《全域旅游发展报告》,报告中指出:全域旅游应成为一项中长期国家战略和国策,相关部门要加大对于全域旅游的政策和资金支持力度。2018年国务院办公厅印发《关于促进全域旅游发展的指导意见》,标志着全域旅游上了一个新台阶。

由此可以看出,随着"全域旅游"的提出及人们对其认识的深化,国家对于全域旅游的支持力度也不断加大。各省均高度重视全域旅游的发展,多地申请成为全域旅游示范区创建单位。

## 2. 全域旅游示范区创建

原国家旅游局先后公布了两批国家全域旅游示范区创建名单：2016年2月公布了首批国家全域旅游示范区创建名录，共计262个；2016年11月公布了第二批国家全域旅游示范区创建名录，共计238个。

国家全域旅游示范区创建工作开展以来，各地创建工作积极踊跃并卓有成效，已从创建工作阶段进入试点示范和推广普及阶段。2019年2月，文化和旅游部印发实施了《国家全域旅游示范区验收、认定和管理实施办法（试行）》《国家全域旅游示范区验收标准（试行）》《国家全域旅游示范区验收工作手册》指标体系。这一系列验收认定文件以《关于促进全域旅游发展的指导意见》提出的原则和方向为准则，以《全域旅游示范区创建工作导则》为依据，对全域旅游示范区验收认定工作的各个方面进行了规范，明确了验收认定程序、验收认定基本条件以及监督管理等方面的内容。

2019年9月25日，文化和旅游部官网公布首批国家全域旅游示范区名单，共计71个区县市上榜。

2020年，在试行和讨论的基础上，文化和旅游部正式推出《国家全域旅游示范区验收标准（试行）》《国家全域旅游示范区验收、认定和管理实施办法（试行）》。

全域旅游创建的单位以区县为主；当大部分区县达标后，地级市才能达标成为示范单位；当大部分地级市达标后，省市才能达标。因此，全域旅游规划是区域旅游规划。

## 二、全域旅游是大众化旅游的产物

一般认为，人均GDP达到1000美元的时候，人们的消费主要在基本生活上，即吃穿用；人均GDP达到3000美元的时候，人们的消费主要在住和行上，即开始买房买车；当人均GDP达到5000美元的时候，人们还房贷还车贷的压力减小，主要消费转向为改善需求上，频繁的外出旅游成为常态。大众化旅游就出现在人均GDP在3000~5000美元这段时间。

我国在2008年人均GDP达到3000美元，2011年人均GDP达到5000美元，大众化旅游在这期间开始出现。像长三角地区和珠三角地区，由于经济发展快，大众化旅游出现的时间要早些。

大众化旅游有如下主要特征：

（1）出游人数多、出游频率高，因此总的旅游人次是一个很大的数据；

(2）自由行、自驾游的比例高，人们追求更加自由、更加随意的旅游活动；

（3）旅游需求提升、人均花费提高，人们追求更高质量的旅游消费和旅游服务；

（4）活动范围广，得益于村村通公路，人们几乎可以到达每个村庄，活动范围不仅仅局限于旅游风景区；

（5）兴趣广泛，对任何事物都感兴趣，任何事物都可能成为旅游吸引物。

大众化旅游的出现标志着旅游需求发生了根本性的变化，需要旅游供给方产生相应的变化来应对，而全域旅游正是应对大众化旅游的新路径。

## 三、全域旅游的含义

对全域旅游的理解，要从对"域"的理解入手。

早期的域指的是空间域。在汽车保有量不断增加、村村通公路不断完善的情况下，许多传统村落、新农村、不知名的景区，甚至田野，都成为人们感兴趣的对象，相应的农家乐、乡居民宿、农业生态园、田园综合体等业态纷纷涌现。在发达地区，尤其是一些发达的区县，其内部空间各处都有不同的旅游接待场所，虽然空间分布还不均匀，但基本实现了全域覆盖，所以全域旅游首先可以看成是全空间覆盖。全空间覆盖已经摆脱了过去仅仅围绕风景区、旅游点发展旅游，而是旅游产品的全空间覆盖，也包括旅游公共服务的全空间覆盖，例如厕所革命。

随着旅游向纵深发展，人们的兴趣不断扩大，并且似乎对一切事物都感兴趣，于是出现了"＋旅游"和"旅游＋"。如果其他行业在经营中涉足旅游，就是"＋旅游"；如果旅游发展强势带动相关行业的发展，就是"旅游＋"。但总体来说，"＋旅游"是主要的，如农业＋旅游、工业＋旅游、体育＋旅游、文化＋旅游、教育＋旅游、养老＋旅游、医疗＋旅游、商贸＋旅游、城乡建设＋旅游等等。因此，域的概念成为产业域，全域可以理解成全产业融合旅游发展。

以前人们旅游在时间上高度集中，所谓"白天看庙，晚上睡觉"，旅游活动不丰富，甚至单调，尤其缺乏夜间旅游活动。为了解决旅游活动在时间上的不均衡，提出全时旅游产品，大力发展夜游活动。因此，这里的域就是时间域。

旅游活动的全空间覆盖以及全产业的融合，主客关系发生了变化。尤其是当地居民，他们中越来越多的人从事与旅游相关的活动，越来越多的人与游客接触，也就有意无意地参与了旅游发展。当地人的精神面貌、友好程度展现了旅游目的地的形象，无论是企业还是个人，都能把建筑物修葺整齐，把房前屋后打扫干净并种花种草,让到访的游客赏心悦目;热情回答游客的问询,积极向外推荐旅游产品,人人成为旅游导游员、宣传员。同时,许多旅游消费场所也成为当地人的消费场所,提升了他们的生活质量。因此,这里的域就是人口域,全域就是全民共建共享、全社会参与。

从管理的角度来看,现代旅游涉及的范围远远超出旅游主管部门的职能范围,几乎涉及政府的各个职能部门。如旅游发展规划涉及发改、规划、土地、财政等部门;旅游市场涉及市场监督、物价等部门;旅游宣传涉及宣传、广电等部门;旅游安全涉及公安、安监、消防等部门;旅游活动涉及国土、林业、水利、体育、农业等部门;旅游交通涉及公安、交通、民航、铁路等部门;等等。这里的域可以理解成职能域、部门域,全域可以称为全流程保障。

## 第二节 旅游品质的高度化

全域旅游规划的首要内容就是旅游品质的高度化,主要是对现有的存量项目进行提升。我国旅游业发展到今天,各地的旅游资源基本上都调查清楚了,并且或多或少都进行了开发利用,成为接待游客的主要场所,将来依然是旅游发展的重要依托。因此,全域旅游规划要对存量项目进行升级,满足人们对更高质量旅游产品的需求。

旅游品质的高度化主要体现在旅游资源整合、接待场所提档升级和重大项目的建设三个方面。

### 一、旅游资源整合

旅游资源的整合是对旅游资源的再认识,更是对旅游空间的重新划分,也就是旅游总体布局。在总体布局中,需要对旅游基本空间进行安排,即对点、线、面进行安排,这里的点包括旅游点、旅游地、旅游各级依托中心,线包括各类旅游风景道和旅游发展轴线,面则是各级片区。

(1)旅游点向旅游地发展。一些吸引力强的旅游点,可以通过扩大面积、纳入周边的空间、划分不同的次级主题形成旅游地。如在无锡灵山大佛旁边扩建了梵宫,使得原景点面积扩大了一倍,后来又在附近建设了拈花湾文化景区,达到了旅游地的规模,成为当地一个重要的旅游空间。

（2）旅游集中区。由一些邻近的旅游点和旅游地构成旅游集中区，这里旅游活动高度集中，旅游接待设施高度集中，旅游交通发达且多样化，并有城镇化的倾向。我国各地有许多旅游度假区、旅游开发区等基本属于集中区。又比如美国奥兰多的迪士尼世界占地124平方公里，有最全的迪斯尼游乐产品，是旅游集中区的典型代表。

（3）旅游片区。旅游片区往往由几个次级的行政单位构成，比集中区范围大，甚至可能有几个集中区。如前面多次提到的江苏省宜兴市的宜南片区，是由阳羡湖-宜兴竹海集中区、善卷洞梁祝文化集中区、龙池山集中区、云湖集中区和太华集中区组成，其旅游项目的集中度全国罕见，是旅游高度发达的地区。

（4）行政区划的调整。基于片区旅游的发展需要，对行政区划进行调整是常见的手段，目的是将旅游资源和旅游空间整合在统一的行政管理范围内，理顺管理体制，便于发展旅游。

行政区划调整有多种模式，一是将一些乡镇合并成一个大的镇或度假区、开发区，如江苏省兴化市，为了发展旅游，突出垛田的资源特色，于2018年8月6日合并了缸顾乡、李中镇和西郊镇的部分村庄，设立千垛镇；二是行政区划名称没有变，但范围变化了，部分旅游空间被划出，纳入另一个旅游发展好的行政区划单位；三是行政区划单位范围没有发生变化，名称改了（更名），如云南省的中甸县2001年更名为香格里拉县，2014年撤县设市；四是行政级别上升，官员高配，如将镇升格为副县级；五是行政驻地发生改变，更靠向旅游资源所在地；六是隶属关系变化。

## 二、接待场所提档升级

一些旅游接待场所有质量等级评定标准，可以根据其质量的提升而申请更高等级。例如，游玩场所分国家级、省级、市级、县级和等外，可以逐级提升，也可以直接申报某个级别；游玩场所还有A级评定（从A级到AAAAA级），也可以逐级提升或直接申报某个级别。住宿也分星级（从一星到五星），一般在建设时就确定了星级标准，因此升级提升较困难。需要指出的是，住宿场所的等级高低和数量直接反映了一个地方的旅游发展水平。一些综合性的空间甚至区域也有等级，如度假区、旅游特色小镇以及冠以"全国×××""×××示范区"等。旅游餐饮和旅游商品有老字号、名点、名吃、名品等等称号。提档升级是在现有的等级基础上，通过新建、改造、提高服务质量等途径获得更高等级，提升旅游总体质量。

提档升级是一项综合性工程，需要多方面的努力。我国有许多旅游质量等级标准,可以参照标准,看看当地的旅游接待场所等级标准与最高等级标准的差距,再根据旅游需求的层次,对某些档次的需求量进行估计,提供规划的依据。例如,2018年,江苏省泰州市调查发现游客多数来自上海、苏南地区,对500～700元档次的酒店需求增长快,而当地酒店基本低于这个档次,于是规划建议增加这一档次的酒店建设。

## 三、大项目引领

旅游大项目可以迅速提升一个地区的旅游水平。随着旅游的发展,各地在常规项目上逐渐趋同,而随着游客的旅游消费升级(追求更高的旅游消费),更大范围、更高档次、更新的产品以及资金密集型的旅游项目将是一个地方旅游升级的主要方向,引领着旅游的发展。

就目前来看,旅游大项目主要集中在风景区、旅游街区、旅游地产、主题公园、大型游乐场、文旅场所、乡村旅游等方面,未来还将朝着旅游装备方向发展。

旅游大项目可以是新建项目,既是为了满足人们对更高产品的需求,也是顺应旅游消费升级的要求。例如江苏省句容市茅山脚下的康缘养生谷,是江苏省重点投资项目,总投资约64亿元,总占地面积约2800亩,依托茅山山脉、水脉、文脉、绿脉底蕴,以中医药文化为本,打造的以大健康和养身相结合的一个项目。又如上海迪士尼主题乐园,不仅提升了上海的旅游档次,也带动了川沙片区的各项经济的发展。

旅游大项目也可以是存量项目的更新,增加新的供给和新的服务。如敦煌莫高窟原来的入口在莫高窟附近,地方狭小,不适合现代旅游发展的要求,尤其是自驾车多了无法解决停车问题。后来在市郊建设了新的入口——敦煌莫高窟数字展示中心,游客在这里先参观数字化的莫高窟,然后乘摆渡车去莫高窟。未来这里将会出现多样化的便捷交通、酒店群、餐饮街、购物街以及居民区和配套设施,市区也可能向这里延伸,成为敦煌新城区。

旅游大项目需要大量的投入,一些投入是政府财政支出,可以规划并按照规划执行;一些投入是社会投资,虽然有规划但存在很大的不确定性。现在很多社会资本在寻找旅游投资机会,要积极与其沟通,了解其投资意向,再对投资项目进行可行性分析,符合规划的积极争取,规划里没有但可行的项目可以变更规划,使其具有合法性。

## 第三节 旅游供给的多元化

### 一、旅游要素的多元化

旅游活动中存在一些基本要素，它们提供不同功能的服务，满足游客最基本的需求。传统的基本要素有住宿、餐饮、游玩、交通、娱乐、购物等，随着社会和技术的发展，网络预订、虚拟旅游、金融保险、信息、租赁、定制等等新的要素不断出现。

（1）住宿。传统的酒店、招待所之外有快捷酒店、精品酒店；多样化的住宿产品有共享住宿、酒店式公寓、野营（房车、帐篷、小木屋等）、乡居（农家乐、民宿、乡村酒店等）；还有一些个性化的产品，如树屋、玻璃屋、漂流房、水下客房、酒桶房、胶囊旅馆、悬崖旅馆、冰屋、窑洞等等，也越来越受到游客的欢迎。

（2）餐饮。如今的游客已经不满足于吃饱肚子，而是寻找既符合自己口味又有地方特色的饮食。寻找美味已成为旅游活动中的重要内容，这在短途旅游和周边游活动中表现得更为突出，因此各地都在建设餐饮街区，集中各种传统美食，成为游客必去的地方。现代旅游中，围绕食品安全、健康保健、食疗养生的旅游活动越来越受到人们的喜爱，比如浙江省长兴市，山清水秀，土地中富含微量元素硒，是唐代茶圣陆羽监制贡茶和撰写《茶经》的地方，现在则是上海老年人喜欢去的地方，往往一住就是十天半个月，甚至有住几年的。

（3）游玩。以往对游的方面建设比较多，如旅游地、旅游点建设，尤其是围绕风景、文化和遗产等方面。未来将对玩的方面有所侧重，在空中，有小飞机、热气球、滑翔伞、跳伞、无人机等等；在水面，有游艇、游船、快艇、蹦极、潜水、帆船、滑水、水上飞行器等等；在陆地，有各种游乐场、运动场，以及徒步、骑行、山地车、越野车、狩猎、军事体验、高尔夫、骑马（马术）等等。

（4）交通。大交通有飞机、火车、长途汽车、轮渡等，小交通有公交、自驾车、出租车、自行车等。大小交通之间需要接驳，需要建设集散中心、停车场和公交站场。特殊情况下还需要建设水上交通、空中交通，如游船、溜索、空中走廊、水下走廊、（玻璃）栈道、索桥、索道、电梯等等。在服务上，需要有维修保养、租车（汽车、自行车）、充电桩等等。

（5）娱乐。以丰富旅途生活的夜生活、文化活动为主要内容，如各类演艺活动、音乐酒吧、博物馆、民间娱乐等等。我国的一些文娱活动开始形成自己的品牌，像《印象·刘三姐》《宋城千古情》《纳西古乐》等。一些娱乐活动游客仅是观看，也有些娱乐活动游客可参与，比如《锅庄舞》。借助于高科技，还可以实现游客与已故歌星同台唱歌、与历史人物对话。

（6）购物。旅游地的土特产品往往能引起游客的兴趣，一些工艺品也会有人购买。但在我国，购物是旅游要素中的短板，游客的购物消费比重不高。除了诚信经营问题，还由于旅游商品还缺乏创意。一些有创意、设计感强的旅游商品还是能受到游客喜爱的。目前，文创旅游商品在各地大力推行，也有很多好的案例，如北京故宫博物院的文创商品就受到广泛的欢迎。

## 二、拓宽增量项目

增量项目的拓宽就是"＋旅游"，各类事物只要有人感兴趣，都可与旅游融合，成为旅游要素。增量项目过去也有，如工业旅游、农业旅游、乡村旅游等，在全域旅游的理念下就丰富多了。

（1）农业＋旅游。在农业生产中加入旅游的元素和旅游服务设施，为游客提供可观赏田园风光的机会。过去的农业旅游仅仅是参观农业生产场所和购买农产品，后来是在农田里做些造型，如文字、图案等，打造农田景观。目前农业＋旅游主要体现在以下几个方面：一是农事体验，尤其以采摘最受欢迎；二是品尝新鲜的农产品，以瓜果、蔬菜为主，过年过节也可以提供腌腊货等；三是以家庭农场、农业产业园等为载体，还提供餐饮、住宿等服务；四是建设田园综合体、特色田园乡村，修建各种游览设施，更加丰富了旅游活动。

（2）工业＋旅游。有两个方向：一是把工业生产场所作为参观学习的地方，称为工业旅游，如到家电厂看家电如何生产、到钢铁厂看钢铁如何炼成等；还有不少工业遗产、废弃的厂房等，也是参观的对象；另外，游客尤其是中小学生，可以参与一些工业制作，亲手做一件产品。二是工业为旅游提供各种装备，也可以认为旅游的发展推动了装备制造的发展，如旅游汽车（大巴）、房车、邮轮、游船、游艇、快艇、飞机、家用旅行车、山地自行车、游览车、滑翔伞、热气球等等，以及各种各样的游乐设备、丰富多样的个人装备，甚至酒店里的各种装备。

（3）文化＋旅游。虽然文化和旅游自古就有融合，但在现代旅游中又有了许多新的内涵。一是文化场所成为旅游吸引物，如博物馆、文化馆、美术馆等展馆的游客越来越多；二是文化活动成为旅游节庆，如民俗活动的节庆、风筝节、诗歌节、摄影节、电影节等等；三是文学艺术作品的实景化，如大观园，还有许多拍摄电影、电视剧而留下来的布景，如三国城、水浒城，也有按照古画重新建设的园林，如开封的清明上河园；四是各种演艺活动，大中小型、室内室外都有，各地的戏剧团、艺术团等都能编排演出。一些地方政府还支持在文化场所进行小型演艺活动，也有一些企业（如大型餐饮企业）在内部安排小型演艺活动，如相声、小品等。

（4）教育＋旅游。随着研学旅游的不断推广和深入，已成为广大中小学生一项重要的课外活动。一是参观知名大学，了解其历史和优势学科，激发学习的兴趣，增强学习的目标；二是了解地方上的各种文化传统，如传统文化（国学）、红色文化、名人文化等，培养爱国情怀；三是对课本知识的补充，开展科普教育，如参观天文台、化石遗址等；四是建设研学基地，配备研学导师。

（5）体育＋旅游。这是未来旅游发展的重要方向，它包括两个方面：一个方面是举办体育赛事，作为一个旅游事件，能吸引大量的运动员和体育爱好者，靠销售门票、纪念品和赞助获得收入；另一方面是个人的健康运动，又叫康体旅游，是根据个人的爱好进行各种各样的体育运动，如跑步、徒步、划船、骑行、登山、攀岩、游泳等等。

（6）商贸会展＋旅游。这是传统的旅游购物活动的拓展。一些不在旅游地、旅游点周边的商贸会展场所，游客也会专门去购物，如大型的商场、奢侈品商店；一些专门的批发市场、专卖店，游客也会慕名而来，如米市、肉市、花市、茶叶市场等。像义乌小商品市场，东西琳琅满目，应有尽有，让人大开眼界；现在许多城市的老年人对旅游目的地的菜市场很感兴趣，会去看看有什么新鲜的蔬菜和没吃过的蔬菜，如苏州的双塔农贸市场，紧邻平江历史文化街区，增加了许多旅游元素，早已不是人们印象中的农贸市场了。

（7）健康＋旅游。这是居民消费升级后对健康消费的新趋势。由于各国、各地自然环境、医疗水平存在差异，导致人们会去异地进行治病、疗养。它包括两个方面：一是利用现代医疗技术开展体检、治疗、整形等医疗项目，如到日本体检、到韩国整形等，又叫医疗旅游。二是利用我国传统医学和文化，在适宜的地方建设场所进行养病、养身、养心、养性、养老，使身心健康、生活快乐。如江苏省泰州市的中国医药城，就适合开展健康＋旅游；又如武当山是我国太极的起源地，也很适合开展健康＋旅游；南京市汤山镇有丰富的温泉资源，自古就是温泉疗养胜地，更是适合开展健康＋旅游。我国过去建设有许多疗养院，都是健康＋旅游的模式。

（8）城乡建设＋旅游。这是在城乡规划建设过程中充分考虑旅游要素，打造各种类型的旅游空间。例如,在城市建成区,各种文物古迹的修缮和开放,建设文博场所,建设 RBD(游憩商业区)、滨水地带、城市公园、空中观光走廊、游乐场等等;在城市郊区,建设郊野公园、体育公园、动植物园、休闲农庄等占地面积大的游憩场所,以及建设特色小镇,尤其是文旅特色小镇;在乡村,在各种传统村落、美丽乡村、新农村建设中加入旅游元素,开展乡村旅游活动。

(9)国土整治+旅游。国土空间中一部分用来生活,如城镇、乡村等;一部分用来生产,如工厂、农田等;一部分用来做生态保护,如森林、河流、湖泊等;还有一部分国土空间,由于存在大量的旅游资源而作旅游场所,它们既有生产的属性,也有生活的属性。除此以外,有一些国土空间难以利用,如矿山采空区、沼泽地、荒漠、垃圾场等等,但是经改造后也可以作为旅游场所,如矿山公园、地质公园、湿地公园、游乐场、酒店等等,像上海的深坑酒店就是一个很好的改造利用案例。

## 第四节 旅游公共服务全域化

以前,旅游活动主要集中在城镇和旅游地、旅游点,旅游公共服务也主要集中在这些地方。但是在大众化旅游时代,游客的活动范围扩大到城乡每一处空间,一些不起眼的地方可能也有人感兴趣而去旅游。因此,旅游公共服务要覆盖到全部空间,但应根据游客量的多少有所侧重,不必均匀分布。

### 一、旅游集散体系和旅游公共交通

游客乘飞机、高铁、火车、轮船、长途汽车等到达目的地后,接下来的交通问题很重要。旅游集散体系就是解决游客的旅游交通问题,主要是接驳,使游客从外部进入旅游目的地后方便到达各个旅游消费场所。同时,集散体系也是本地居民外出旅游的必要公共服务体系,甚至一些旅行社的旅游大巴也可以集中在集散中心发车。

旅游集散体系一般有三到四级。一级集散中心往往建设在高铁站、机场、码头、火车站、长途汽车站等附近,以游客量多的为主,目前我国多数建在高铁站附近。其功能上包括公交站场、停车场、旅游厕所、咨询中心、休憩中心、志愿者中心、租车公司等,有的还提供餐饮、住宿、购物、旅行社等服务,甚至一些大的集散中心还设置有小型会展场所。二级集散中心往往建在游客量多的乡镇和旅游地(点),

主要功能有公交站（场）、旅游厕所、停车场和旅游咨询。三级集散中心以驿站和公交站为主，一些驿站可以提供简单的餐饮、自行车租赁服务，带有厕所和小型停车场，个别驿站还有住宿服务。

与旅游集散体系配套的是旅游公共交通服务，让游客方便、快捷地到达各个旅游消费场所，主要有城市内部的旅游公交和到乡村、旅游地（点）的旅游专线，有些地方还提供水上旅游专线、火车旅游专线。未来空中旅游交通服务将是旅游集散体系发展的大方向。

## 二、旅游咨询服务体系

旅游集散体系主要由当地交通部门负责，旅游咨询服务体系则是由旅游主管部门负责，二者在空间上往往是在同一个地方，但也有各自分开的。

旅游咨询服务主要包括问讯、查询、预订、展示（显示屏）等，也有提供休息、阅读、手机充电、宣传折页、茶水、咖啡等。

旅游咨询应有专人或志愿者负责，24小时不间断回复游客的网络、电话咨询甚至投诉。现在许多咨询中心还承担网上舆情监测任务，并及时进行处理或向相关单位及领导报告。

一般地，一二级旅游集散中心应提供旅游咨询服务，A级景区入口处也要有旅游咨询服务，前者主要由政府负责，后者由景区负责。一些旅游村庄在入口处也设置有旅游咨询中心，由村庄相关人员或政府负责。

## 三、旅游标识系统

旅游标识系统为游客提供快速识别的信息，由不同颜色的各种特定符号和文字表示，一般树立在游客集中的地方和道路旁。

旅游标识系统一为游客指路，如标示道路、风景区、村庄名称等等，称为旅游交通标识；二为游客提供信息，如标示厕所、加油站、咨询中心等等，称为旅游公共信息标识；三是导览图，包括全域全景图和风景区的内部导览图。

一般地，在旅游集散中心位置显著处、重要旅游公路交叉口、核心旅游吸引物入口处配套设置全域全景图；在旅游景区、旅游度假区或旅游风景道等核心旅游吸引物入口处或位置显著处设置全景导览图；在旅游交通公路旁设置旅游交通标识；在重要景点、景物旁设置介绍牌；在游客集中场所设置旅游公共信息标识。

标识系统的符号要符合国家标准《标志用公共信息图形符号 第1部分：通用

符号》(GB/T 10001.1—2001)和《标志用公共信息图形符号 第2部分：旅游休闲符号》(GB/T 10001.2—2006)。在旅游规划制图中也要参照这些符号标准。

标识系统中的旅游交通标识一般由交通部门或交管部门设置，旅游公共信息标识一般由旅游主管部门设置。还有很多标识由旅游接待场所自行设置，这就需要符合统一的标识系统规范，包括颜色、字体、数量、大小、高低、设置位置等方面的具体要求。

## 四、旅游厕所

旅游厕所与每一位游客都相关，并且是一处频繁使用的场所，需要有相当多的数量。旅游厕所的数量和卫生条件反映了旅游管理水平和旅游发展水平。我国已经开展了两次"厕所革命"，使得旅游厕所的供应和卫生条件有了很大的改观。

旅游厕所应按需设置。游客集中的地方要有足够多的旅游厕所，具体数量按游客量的多少设置。风景道沿途基本按照30～40分钟间隔的距离设置旅游厕所，步行和骑行道应设置的密些，汽车道可设置的间隔远些。

在特色街区、RBD、风景区、A级景区、旅游乡村、公园、文博场馆等处都要设置足够多的厕所。各级旅游集散中心都要有厕所，每个驿站也必须有厕所，尤其是旅游接待场所比较少的地方，更要注意厕所的设置。

我国游客中男女比例相当，但由于女性如厕时间要长些，并且需蹲坑，经常是女厕所排长队等候较长时间，所以旅游厕所男女厕所面积比例按2∶3设置较为合适。游客密集的地方，厕所内部应有第三厕所，解决老年游客需配偶陪同如厕或父亲带女童、母亲带男童如厕的情况。游客多的地方，厕所内还应设置母婴间，方便带婴儿的家庭给婴儿患尿布、衣服等。

## 五、停车场和汽车营地

截止到2019年底，我国私家汽车的保有量已超过2亿辆，每百户家庭汽车拥有量超过40辆，因此自驾旅游的游客比重比较大，这对道路及停车场的要求增加了许多，尤其是停车问题成为重要问题。

游客集中的地方应建有公共停车场，尤其是大型旅游活动空间或政府负责的福利性旅游接待场所(经营性的旅游接待场所的停车场由其自己解决)；文博场馆、公园、城市RBD、高等级的A级景区、旅游乡村等都需建设公共停车场；风景道沿途的观景台、驿站需配建小型停车场；一二级旅游集散中心也需有公共停车场。

临时性的游客量暴涨期间,如旅游节庆,可以征用道路作临时停车场,离活动地点远的可以用摆渡车接驳。

随着人们收入的增长,有些游客会开房车出游,一些停车场或停车区域需改造成房车营地,有条件的地方可以专门为房车建设营地。一些风景优美、离城市稍远的地方都可以建设房车营地,对于这些游客来说,居于乡间或荒野,将有一番特别的体验。

房车营地有一些特别的要求:每辆车的停车位面积比小汽车停车位大许多,因为除停车外还要扎遮阳棚;还需要解决供水、下水、供电等问题。现在有一些营地还提供水池、野炊灶台、烧烤炉(灶台)等;有的大型营地还可以提供扎帐篷的地方,帐篷既可以扎在自己的房车旁,也可以离开停车区域集中布置。

## 六、智慧旅游

智慧旅游的概念来源于智慧地球。2008年11月6日,美国IBM公司首席执行官Sam Palmisano在纽约市外交事务委员会上做了一次重要演讲。演讲中,他特别强调:Al Gore,Jeff Immelt和Barack Obama声称美国将引领世界摆脱危机、走向繁荣。他把未来的这一景象称为"智慧地球"(smarter planet)。

美国IBM公司在提出"智慧地球"概念的同时,还提出了21个支撑"智慧地球"概念的主题,涉及能源、交通、食品、基础设施、零售、医疗保健、城市、水、公共安全、建筑、工作、智力、刺激、银行、电信、石油、轨道交通、产品、教育、政府和云计算。目前我国是以智慧城市建设为主要方向。

在我国旅游方面,自2010年镇江市首次提出智慧旅游理念以来,"智慧旅游"以其独特和前卫的理念以及对旅游业未来发展动向的准确感知,很快得到了原国家旅游局等相关部门和部分专家学者的青睐。随着支撑智慧旅游的相关技术的逐渐成熟和完善、有关政策环境的日益优化以及有关学者对其认识的不断深化,在国家层面提出建设智慧旅游。时至今日,智慧旅游建设依然是旅游信息化建设的代名词。

### 1. 面向政府

面向政府的智慧旅游主要用于对旅游信息的了解、掌握和发布,利用新的技术手段更快、更全面地获得信息资料。

在了解和掌握信息方面包括以下几点:

(1)客情分析。即对旅游市场的了解和分析。一般是从移动通信公司的基站获得游客的基本信息,如游客的来源、游客的性别和年龄、到达时间、离开时间、去过哪些旅游消费场所,分析游客量的变化、客源地分布、平均停留时间、感兴趣的旅游场所等等信息,再结合实地问卷调查数据,如人均花费情况,可以分析旅游收入情况。客情分析的关键是数据来源,基于移动通信公司的数据并不完整,目前基于微信的数据更好一些。

(2) 舆情监测。通过监测网络和移动互联网上的游客投诉、抱怨、吐槽等等情况,及时掌握相关信息并及时回复,避免造成舆论危机。舆情监测的关键是掌握信息要及时,解决问题要快速。

(3) 客流分析。这是对正在目的地游玩的游客情况的掌握和分析,一般是实时掌握,除利用移动通信数据和微信数据,视频监控也是主要的技术手段。通过在游客集中地方架设视频监控设备,可以实时传回影像。视频监控不仅可以实时看到各个地方的游客情况,还可以识别出游客量的多少,并与容量数据进行比较,如果游客量接近或超出容量值,就需要提出红色预警,进行旅游管制。通过建立各个节点之间的客流的数量关系,可以用某个节点的监测数据预测其他节点的数据变化,如利用高速公路出口的数据变化预测风景区的数据变化。视频监控是节假日调度指挥的重要手段。

(4) 统计分析。这是利用企业自主上报的数据,并综合客情分析和客流分析,对一个地区的旅游各项要素进行统计分析。

(5) 旅游数据库。这是把一个地区的与旅游相关的数据(尤其是旅游接待场所和旅游企业数据)建立数据库,另外旅游管理的各项政策规定、项目管理、旅游从业人员等等也是数据库的主要内容。旅游数据库存在一个数据中心,有的数据中心放在旅游管理部门,有的放在地方政府的大数据中心。

在旅游信息发布方面包括以下几点:

(1) 常规的信息发布是将旅游数据库里的一些信息公开,利用电脑或手机可以公开查看。一般的途径有网站、微信公众号、微信小程序等。

(2) 宣传性的信息往往在LED显示屏、电子显示屏等室内外显示装置上发布。

(3) 紧急情况信息除了在室内外显示装置发布,还通过短消息、微信公众号、广播等途径发布。

(4) 全景旅游图和导览图是信息发布的另一种途径。全景旅游图是旅游目的地的基本信息图,放在主要的交通节点上;导览图则是旅游风景区内部的信息图,放在风景区的入口和内部主要节点上。

2. 面向游客

智慧旅游面向游客的应用有四大基本功能,即导航、导游、导览、导购。

(1) 导航,即我/目的地在哪儿、如何去,其目标在于确定位置,进而提供基于位置的服务(LBS)。在电脑端用关键词、地名、地址以及互联网地图等方式可确定位置,在手机端增加了北斗/GPS、基站、WiFi、蓝牙、RFID/NFC 以及地标等定位方式。目前手机上的电子地图在导航方面做得很好。

(2) 导游,即那儿有什么,是旅游中的重要一环。导游是利用庞大的旅游信息数据库,进行旅游信息的查询、显示、推送和旅游行程规划。智慧旅游将提供旅游目的地的各类丰富信息,大到景区、酒店,小到景点、厕所,并通过特别的方式显示出来。导游功能实际上是将过去的纸质导游图电子化,利用互联网地图标注来添加和突出旅游信息,同时也保持了互联网地图的特性。

(3) 导览是对旅游景点及各种情况进行讲解、解说。它可以通过很多种形式来表达,如文字、图片、声音、视频、动漫、全景、虚拟现实/增强现实等等,用手机、平板电脑等设备能起到导游员无法达到的效果。导览包括行前导览、游中导览和游后导览,其中行前导览是游客旅行前做决策的导览行为,一般用电脑在互联网上进行,360度全景、图片、文字、视频等导览方式适用于此;游中导览是游客在游览过程中的导览行为,一般在手机、平板电脑和数字导览器上进行,文字、语音、图片、虚拟现实/增强现实等导览方式适用于此;游后导览是游客游览之后的导览行为,主要是回忆和分享,一般在手机和电脑上进行,点评、社交、微博、存储是主要方式,游客可上传图片、文字、视频等内容。

(4) 导购是为游客购买行为提供决策咨询,包括参考信息、购买信息和身份识别。其中,参考信息包括距离远近、价格水平、促销信息、游客评价等内容;购买信息包括咨询电话、预订平台、支付渠道等内容;身份识别是对购买者的身份认证,包括条形码、二维码、短信密码、RFID/NFC 识别号等。

3. 面向企业

智慧旅游面向企业的应用包括两个方面,一是企业的智慧化管理,如智慧景区、智慧酒店、智慧餐厅、智慧交通等等;二是企业的营销,除了自建营销体系,还可以接入第三方平台,如线上旅行社(OTA)、淘宝/天猫、美团等等。在地方的智慧旅游系统里,则是将企业纳入数据库并提供链接,方便游客对其了解和购买。

# 第十章　旅游地总体规划

## 第一节　旅游地及规划程序

**一、旅游地的理解**

如前所述,旅游地是具有一定经济结构和形态的旅游对象的地域组合,它具有旅游资源分布集中、一定的旅游经济结构和规模、一定的空间尺度、由若干个景区组成等特征,是开展旅游活动的主要地域空间。旅游地含义包括的范围较广,如风景名胜区、风景区、历史文化名城(镇)、旅游城市(镇)、大型游乐区、旅游度假区、可进行旅游活动的自然保护区和森林公园等,都是旅游地的范畴。因此,旅游地规划的类型丰富多样,是旅游规划中最为重要的一个层次。以上旅游地在规划的内容上、规划的程序上、规划的方法上和规划的审批上都具有相当的一致性,只是规划的侧重点不同。

我国旅游地的名称有一些是法定的概念,像风景名胜区、历史文化名城(镇)、旅游度假区、可进行旅游活动的自然保护区和森林公园等,都是由相关的政府部门批准设立,并划分有相应的等级(一般为二级或三级)。

如《风景名胜区管理暂行条例》规定:

(1) 凡具有观赏、文化或科学价值,自然景物、人文景物比较集中,环境优美,具有一定规模和范围,可供人们游览、休息或进行科学、文化活动的地区,应当划为风景名胜区。

(2) 风景名胜区按其景物的观赏、文化、科学价值和环境质量、规模大小、游览条件等,划分为三级:

①市、县级风景名胜区,由市、县主管部门组织有关部门提出风景名胜资源调查评价报告,报市、县人民政府审定公布,并报省级主管部门备案;

②省级风景名胜区,由市、县人民政府提出风景名胜资源调查评价报告,报省、自治区、直辖市人民政府审定公布,并报城乡建设环境保护部备案;

③国家重点风景名胜区,由省、自治区、直辖市人民政府提出风景名胜资源调

查评价报告,报国务院审定公布。

风景名胜区是中国特有的称法,国外相应地称为国家公园或自然公园。但国家公园或自然公园的范畴很广,甚至与我国的旅游地范畴相一致,包括了自然资源保护区、人文资源历史古迹保护区、国家游乐胜地等。

我国的自然保护区也是一个法定的概念,由国家环保部门批准设立。自然保护区是指国家为保护自然环境效益和自然资源,对具有代表性的不同自然地带的环境和生态系统,珍贵稀有动植物的自然栖息地,珍贵的植物群落,具有特殊意义的自然历史遗迹地区和重要水源地等,划出界线,加以特殊保护的地域。划定自然保护区的目的是作为开展自然资源和环境保护工作的基地,其任务是研究和采取有效措施,保护自然资源及其生态系统,使已经遭受破坏的生态环境得以保护和恢复,尚未破坏的及时保护。自然保护区由于风光绮丽、环境优美、空气清新而受到人们的青睐,在重在保护的前提下可以划出局部范围,经过规划整治和设计供旅游、疗养之用。但是设立自然保护区的根本目的不是旅游和疗养,而是为了保护资源与环境。

## 二、旅游地规划的程序

旅游地规划的程序与区域旅游规划的程序有一些差别。但是旅游地规划的过程和内容比起区域旅游规划要正规些,这是因为旅游地规划有可以参照的标准,即《风景名胜区管理暂行条例》《风景名胜区管理暂行条例实施办法》和《风景名胜区规划规范》。

旅游地规划是一个基本的规划层次,其中还有一些小的层次,大致可以分为规划大纲—总体规划—详细规划—景点规划设计—建筑单项设计和绿化设计。本章只讨论规划大纲和总体规划,至于建筑单项设计和绿化设计已超出本课程的范围,属于建筑学和园林学的范畴。

旅游地规划也分为六个阶段(见图10-1)。

1. 第一阶段:准备阶段

旅游地开发建设首先需要进行规划。旅游地规划是区域旅游规划的要求,是其某一部分(旅游开发布局中的旅游地)的具体化,要与区域旅游规划相衔接,体现区域旅游规划的目的和思想。尤其是被列为重点的旅游地,更要优先规划开发,并保持与区域旅游规划高度一致。一些没有编制区域旅游规划的地区,根据旅游发展的需要,当地政府及主管部门也会提出优先开发某个或某些旅游地,这个(些)旅游地就需要先期进行规划,以便科学地、有计划地、有步骤地开发建设。

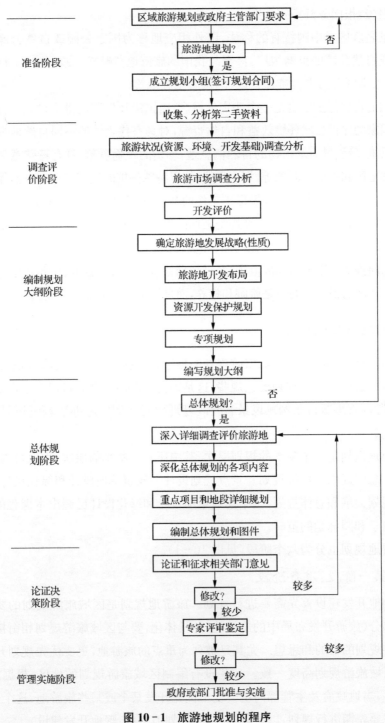

图 10-1 旅游地规划的程序

旅游地规划的准备阶段首先要落实规划的专门费用,这些费用一般由政府及主管部门和开发者提供。

其次要成立一支规划小组。《风景名胜区管理暂行条例实施办法》规定:风景名胜区规划应在所属人民政府领导下,由城乡建设部门或风景区管理机构会同文物、环保、旅游、农林、水利、电力、交通、邮电、商业、服务等有关部门组织编制。风景名胜区规划文件的编制,可委托国内有资格的规划、设计、科研单位或大专院校协助进行。要指定技术总负责人,负责组织、协调、汇总规划。

第三要收集、分析必要的第二手资料,包括基础图件(1∶50000～1∶5000地形图、行政区图、外部交通图等)、历史沿革、地方志、基本地理资料(土壤、水文、地质、动植物、气候、地貌、人口等文字与图件)、各项规划资料(国土、城镇、农、林、工业规划等文字与图件)、基础设施资料(交通、管线等)、历史规划文件、旅游文学(诗词、游记、散文)、政策法规等等。这些资料基本上是旅游地内的详细资料。

2. 第二阶段:调查评价阶段

这一阶段是收集第一手资料,对第二手资料进行补充、修正,并综合第一手资料和第二手资料对旅游地的基本情况和开发条件进行评价,提出评价意见。调查评价阶段主要有以下几方面的工作要做:①旅游资源调查;②环境质量调查;③开发基础调查;④旅游市场调查;⑤开发评价。

《风景名胜区管理暂行条例实施办法》规定,申请列为国家重点风景名胜区需提供如下申报材料:

(1) 省、自治区、直辖市人民政府关于申请列为国家重点风景名胜区的报告(30份);

(2) 风景名胜资源调查评价报告(5份);

(3) 风景名胜现状分布图及地理位置图(5份);

(4) 重要景点、景物的图纸、照片和有关材料(5份)。

3. 第三阶段:编制规划大纲阶段

规划大纲主要解决的是旅游地发展的战略问题,包括旅游地的性质、类型、特色、目标市场、开发方向、范围大小,是在上一阶段旅游资源基本情况调查、开发利用条件分析的基础上所得出的。规划大纲的主要任务是分析与论证,在国外被称为预先规划。

作为一个旅游地的发展战略问题,在区域旅游规划中实际上已经明确,因此编制规划大纲阶段可以省略,关于这一部分的内容可以纳入总体规划里。如果没有区域旅游规划的指导,即还没有编制区域旅游规划,而旅游地的情况又不是那么复杂,许多重要问题基本明确,也可以不做规划大纲,把这一部分的内容纳入总体规划中。只有当旅游地的情况比较复杂、地位比较重要或投资比较大,如国家级的风景名胜区、自然保护区或投资大的人造景观等,则需要进行规划大纲的编制,并进行多部门、多学科、多专家的广泛论证。

为了保持规划的一致性,应尽可能由同一个规划小组来编制规划大纲和总体规划,否则可能会造成总体规划不能领会规划大纲的精神,同时也避免了由于多次调查、考察、论证所带来成本的增加,以及由于时间延长而造成机会的错失。不需要编制规划大纲的,则将这一部分的内容纳入总体规划中(注意不能少)。但是对于重要的旅游地,则不能因为节省经费和时间而不编制规划大纲。《风景名胜区管理暂行条例》和《风景名胜区管理暂行条例实施办法》虽然没有要求单独进行规划大纲的编制,但首先要求明确风景名胜区的性质和特点。事实上许多旅游地的规划并没有单独编制规划大纲,而是将其与总体规划结合在一起。

4. 第四阶段:总体规划阶段

经过评议、批准后的规划大纲是总体规划的依据,总体规划在规划大纲的基础上进行深化和完善。包含有规划大纲内容的总体规划也可称为"发展总体规划"。关于总体规划的内容详见下一节。

总体规划是旅游地开发建设的依据,内容比较详细,涉及的面比较广。总体规划的内容(包括说明文字和图件等)因旅游地的类型、等级、范围、位置(离城镇远近)、现状基础、服务对象、市场大小、开发程度的不同而有所侧重。

总体规划的成果表现为总体规划的文本、图件和说明书、附录。旅游地规划的文本内容要包含《风景名胜区管理暂行条例》和《风景名胜区管理暂行条例实施办法》等有关规范和标准中所规定的内容,尤其是准备申报风景名胜区的旅游地,其规划的文本内容一定要翔实、全面。

旅游地规划的图件属于专题地图,按专题地图的要求来绘制,最好能制成彩色图。地图的比例尺一般为1∶25000～1∶10000,面积小的旅游地也可用1∶5000甚至更大的比例尺。可以根据制图的内容和规划范围的大小来确定适当的地图比例尺,以充分表达规划内容及达到清晰明了为目的。

为了便于了解总体规划,需要对文本进行说明,即要编写说明书。旅游地规划说明书的内容视旅游地的不同而不同,如城镇型旅游地(与城镇连在一起)规划,其中的住宿、饮食、购物、文娱、对外交通、邮电、银行、医疗等内容可以简单些,有的甚至可以不要;乡村型旅游地规划说明书则要包含全部内容。另外还可以附录一些与旅游地有关的图片和历史资料。为了便于直观分析,有条件的可以按比例制作总体模型。

### 5. 第五阶段:论证决策阶段

论证决策阶段需要一定的时间、人力、财力。论证是由政府及主管部门或投资者组织有关专家,在进行短暂实地考察之后,对总体规划方案进行综合评议,对各专项规划方案分别进行专业评议,提出修改意见,并提供技术鉴定报告。规划小组根据论证的意见对总体规划进行修改和补充。修改后的规划经相应的人民政府或部门审批,再由各有关部门进行安排,贯彻执行,负责实施,不得随意更改规划内容。

《风景名胜区管理暂行条例》规定:编制规划应当广泛征求有关部门、专家和人民群众的意见,进行多方案的比较和论证;风景名胜区规划经主管部门审查后,报审定该风景名胜区的人民政府审批,并报上级主管部门备案。

《风景名胜区管理暂行条例实施办法》规定:

(1) 市、县级风景名胜区规划,由市、县城乡建设部门审查后,报市、县人民政府审批,并向省级城乡建设主管部门备案。

(2) 省级风景名胜区规划,由风景名胜区管理机构所在市、县人民政府报省、自治区、直辖市人民政府审批,并向城乡建设环境保护部门备案。

(3) 国家重点风景名胜区规划,由所在省、自治区、直辖市报国务院审批。

(4) 国家重点风景名胜区的详细规划,一般由所在省、自治区、直辖市建设厅(建委)审批。特殊重要的区域详细规划,经省级建设部门审查后报建设部审批。

并且还规定:风景名胜区规划批准后,必须严格执行,任何组织和个人不得擅自改变。如确实需要对规划作重大修改或需要增建重大工程项目时,必须经过风景名胜区主管部门同意报原受理审批的人民政府批准。

### 6. 第六阶段:管理实施阶段

批准后的总体规划必须严格管理,严格实施,保证旅游地的建设和发展能够顺利进行,能够对旅游资源进行合理的保护。管理实施主要是旅游地管理机构的任务,也是一项长期的任务。管理机构要制定出具体的管理办法和实施规划的步骤、计划和措施。

旅游地在发展过程中如果情况发生了变化,需要对规划进行修改,以适应新的形势。

图10-2是日本的观光地规划程序图,它实际上把规划大纲和总体规划结合在了一起。

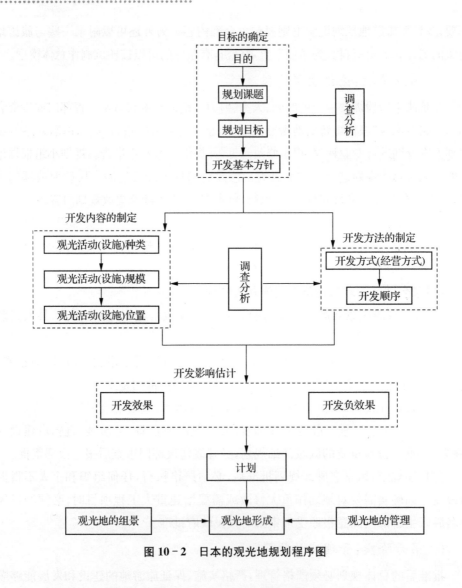

图 10-2 日本的观光地规划程序图

## 第二节 旅游地规划的内容

### 一、有关规定

1. 《风景名胜区管理暂行条例》规定

1985年国务院颁布的《风景名胜区管理暂行条例》,规定各级风景名胜区都应当制定包括如下内容的规划：

(1) 确定风景名胜区性质；

(2) 划定风景名胜区范围及其外围保护地带；

(3) 划分景区和其他功能区；

(4) 确定保护和开发利用风景名胜资源的措施；

(5) 确定游览接待容量和游览活动的组织管理措施；

(6) 统筹安排公用、服务及其他设施；

(7) 估算投资和效益；

(8) 其他需要规划的事项。

**2.《风景名胜区管理暂行条例实施办法》规定**

《风景名胜区管理暂行条例实施办法》更详细地规定风景名胜区规划的内容如下：

(1) 现状(包括历史沿革,景物与环境评价,接待服务条件,管理状况等)；

(2) 总体布局规划(包括明确风景名胜区的性质与特点,功能分区,景区划分与游览路线组织,确定风景名胜区管理范围和外围保护地带,总容量和分区容量分析)；

(3) 风景名胜资源保护规划；

(4) 天然植被抚育和绿化规划；

(5) 人文景物维护与利用规划；

(6) 交通规划；

(7) 基础工程设施规划；

(8) 旅游服务、生产生活和管理设施规划；

(9) 近期建设规划(包括重要景区、服务基地、大型建设项目的规划设计、技术经济论证和投资估算等)；

(10) 管理规划(包括实施规划的管理体制、机构设置、立法执法措施等)。

**3.《风景名胜区规划规范》规定**

1999 年由中华人民共和国建设部和国家质量技术监督局联合发布国家标准《风景名胜区规划规范》(GB 50298—1999),规定了旅游风景名胜区规划的内容。

(1) 一般规定

① 基础资料与现状分析；

② 风景资源评价；

③范围、性质与发展目标；

④分区、结构与布局；

⑤容量、人口及生态原则。

(2) 专项规划

①保护培育规划；

②风景游赏规划；

③典型景观规划；

④游览设施规划；

⑤基础工程规划；

⑥居民社会调控规划；

⑦经济发展引导规划；

⑧土地利用协调规划；

⑨分期发展规划。

## 二、规划大纲的内容

规划大纲的内容由下列部分组成(丁文魁,1993)：

(1) 旅游地资源基本情况和开发利用条件的调查及评价报告。

(2) 旅游地性质、类型、基本特色,开发指导思想与规划基本原则。

(3) 旅游地的构成、管辖范围和保护地带划定情况的说明。

(4) 旅游地环境容量分析和规划期游人规模预测。

(5) 专项规划。

①旅游地保护规划(包括保护区划)；

②景区划分、依据、特色、开发建设的设想；

③游览线路的组织和交通设施规划；

④旅游基地、接待点、休疗养设施的规模、布局和建设要求；

⑤自然植被抚育和绿化规划,实施规划的技术措施要点；

⑥各项事业综合发展安排的意见；

⑦各项公用设施和工程设施的规划要点及对各类建设的要求；

⑧开发建设投资匡算和经济效益估计；

⑨实施规划的组织、各类措施与建议。

(6) 现状图,表示出景点、景物、游览区的分布和名称,山石、水体、森林、建筑、村落、道路、交通港站、农田等地物的位置与名称。

（7）旅游地管辖范围与保护区规划图，标明旅游地的边界及其外围保护地带的具体范围、坐标、所属行政区域、各级保护区的界限。

（8）总体规划图。

（9）各项公用、工程设施综合图。

## 三、总体规划的内容

### 1. 规划基础分析

旅游地总体规划的说明书应增加对以下规划前期的基础内容作必要的分析和说明：

（1）旅游地的现状（范围、权属、组织、职工、经济、人口、民族等等）；

（2）旅游资源情况（数量、类型、分布、保护情况、开发利用程度、评价方法与结果等等）；

（3）旅游市场分析（客源来源、客源结构、时空分布、消费结构、满意度、发展趋势等等）；

（4）设施条件分析（服务设施、基础设施、用地结构等等）；

（5）开发评价（SWOT分析、开发重点、开发难点、资金与土地的获得性等等）。

### 2. 总体规划的构成

本部分的结论性内容形成规划文本，用条文式表述；对结论性的内容进行详细的论述是说明书的重要组成内容。

（1）总则（规划指导思想、规划原则、规划依据、规划期限、旅游地的性质、发展目标）；

（2）总体布局（范围、外围保护带、景区划分、功能区划分、用地结构及协调）；

（3）开发规划（游赏系统规划、资源开发利用、景观规划）；

（4）设施规划（服务设施规划、基础设施规划）；

（5）保护规划（容量分析、资源保护及措施、环境保护及分区、绿化）；

（6）产业规划（旅游业发展规划、旅游市场规划、经济发展引导）；

（7）规划实施（分期规划、投资估算与效益分析、规划实施建议）。

### 3. 总体规划的图件

（1）区位图；

(2) 现状图；

(3) 总体布局图；

(4) 功能分区及用地结构图；

(5) 交通及游览组织图；

(6) 旅游服务设施规划图；

(7) 工程设施规划图(给排水、排污、供电、能源、通讯等)；

(8) 各项事业发展综合图；

(9) 环境保护图；

(10) 绿化规划图；

(11) 分期规划图；

(12) 部分重点项目和地段详细规划图(比例尺1∶2000～1∶1000)。

## 第三节 旅游地规划的基础分析

### 一、旅游资源调查

对旅游地的资源调查比区域旅游规划中的调查要详细得多，旅游地的绝大部分都要被调查过，对于一些面积广大、条件恶劣的部分，可以借助遥感图协助调查，有条件的还可以用直升机来协助调查。旅游地的资源调查要详细记录旅游地内的旅游资源类型、开发利用状况、开发利用方式、保存状况等等内容，对一些重要的旅游资源还要进行拍照、摄像，制作幻灯片。

### 二、环境质量调查

对旅游地环境质量调查，尤其要重点调查清楚对旅游发展和资源保护有促进和制约的因素，大致有如下一些内容：

(1) 地理情况：土壤、植被、地质、动物、地形等；

(2) 水文情况：水域特征、水位、水温、水量、潮汐、泥沙量、凌汛、水质污染等；

(3) 气候与气象情况：气候特征、温度、湿度、降水量、风向、风速、冰冻、季节期等；

(4) 自然灾害情况：地震、断层、崩塌、火山、滑坡、泥石流、水土流失、有害动植物等等；

（5）社会灾害情况：大气污染、水质污染、人为破坏、地方病、放射性、易燃易爆、电磁辐射等；

（6）社会经济情况：经济发展水平、人口、民族、人民生活水平、文化素质、物资供应、工矿企业、科研机构、医疗机构、仓库堆积、生活服务、交通运输等。

## 三、开发基础调查

开发基础调查是对现有的旅游开发利用和保护的状况进行详细的调查，并对以下状况进行评估：

（1）内外交通状况：公路系统、水路系统、步行道系统、其他交通系统；

（2）服务设施状况：游览、食宿、购物、文娱、医疗、邮政、银行、厕所等方面的设施；

（3）基础设施状况：供水、排水、供电、通信、环卫、污水处理、防灾安全设施等；

（4）资源保护利用状况：保护措施、利用程度、开发难度、开发利用方向等；

（5）管理工作状况：管理体制、机构设置、立法工作、管理和工作人员构成等。

## 四、开发评价

编制旅游地规划需要对所收集的资料进行评价，这也是旅游地规划中最为重要的一环，是旅游地规划重要的组成部分，其评价结果将作为旅游地规划的依据。要选用科学的评价方法对旅游资源、开发现状、开发前景进行评估、鉴定，并分出等级。旅游地评价一定要进行对比分析，即与相类似的旅游地对比，这样既可以避免妄自尊大，造成过大的投资和不切实际的开发，也可以避免过低估计，得不到应有的效益。

开发评价可以采取国家规范或标准中的相关方法，也可以在其基础上根据自己的研究提出更好的方法。不管用什么方法，一定要方法科学，结论可靠，结果可用，对实际的规划有建设性的指导作用。

## 第四节 旅游地规划的总体布局

### 一、旅游地开发规划的重点

作为旅游地来说,其开发规划的重点是确定旅游地的性质。一旦旅游地的性质确定了,那么旅游地的开发方向也就明确了,游览活动项目也大致确定下来了。旅游活动项目可以多种多样,但不能脱离旅游地的性质。旅游活动项目又决定了这些项目的种类和布局、设施规模和水平、设施的用地情况等,从而又影响了为旅游活动服务的旅游专门设施和旅游基础设施的布局和建设。因此,也可以说旅游地的性质是对游览项目的概括和综合,所以旅游地的活动项目也是旅游地规划须明确的重点问题。

旅游地开发规划的重点是根据旅游地的资源状况和客源市场情况决定的,并且考虑了社会、政治、政策等方面的因素,其分析方法同区域规划中的分析方法,分析的程序也大致相同。

### 二、旅游地的范围和外围保护地带

为了便于总体布局以及保护和管理的需要,旅游地必须有确定的范围和外围保护地带。划定范围和外围保护地带要有科学依据,须经过反复调查、核实和论证。旅游地范围确定后,要经过相应的人民政府审批,批准后要立碑刻文,标明界线,记录入档。

确定旅游地的范围应遵循如下原则:
(1) 保持旅游地的完整性,如果跨行政区,可以不受行政区划的限制;
(2) 保护旅游地的历史面貌和景观体特征;
(3) 维护旅游地安静、清新、优美的环境;
(4) 便于组织游览活动;
(5) 便于管理。

一些旅游地需要划分外围保护地带。《风景名胜区管理暂行条例实施办法》规定:在风景名胜区外围根据保持景观特色,维护风景名胜区自然环境和生态平衡,防止污染和控制建设活动等需要,在风景名胜区规划中划定保护地带。保持原行政管理和隶属关系不变。对该保护地带,在风景名胜区规划批准后,由风景名胜区管理机构根据规划提出环境要求,由当地行政管理机关实施。

旅游地范围和外围保护地带的界线一般以线状地物为标志,如:

(1) 以自然线状地物(河流、山脊线、山麓线、悬崖峭壁等)为界,但用于观赏、漂流等旅游活动的河流除外;

(2) 以交通线路(铁路、公路、街道等)为界;

(3) 以权属界线(围墙、篱笆等)为界;

(4) 以行政界线(指不跨或极少部分跨行政区)为界;

(6) 其他线状地物。

## 三、景区划分

由一个或几个紧邻的主要景点和观景点(欣赏景点的最佳地点)为中心,通过交通线或视线将若干景点统一起来则形成景区(大的景区也可以称为风景区)。每一个景区都有它自己的资源特色,与其他的景区有着较为明显的差别。

景区的划分有助于认识旅游地的资源特色和分布特点,便于组织旅游活动,便于开发建设,便于管理,因此划分景区是必要的。但对于大型的游乐场所,因其面积较小,可以不划分景区,而只划分功能区。

景区的划分是根据旅游资源的相对一致性、旅游活动连续性、开发建设的一致性等原则来进行的,划分方法同旅游区划方法类似,也是按照全域覆盖法来划分。

景区的名称一般用景区内最有代表性的地名。

## 四、功能分区

功能区与景区的区别有两点,一是景区是根据旅游资源和旅游活动来划分,功能区是从用地的功能来划分,二者的性质不同;二是景区遵循全域覆盖法,而功能区可以不遵循全域覆盖法,二者的表现形式不同。

旅游地可以划分为游览区、旅游接待区、休疗养区、野营区、文化娱乐区、商业服务区、行政管理区、居民区、农林园艺区、加工工业区等功能区。并非每一个旅游地都要具备这些功能区。应尽量避免居民区、加工工业区的建设,或尽量减小规模;避免休疗养区、文化娱乐区、商业服务区建设的城镇化倾向。

(1) 游览区。这是旅游地的主要组成部分,景点比较集中,是旅游者的主要活动场所。一个旅游地有许多游览区组成,每个游览区都有自己的特色。

(2) 旅游接待区。此区也是旅游地的重要组成部分,要求有较好的食宿条件,有完善的商业服务以及各项配套的辅助服务。旅游接待区布局有分散布局、分片布局、集中布局、单一布局等方式。

(3) 休疗养区。许多风景区设置了休疗养区,并成为风景区一个较为重要的组成部分,尤其一些著名风景区,如庐山、西湖等,都有专用的休疗养区。休疗养区应该与游人有所隔离,避免相互干扰,但也要有相应的商业文娱设施。

(4) 商业服务区。除了分散的服务点,旅游地可以有几个商业服务较为集中的区,为旅游者和当地居民提供服务。

(5) 居民区。居民区是旅游地中工作人员及其家属居住的场所,一般常和管理机构结合在一起,而不宜与旅游者混杂,以免相互干扰。如果居民对旅游地的环境影响比较大,且居民的数量不大,可以考虑将居民搬出旅游地,重新建立居民区。

(6) 行政管理区。为旅游地中行政管理机构集中的地段,与游人不发生直接联系。

(7) 加工工业区。为旅游地游客服务,主要是加工主副食品、工艺品、旅游用品等,可以与居民区、管理区相结合。不过,对于有条件的旅游地,应尽量由旅游地外提供这些商品。

(8) 园艺场及副食品供应基地。如果园、菜地、奶牛场等,担负着为旅游者、休疗养人员提供新鲜食品的任务。副食品仅靠旅游地供应是不够的,需要外部支持。

(9) 农林区。从事农业、林业生产的地区,虽然与旅游活动无直接关系,但占地广大,对景观、环境保护和生产都有影响。

## 五、用地功能分类

旅游地的用地,按其功能可分为三大类,即旅游服务用地、基础设施用地、生产管理用地(丁文魁,1993)。

1. 旅游服务用地

(1) 游憩用地

①自然景观游览用地;

②人文景观游览用地;

③游憩设施用地;

④文化设施用地(包括博览会、展览馆、影剧院等);

⑤体育运动设施用地(包括球类、滑雪、滑冰、登山、划船、游泳等);

⑥游览中继点与公共厕所用地。

(2) 旅游接待用地

①旅游基地用地；

②旅游村用地；

③旅馆用地；

④野营用地。

(3) 旅游商业用地

①商业中心及网点用地；

②服务中心及网点用地；

③地方集市用地；

④农贸市场用地。

(4) 休疗养用地

①休养所用地；

②疗养院用地。

③理疗、医疗设施用地。

2. 基础设施用地

(1) 交通设施用地

①对外交通用地；

②对内交通用地；

③内部交通用地；

④停车场(库)用地；

⑤交通附属设施用地。

(2) 其他基础设施用地

①给水、排水设施用地；

②垃圾处理设施用地；

③电力、能源设施用地；

④邮政、电信设施用地；

⑤其他设施用地。

3. 生产管理用地

(1) 旅游管理用地

①行政管理办公用地；

②旅行社用地；

③公共安全管理用地（包括公安、消防、护林等）。

(2) 居住用地

①居住建筑用地；

②居民公共建筑用地；

③居住区道路、绿化用地。

(3) 旅游工业用地

①主食品加工工业用地；

②副食品加工工业用地；

③地方土特产品工业用地；

④旅游工艺品工业用地；

⑤旅游用品工业用地。

(4) 旅游农副业用地

①蔬菜基地；

②果园、园艺场用地；

③奶牛场用地；

④畜、禽、鱼养殖用地；

⑤苗木、花卉等用地。

以上用地类型在实际规划中不可全部套用，尤其是不能安排过多的生产、管理、居住、商业等用地。

## 第五节 旅游服务设施规划

### 一、旅游服务设施布局的基本原则

旅游服务设施是直接为旅游者提供服务的设施，如住宿设施、饮食设施、游览设施、交通设施、娱乐设施等。旅游服务设施的布局一般遵循以下原则：

(1) 不破坏环境；

(2) 不破坏旅游资源和景观；

(3) 方便游人；

(4) 要有特色；

(5) 要同旅游中心城镇的旅游服务设施统筹考虑，并尽量作为依托。

除了游览设施外，其他旅游设施的布局可考虑以下几点：①尽量避免在游人集中的地方；②尽量不要在河流的上游；③尽量不在上风方向；④其建设和建筑不能对景观造成破坏；⑤尽可能在入口和游人稀少的地方。

## 二、住宿设施

住宿设施的收入是旅游地收入的主要来源。住宿设施主要是旅馆，同时旅馆的建造费用也是旅游地设施建造费用中占比最大的。由于旅馆多数是永久性建筑，一般要用50年以上，所以必须精心规划，精心设计。

旅游地提供住宿的设施可以分为三种：一是旅馆；二是临时住宿设施，如野营帐篷、竹楼、木楼、简易棚房等；三是辅助住宿设施，如农舍、别墅、寺观厢房等。旅馆的供给能力不具有季节性，而旅游具有很强的季节性，所以需要临时住宿设施和辅助住宿设施来调节，满足旺季时游人的需要，在淡季时又不致使旅馆大量过剩，降低成本。因此在旅游淡旺季明显的旅游地应尽量多提供临时和辅助住宿设施。

住宿设施规划建设主要考虑三个方面的问题：一是根据对旅游需求的预测来确定床位数；二是从旅游地规划布局的角度研究住宿设施（尤其是旅馆）的选址、风格、等级标准、体量、建筑密度等；三是将来发展和扩建的可能性。

住宿设施的布局除了上述的基本原则外，在城镇型的旅游地规划中，应尽量把旅馆布局在城镇上，尽可能地离开旅游地，以避免对景观造成破坏。

## 三、饮食设施

饮食设施分为两种，即独立的饮食设施和附属于旅馆的饮食设施。饮食服务设施的污染最为严重，特别要注意服务方式和选址问题。

附属于旅馆的饮食设施，在旅馆选址时应充分考虑到。独立的饮食服务设施布局一般有三种情况，即布局在旅游接待区、布局在游览区、布局在游览路线上。一般要求饮食的初加工最好安排在旅游地外或旅游地的加工工业区等。对于一些快餐类的饮食，应先加工好，再在合适的地点销售。应设计布局一些垃圾回收设施，并制定相应的措施。

饮食设施的规划设计还要注意以下几点：

(1) 布局和服务功能要考虑旅游行为，如起始点准备、顺路小憩、中途补充、活动中心、息脚久望等；

(2) 应作为旅游地景观的组成部分，设计上要有特色，同时又是很好的观景场所；

(3) 有多种功能，例如除了提供饮食，还可以进行文娱活动等。

## 四、交通设施

旅游地的交通基本分为两类，一是旅游地的对外交通，即从区域的旅游中心城镇到旅游地的交通；二是旅游地内的交通。旅游地内的交通也有两种情况，即游览路线（步行或车船游览线）与公路。

对外交通和公路在规划上首先要求方便，能够保证游人进得来，出得去；其次要求安全、经济；第三要求保证旅游地内的旅游服务、生活、生产所需的物质、燃料、原材料和垃圾能够运进或运出。旅游地内的公路在选址和建设时要不破坏自然景观、植物群落、水系等。为了保证游览区和景点的安静、安全和组景的要求，公路不必完全通到它们的出入口，而是在相距一定距离的地方设置停车场，游人必须下车后步行一段才能进入游览区。公路还要求尽量减少对游人的干扰。

游览路线是以游览为主，交通为辅。最常见的是步行道，如步行小径、登山石级等。在大的旅游地内，还有观光火车、观光汽车、游览船、直升机、观光索道等。游览路线在规划选址上要遵循如下原则：

(1) 尽可能多地经过观景点。观景点是欣赏景点的最佳地点，不一定与景点重合，有的远离景点，需远观眺望。

(2) 方便安全，在危险的地段设置安全设施（如护栏），并且考虑高峰时相互避让的宽度，防止阻塞和险情出现。

(3) 节约时间，尽量避免走回头路。

(4) 根据游人的体力安排游览线和游览活动。

旅游地内最有争议的交通设施是索道。建索道需要耗用大量的资金，并且索道往往存在使景观受到破坏、游程缩短、沿途的景点丢失等不利影响，但索道也可以减少旅行的时间、帮助老弱病残和解决上下运输问题。建索道要综合考虑不利的影响和有利的影响，权衡利弊，并邀请专家论证，提出多方案的选择，能不建的尽量不建。确实需要建设的索道，一定要避开主景区，注意隐蔽，做到藏而不露，且不需要贯通全线。索道站台的功能应尽量单纯，不必建设过多的房间，以减少体量。

## 第六节　旅游基础设施规划

### 一、供水设施

旅游地的供水规划应根据总体规划中游览区、接待区、生活区、生产区、加工区统一安排的原则,确定供水方案。供水规划的主要任务是估算用水量,选择水源,确定供水点,布置供水管网,以满足游人和居民的用水需求。旅游地用水的水质标准应符合国家的生活饮用水的标准。

旅游地的供水工程有其独特性,与城市供水差别较大,主要表现如下:①用水区分散,大的旅游地往往分散到数十甚至数百平方公里范围;②淡旺季用水量波动性很大;③水资源缺乏且用水标准较高;④地形复杂,工程量大。

城镇性旅游地的供水应与城镇的供水工程相衔接,尽量减少工程设施的建设。

旅游地供水首先要找到水源地。水源地的选择应先从旅游地内部入手,因山就势建立高位水库、蓄水池、拦河坝等,利用重力供水;还可以选择地下水丰富的地方作为水源地。

供水管网的布置应根据旅游地用水特征,并采取如下措施:①针对用水区分散的特点,可采用分区、分层、就近供水的原则布置供水管网;②对于用水量集中的旅游接待中心、居民区、生产加工区等,可以设立水厂;③对于水资源缺乏的地段,避免设置用水量大的设施;④管网应尽量布置在整个供水区域,无论正常工作或局部管网发生故障,都能保障供水不中断;⑤干管隐蔽沿规划道路布置,管线应符合管线综合设计的要求。

为了保证水量、水质,在水源地、上游以及汇水区应停止开山采石、毁林伐木、放牧垦殖、房屋建设等活动,并注意营造水源涵养林。同时,不宜在上游布局接待与生活设施。

### 二、排水排污设施

排水、排污规划的目的是保证旅游地的环境卫生,保护旅游资源及生态平衡,保护游人和居民的健康。排水、排污包括排放自然降水、污水和固体垃圾,其任务是估算各规划期的雨水、污水和固体垃圾的排放量,研究排放和处理方法,研究污水和垃圾综合利用的可能性,以及布局排水管网等。

排水可以采用合流制,也可采用雨污分流制,由于工业污水和生活污水对环境污染日趋严重,现在一般都采用雨污分流排放制。其规划步骤如下:①污水量预测,按用水量的80%~85%计,或工业污水和生活污水分别计算;②污水管网规划,根据地形和水网划分排水区域,确立排污管走向、断面、泵站位置;③污水处理厂设置,一般选择在距城镇、旅游地一定距离的河流下游。此外,雨水排放按暴雨强度公式估算排水量,设计排水管网并就近排入河道。

(1) 降水。降水排放采取散水、蓄水并重,综合治理的原则。降水就近用明渠方式排入河沟溪涧,或进行截流蓄水,使降水能够被科学地利用,补偿水源和用作灌溉。在许多旅游地内,降水往往是旅游资源的重要组成部分,如瀑布、漂流、溪流、水库、湖泊等都离不开水,应很好地利用和保护。

(2) 污水。旅游地的污水排放因地形复杂,排放点分散,常采用就近处理后排放的方法,有条件的地方还可以将处理后的污水用来灌溉农田、果园、苗圃、林木等。污水排放量大的单位,可以单独或联合建设污水处理设施,经集中处理后排放。旅游地的污水处理有三级处理方式,一般要求达到二级处理,少数要求三级处理。排污管道可采用明渠和暗渠相结合方式进行布置。

(3) 垃圾。旅游地的垃圾来源于生活、生产和游客。生活、生产可以通过规划、管理控制垃圾的排放,而游客产生的垃圾分散,比较难以控制。旅游地要有专门的垃圾桶(箱),安放在游览线上和游客集中的地方,并派专人管理,定期收集排除垃圾。鼓励游客自己带出垃圾,创造良好的风气。

旅游地的厕所是一个必须考虑的旅游设施。一般在接待设施中,结合建筑设置水厕。在各景区和游览路线上都需要适当建设水厕,北方干旱地区可建旱厕。应利用新技术多建一些生态厕所、免冲厕所等。

## 三、电力设施

电力是国民经济的动力能,是一种清洁的二次能源,便于传输、转化和控制。电力规划应以大区域的供电系统为基础,结合本区电源和电网现状、用电量和用电负荷结构,根据经济社会发展和旅游活动对用电量的需求制订出电力系统规划。电力规划的基本任务是确定电源,布置电力网,决定电力网的电压等级(分三级),以及决定电厂、变电所、配电所的位置、容量、数量,电力网的走向,电力负荷等。

旅游地的电力规划要保证景区各部门用电增长的要求,供电容量应有发展的弹性,满足用户对供电可靠性和电能质量(尤其是电压)的要求,制订近远期规划。

电力线的布置要注意如下事项:①旅游地的高压线路架设既要考虑不破坏景观和植物,尽量隐蔽,又要使供电安全经济;②在重要景区、景点的敏感地段可视范围内,为了不影响景观环境氛围,应铺设地下电缆;③采用以架空线为主,架空线和电力电缆相结合的网线布置方式。

## 四、邮政电信设施

邮政电信设施是保证游客对邮政电信的需要。旅游者对邮政电信设施的要求一般很高,希望服务迅速、方便、安全、准确,因此旅游地的邮政电信设施须技术先进、质量优良、灵活性强、业务齐全、体系完整。邮政电信设施一般要求具有信件、长途电话、市话、电报、传真、上网等功能,尤其要注重无线通讯、可视电话、电脑网络等先进技术的应用。

电信规划是依据全国电信发展战略和本地区旅游发展的需要所作出的电信系统总体战略布局,包括业务预测、局所规划和网路规划三个主要部分。

业务预测包括用户预测和话务量预测,其中用户预测主要指标是电话普及率和主线普及率,话务量主要指通话次数、时长和频率。

局所规划是指确定局所数量、位置、容量和交换区界线及新建扩建计划。

网路规划主要内容有中继网规划、用户线路规划、管道规划、传输规划等。本地网的中继线以局间中继线占绝对多数;用户网是把话机终端连接到交换局,一般通过地下或架空电缆连接,大多数由用户交接箱连接主干线路和配线线路;管道网是由各交换区用户管道网和连接各交换局的中继电缆管道网构成,其埋设位置和走向受自然地形和道路管线工程影响,形态不一;传输规划主要指传输方式的选择,一般分有线、无线和卫星传输三种方式。

## 五、投资匡算

旅游地的投资匡算是其建设规模的重要指标,各分期投资和分项投资是国家与部门对旅游地年度财政计划的依据之一。

旅游地的投资匡算应包括如下项目:

(1) 旅游服务设施,如旅游接待建筑、饮食建筑、商业建筑、娱乐建筑等;

(2) 基础设施,如道路工程、供电工程、邮政电信工程、给排水工程等;

(3) 绿化工程,如景点绿化、道路绿化、树种改造、护林防火、病虫害防治、苗圃基地、荒山绿化建设、幼林抚育等；

(4) 景点建设，如亭、台、楼、阁、轩、榭、舫、廊、牌坊等；

(5) 文物保护，如古建筑维修、考古发掘等；

(6) 管理机构建筑。

## 第七节 环境保护和绿化规划

### 一、环境保护

旅游地的环境保护主要是确定保护对象和保护范围，根据旅游资源的分级而划分保护区。根据旅游地资源、景点的不同，可以分为三级保护对象，保护区相应地也划分为三级，即绝对保护区、重点保护区、一般保护区；如果划分五级的话，则可以分为绝对保护区、重点保护区、一般保护区、环境影响保护区、旅游活动区。

1. 一级景点和绝对保护区

一级景点应具有以下特征：①景点有鲜明的独特性；②国家级或省级文物保护单位，国家级重点保护植物和古树名木；③旅游资源的价值高；④在该旅游地内，景点具有绝对的优势。

对于一级景点或其集中的景区，均划分为绝对（一级）保护区，其旅游资源、地貌、动植物群落等要保持其原始的自然风貌和野趣，不得在此破坏景观，随意用地。绝对保护区可以允许游客进入，建设一些游览设施，但不允许建设其他设施，力求把人为的影响减小到最低程度。需要说明的是，在自然保护区内所划分的绝对保护区是严禁游客进入的，只允许有少量的科学研究活动。

2. 二级景点和重点保护区

二级景点具有如下特征：①旅游资源的价值较高；②景点的独特性较强；③景点素材较单一，体量较小，分布较分散。二级景点及其集中的景区划分为重点（二级）保护区，可以允许结合环境进行必要的功能与景点建设，可以布置少量的、规模较小的服务设施，但不允许安排大型的旅游服务设施和生产生活设施。

3. 三级景点和一般保护区

三级景点具有如下特征：①具有一定的旅游价值；②独特性不强；③素材单一、

体量小;④对旅游地内的生态平衡与环境具有一定的影响。除了一、二级保护区外的其他地区均划分为一般(三级)保护区,其作用是为绝对保护区和重点保护区创造良好宜人的生态环境。本区一部分是旅游接待、大型旅游设施、生活和生产活动所在地,大部分是景观保护地,游客一般不去参观。

## 二、绿化规划

旅游地的绿化不同于城市园林,更不同于林业造林,而是生物学特性、艺术性和功能性相结合,以多种类型的风景林为基本形式。

旅游地绿化有如下基本原则:①遵循"因地制宜,适地植树"的科学原则,以恢复地带性植被类型为目的,采取多树种、多林种、乔灌草相结合的方法;②旅游地绿化应与景区绿化、景点绿化相结合,各景点、景区绿化要力争有不同的植物景观特色,使植物景观与人文、大自然景观相协调;③在确保环境效益、不影响景观效果的前提下,应考虑与生产相结合,大力营造经济与观赏相结合的经济风景林,为经济发展和旅游服务。

旅游地的绿化主要是美化环境,另外还有调节气候、涵养水源等功能。旅游地的游览区、交通道路、目光可及的山坡是绿化的重点。

# 第十一章 旅游规划管理

旅游规划管理绝非仅仅是规划完成后实施的管理,而是对规划的全过程进行有效的管理。旅游规划是一项复杂的系统工程,也是一项不断进行的连续性过程。一项旅游规划对实际的指导意义,首先取决于规划本身的质量高低,包括创造性、可操作性、科学性、适用性等等方面,其次才是规划的有效实施。而规划质量又取决于国家和地方对规划的宏观管理,以及规划编制单位的能力。因此,旅游规划的管理应该是一个全过程管理,随着旅游规划的进程而分阶段开展,可以分为规划前管理、规划中管理和规划后管理,每一阶段的管理内容和重点各不相同。我们往往忽视了规划前管理和规划中管理,而仅仅注重规划后管理。

## 第一节 旅游规划前管理

规划前管理是指在旅游规划编制之前所进行的管理,这是编制好规划的第一道保障。规划前管理分两个方面:一是广泛适用的基础性管理,包括规划的标准与规范的制定、规划单位资格的认定、规划人员的资格认定,以及适时提出的管理规定等等,它们广泛适用于全国各地,并且适用较长的时间;二是针对某项规划的前期管理,包括标准与规范的选择、规划单位的选择和资格的审查,以及规划前的准备。

### 一、基础管理

旅游基础管理是制定若干普遍适用的管理方法,形成旅游规划基础管理体系。这项工作往往由国家及地方管理机构完成。由于旅游资源的多头管理造成多种管理办法并行的局面,给旅游规划的管理带来一定局限性,其中比较突出的是原国家旅游局和建设部各自制定的管理体系。

1. 管理的规定性文件

规定性的文件是旅游基础管理的纲要,统领旅游基础管理体系,各项管理办法都必须遵照该文件来制定和实施。目前有1985年国务院批准的《风景名胜区管理暂行条例》和1999年原国家旅游局颁布的《旅游发展规划管理暂行办法》,对旅游规划的编制单位、编制内容、编制人员、编制过程的组织与规划的实施等方面都有明确的规定。

2. 旅游规划的标准与规范

为了保证旅游规划质量,提高旅游规划水平,统一旅游规划内容,需要制定旅游规划的标准与规范。旅游规划的标准和规范分为强制性和指导性两种,强制性标准和规范的要求必须遵守,指导性的则作为参考。一份标准和规范可以同时包含强制性和指导性的内容。标准和规范应在规划的内容、技术、方法、成果表达、规划过程等等方面作出要求。目前已经有的标准和规范为1999年原建设部会同有关部门制订的《风景名胜区规划规范》(GB 50298—1999),以及国家质量监督检验检疫总局发布的《旅游规划通则》(GB/T 18971—2003)和《旅游资源分类、调查与评价》(GB/T 18972—2017)等。

3. 旅游规划单位资格

在过去的一段时间内,政策没有明确规定什么样的机构、什么样的人可以承担什么样的旅游规划,更没有像城市规划系统那样明确各类规划设计单位的等级划分,造成对规划设计单位资质管理失控。一些完全不具备规划能力却因有关系或其他不正常渠道,照样可以从事旅游规划活动,有些持有其他方面资质的单位也堂而皇之地进行旅游规划,甚至出现"规划个体户",使得规划质量失去保障。为了规范旅游规划设计活动,加强对旅游规划设计单位的管理,提高旅游规划设计质量,保障委托方和被委托方的合法权益,需要制定旅游规划单位的资格认定办法。

2000年,原国家旅游局出台了《旅游规划设计单位资质认定暂行办法》,明确规定了旅游规划设计单位经营范围、资质等级、资质认定与登记办法、规划人员备案制度、定期的资质检查制度等。

4. 旅游规划人员资格

一般说来,必须具有相关的专业和技术职称的人员才能有资格从事旅游规划工作,必要时也同样需要采取旅游规划人员的资格认证制度。但由于旅游规划的复杂性和对象的多样性,仅仅是对一项旅游规划的负责人或技术负责人提出资格要求,而鼓励多学科、多层次、多方面的人员参加,不需要对他们进行资格审查。

## 二、旅游规划前的准备

1. 部门之间的协调

为了保证规划编制的质量和顺利进行,在规划之前就需要对各相关部门进行协调,必要时可以成立由领导组成的规划协调(指导)的临时机构,避免由于多头管理、多方利益等原因而造成旅游规划的片面性和局限性,影响了旅游规划的质量和权威性。

2. 规划费用

规划的质量与深度同规划费用是相对应的。费用的不足将直接导致规划质量的低下,一方面是难以找到一个有实力的规划编制单位或规划人员,另一方面规划编制单位会因费用少而投入较少的人力和精力,这两方面都无法保障规划的质量。对旅游规划费用的管理,一是能够筹措到足够的费用;二是专款专用,不得挪用;三是按合同要求及时支付。在我国许多地方,除了规划费用本身不足外,挪用和拖欠规划费用的现象很普遍。

3. 负责机构和负责人

无论是政府还是投资机构,也不论是自己编制还是委托编制,一项规划的委托方必须指定负责机构和负责人来组织规划的实施,履行委托方的义务和职责,维护委托方的权利和利益。负责机构和负责人应该对旅游规划具有一定的了解,熟悉旅游规划的一般程序,掌握旅游规划的基本要求,能够协调各部门之间的关系。

4. 资料准备

资料准备的关键在于获取一些重要资料,如地图、城市规划、土地规划以及地方性的标准和规定等。这些资料往往被一些相关部门所保存,如果部门之间不配合,会造成资料缺乏而使情况不明,最终严重影响规划的质量和实施。

5. 规划编制单位的选择

正确选择一家合适的规划设计单位是编制好规划的关键。无论是通过招标还是委托,选择规划编制单位就是考察或审定该单位完成规划的可能性,尤其是它的实力(人员组成、专业配备、过去的成果、设备的保证等等)、时间保障、工作态度等等,最好能够具备相应的资质。

## 第二节 旅游规划中管理

旅游规划中管理实际上是保障委托方和被委托方的合法权益,或者说是对委托方和被委托方的义务进行监督。

### 一、规划的监督机构

我国目前还没有建立旅游规划的监督机制,更没有专门的监督机构,往往由规划委托方和被委托方相互进行监督,甚至上一级的旅游管理部门都无法行使监督职能。由于规划委托方和被委托方之间对旅游规划存在认识上的偏差,常常导致双方产生矛盾和摩擦,使旅游规划不能很好地进行下去,甚至不了了之。经常出现规划委托方拿出不少规划费用却得不到规划结果,或被委托方完成了规划任务却拿不到相应的劳动报酬。规划委托方和被委托方的职责和权利需要得到保障,需要对双方进行监督,因此建立旅游规划的监督机制是有必要的,而监督机构应该是与规划委托方和被委托方的任何一方都没有利害关系的第三方机构或组织。

监督机构或组织应坚持公正、公平、公开的原则,忠实地履行自己的职责,不能偏袒任何一方,也不能被其他的机构或因素所左右,除了监督规划委托方和被委托方双方的权利和职责,还要消除双方之间存在的偏差,协调双方的矛盾和问题。

监督机构或组织应全程跟踪旅游规划的过程。

### 二、双方的职责和权利

规划委托方和被委托方的职责和权利可以写进双方签订的合同里,并由监督机构负责监督执行。

1. 规划委托方的职责和权利

规划委托方的权利是得到一份符合当地实际的,具有科学性、创造性、前瞻性和可操作性的旅游规划;其职责是提供规划费用、提供规划所需要的资料、及时提供最新的信息、安排被委托方的考察活动、安排规划的评审活动以及规划后的各项手续,其中提供足够的费用和全面的基础资料是关键。

规划委托方的职责应该受到监督,尤其是能不能够提供必需的费用,能不能够提供规划所需的资料,能不能够很好地配合被委托方的工作,能不能够积极组织座谈、会审、评审等工作。

### 2. 被委托方的职责和权利

规划被委托方的权利是获得相应的规划费用，应按双方约定的数额及时、足额取得；其职责是组织规划小组、组织规划所需要的考察和调查活动、处理和分析基础资料、提出旅游发展的设想和建议、撰写旅游规划报告、负责解释旅游规划、负责修改旅游规划，其中规划小组业务素质、责任心及充足的时间是关键。

被委托方的职责应该受到监督，尤其是能不能够组织到合理的项目组成员，能不能够投入足够的精力和时间，能不能够重视和热心规划任务，能不能够广泛吸纳意见并修改规划，能不能够提供完整的规划成果。

原国家旅游局提出如下具体要求：

（1）省级旅游发展规划、中国优秀旅游城市和4A级以上（含4A级）旅游区的旅游规划，其编制单位应当具有旅游规划设计单位甲级或乙级资质。原则上，一个旅游规划专家组的组长不宜同时承担三个以上（含三个）旅游规划编制项目。

（2）省级旅游发展规划编制实际工作时间不应少于8个月，地市级旅游发展规划编制时间不应少于5个月，县级旅游规划编制时间不应少于2个月。其中，规划编制专家组现场调查工作日，省级旅游规划不应少于100个人天，地市级旅游规划不应少于50个人天，县级旅游规划不应少于30个人天。

可以采取一些监督和激励机制来管理规划专家。例如，建立旅游规划专家信息库，记录专家的专业水平和市场信誉；组织优秀旅游规划的评选活动，激励被委托方认真完成旅游规划任务，并推动旅游规划的规范化和科学化。

## 三、规划评审

在旅游规划（尤其是发展规划）编制过程中，要征求并充分吸纳城建、交通、文化、文物、环保等相关部门的意见（全面征求意见至少有两次）；省级旅游发展规划、重点旅游城市和重点旅游地的旅游规划还应当举行中期评审，以便及时发现问题，补充完善。

规划的最终评审是对旅游规划的科学性、可行性和指导性的技术把关。旅游规划的评审应采取会议审查的方式，一般不采取函审。评审专家一般由规划项目委托方征得上级旅游行政管理部门同意后，由其书面邀请。评审专家根据国家有关法律法规及技术标准，结合自身专业知识对规划文本相关内容进行技术评定，提出参考性技术意见，并围绕规划的目标、定位、内容、结构和深度等方面重点审议。

评审重点如下:①旅游产业定位和形象定位的科学性、准确性和客观性;②规划目标体系的科学性、前瞻性和可行性;③旅游产业开发、项目策划的可行性和创新性;④旅游产业要素结构与空间布局的科学性、可行性;⑤旅游设施、交通线路空间布局的科学合理性;⑥旅游开发项目投资的经济合理性;⑦规划项目对环境影响评价的客观可靠性;⑧各项技术指标的合理性;⑨规划文本、附件和图件的规范性;⑩规划实施的操作性和充分性。

对旅游评审专家也应进行有效的管理。专家应具有比较高深的专业知识、较强的责任感和客观公正的态度。对于责任心不强、挟个人恩怨的专家应记录备案,禁止其参加旅游规划评审工作。

## 第三节 旅游规划后管理

规划后管理是指旅游规划编制完成之后的管理工作,包括规划审批、规划保障、规划实施、规划更新等几个方面。

### 一、旅游规划审批

旅游规划通过专家评审并做进一步补充修改后,本级旅游行政管理部门要全面审查规划文本、附件和图件,确认无误后,按照《旅游发展规划管理暂行办法》的规定进行报批。我国目前旅游规划审批的多头化现象比较严重,一是多头审批,政出多门,如旅游局、规划局、园林局、宗教局等等管理机构,以及风景区、度假区、开发区等等具体机构;二是省市和区、县级市之间审批权限不明确,使得管理上出现混乱。旅游规划审批应采取以下措施:

(1) 建立会审制度。凡旅游规划,在审批时须经旅游、计划、规划、国土、环境等部门会审,在综合各部门意见的基础上出具统一的审批意见。审批同意后,方可向有关部门申请报建和红线等手续。我国许多地方开始采取旅游发展协调(指导、领导)小组或旅游管理委员会机制(如上海)来管理和协调旅游规划的审批和实施。

(2) 分级审批。各级旅游总体发展规划由各级旅游部门报各级政府批复实施,并向上级旅游管理部门备案;重点项目和线路由各级旅游部门批复实施;特别重要的项目由相应的政府审批实施。

1999年颁发的《旅游发展规划管理暂行办法》中规定:旅游发展规划实行分级

制定和审批。全国旅游发展规划,由国家旅游局制定。跨省级区域旅游发展规划,由国家旅游局组织有关地方旅游局编制,征求有关地方人民政府意见后,由国家旅游局审批。地方旅游发展规划在征求上一级旅游局意见后,由当地旅游局报当地人民政府批复实施。还规定:国家确定的重点旅游城市的旅游发展规划,在征求国家旅游局和本省(自治区、直辖市)旅游局意见后,由当地人民政府批复实施。国家确定的重点旅游线路、旅游区发展规划由国家旅游局征求地方旅游局意见后批复实施。

## 二、旅游规划保障

为了提高旅游规划的权威性和法律地位,需要为旅游规划提供必要的保障。旅游规划的保障有两个方面:一是总体规划,争取政府批复后赋予法律效力,使规划由一般意义上的"指导性文件"上升为"法律性文件";二是制定相应的法律和法规来保障旅游规划的实施,使规划范围内的一切建设项目都有法可依,否则追究法律责任。《旅游发展规划管理暂行办法》就是对旅游规划的法规保障。

## 三、旅游规划实施

旅游规划经批复后,就必须组织相关部门和机构依照实施。实施规划要制定年度发展和建设计划,安排必要的资金,制定相应的开发政策。旅游规划由各级行政主管部门负责协调有关部门纳入国土规划、土地利用总体规划和城市总体规划等相关规划。旅游规划所确定的旅游开发建设项目,应当按照国家基本建设程序的规定纳入国民经济和社会发展计划。

旅游规划经批复后,还应明确规划实施的监督管理部门,由其监督旅游发展和建设项目是否符合旅游规划要求。旅游规划还应该接受广泛的社会监督。

## 四、旅游规划更新

事物总是在不断发展变化的,旅游也是这样。由于旅游产品本身固有的生命周期问题及旅游市场不断发生变化的原因,规划实施过程中需要不断地进行动态修订,实行滚动发展。

经过一段时间后,旅游规划还需要进行调整。调整后的旅游规划,须报所在地人民政府和上一级旅游行政管理部门备案,若涉及旅游产业地位、发展方向、发展目标和产品格局的重大变更,须报原批复单位审批。